Wolfgang Hegener (Hg.):
Das unmögliche Erbe

Reihe: »edition psychosozial«

Wolfgang Hegener (Hg.)

Das unmögliche Erbe

Antisemitismus – Judentum – Psychoanalyse

Psychosozial-Verlag

Sigmund Freud
(6. Mai 1856 – 23. September 1939)
zum 150. Geburtstag

Bibliografische Information der Deutschen Bibliothek
Die Deutsche Bibliothek verzeichnet diese Publikation in der Deutschen
Nationalbibliografie; detaillierte bibliografische Daten sind im Internet
über <http://dnb.d-nb.de> abrufbar.

Originalausgabe
© 2006 Psychosozial-Verlag
E-Mail: info@psychosozial-verlag.de
www.psychosozial-verlag.de
Alle Rechte vorbehalten. Kein Teil des Werkes darf in irgendeiner Form
(durch Fotografie, Mikrofilm oder andere Verfahren) ohne schriftliche Genehmigung des Verlages reproduziert oder unter Verwendung elektronischer Systeme verarbeitet, vervielfältigt oder verbreitet werden.
Umschlagabbildung: Plakat von Rudolf Hermann für die Ausstellung
»Entartete Kunst«, 1938
Umschlaggestaltung nach Entwürfen des Ateliers Warminski, Büdingen.
Lektorat: Katrin Frank
ISBN 978-3-89806-502-3

Inhalt

Wolfgang Hegener
Antisemitismus – Judentum – Psychoanalyse.
Einleitung   7

Christina von Braun
Der Signifikant »Jude«. Oralität und
Text in den drei Religionen des Buches   29

Regine Lockot
Affektive Spuren und ihre Entzifferung.
Nationalsozialismus in der Geschichte
der Psychoanalyse   47

Yigal Blumenberg
»Der Jude ist selbst zur Frage geworden«
(E. Jabés) oder: »die Annahme des Vaters«
(S. Freud)   63

Paola Traverso
Jenseits des Judentums? Freuds bürgerliches
Bildungsideal und die Entdeckung
der Psychoanalyse   87

Stefan Etgeton
»Erst wenn der Text widerspricht, redet die
Geschichte.« Psychoanalyse der Kultur und
die Kunst der Ent-Stellung   105

Jean Clam
»Ader gegen Ader, Schenkel gegen Schenkel.«
Zum innersemitischen Antisemitismus
und dem Streit um die Gunst des Vaters   123

Josef Ludin
Überlegungen zur Atopie der
analytischen Situation   159

Wolfgang Hegener
Erlösung durch Vernichtung.
Zur apokalyptischen Struktur des
Antisemitismus   175

Autorinnen und Autoren   199

# Antisemitismus – Judentum – Psychoanalyse[1.] Einleitung

Wolfgang Hegener

Grundformen des Antisemitismus

Wolfgang Benz, der renommierte Berliner Historiker und Antisemitismusforscher, unterscheidet in einer jüngst erschienenen Publikation, die den Titel trägt *Was ist Antisemitismus?* (Benz 2004, S. 19), drei Grundformen des Antisemitismus, die ihren gemeinsamen Nenner in einem übergreifenden Affekt finden, der sich am einfachsten und treffendsten wohl als »Judenfeindschaft« benennen lässt. Die erste, historisch primäre und auch ihre späteren Varianten fundierende Form von Judenfeindschaft ist der *christliche Antijudaismus*, also der seit dem Mittelalter überkommene und noch keineswegs überwundene religiöse Hass auf die Juden und die jüdische Religion (vgl. dazu auch Hegener 2004). Dieser beginnt mit der zunehmenden theologischen Verwerfung der Juden, so vor allem mit ihrer Disqualifizierung als »Gottesmörder« noch in der spätantiken Patristik bzw. »Alten Kirche« (vgl. dazu Schreckenberg 1982, S. 171ff.) und setzt sich fort seit Beginn der judenfeindlichen Kreuzzüge (vgl. dazu Poliakov 1977ff., Bd. I, S. 36–70) in massiver sozialer und ökonomischer Diskriminierung und Segregation, die sich regelmäßig zu Massakern und grausamen Verfolgungen steigerte. Von besonderer Bedeutung sind sodann die seit etwa dem 11. Jahrhundert grassierenden zahlreichen über ganz Europa verbreiteten Vorwürfe der Brunnenvergiftung, des Hostienfrevels und des Ritualmordes, die ihre Wirkung bis in die Gegenwart hinein entfalten. Die Tradierung dieser Vorurteile lässt sich nicht nur in noch immer stark katholisch geprägten Ländern wie Polen finden, sondern etwa auch, bis in die jüngste Vergangenheit hinein, in Deutschland. So wurde erst 1992 auf Geheiß des Regensburger Bischofs der niederbayerischen »Deggendorfer Gnad« ein Ende gesetzt. Bis zu diesem Zeitpunkt fand jedes Jahr eine Prozession statt,

---

1 Die in diesem Buch versammelten Aufsätze gehen zurück auf eine Vortragsreihe, die im Rahmen des *Colloquiums Psychoanalyse* im Wintersemester 2004/05 am Kulturwissenschaftlichen Seminar der Humboldt Universität zu Berlin zum Thema: *Zur Psychoanalyse des Antisemitismus – Jüdische Wurzeln der Psychoanalyse* stattgefunden hat. Ich danke in diesem Zusammenhang meiner Kollegin Dr. Ada Borkenhagen für die Unterstützung

bei der indirekt an eine im 14. Jahrhundert angeblich von Juden begangene Hostienschändung gedacht wurde – ein Vorwurf, der zur Rechtfertigung eines Pogroms gegen die jüdische Bevölkerung nachträglich konstruiert wurde.

Schon mit dem Vorwurf, die Juden seien »Gottesmörder« (diese Beschuldigung wird in den Evangelien des *Neuen Testamentes* vorbereitet, da sie, über Markus, Matthäus, Lukas bis hin zu Johannes, mit immer größerer Bestimmtheit behaupten, nicht die Römer, was der historischen Wahrheit entsprochen hätte, sondern »die Juden« hätten Jesus ermordet und sich dadurch selber verflucht) wurde es möglich, rein aufgrund einer theologischen Definition, die sowohl mit religiöser als auch staatlicher Autorität ausgestattet wurde, eine ganze Gruppe von Menschen pauschal zu verurteilen. Wir finden hier zum ersten Mal das, was man treffend einen »Antisemitismus ohne Juden« genannt hat: Ohne jede konkrete persönliche Erfahrung und Anschauung kann jeder einzelne Jude mit jenem theologischen Phantasma der »Gottesmörder« identifiziert bzw. aufgeladen sowie ohne Skrupel und Schuld angeklagt und verfolgt werden. Benz erwähnt einen österreichischen Bischof, der noch 1954 in diesem Sinne eine Kollektivschuld »der Juden« erklärt:

> »Was nun die Ritualmorde, rein historisch gesehen, betrifft, so sind die Historiker hierüber verschiedener Ansicht (...). Im Gesamtzusammenhang der Dinge ist auf alle Fälle zu beachten, dass es immerhin die Juden waren, die unseren Herrn Jesus Christus gekreuzigt haben. Weil sie also zur NS-Zeit zu Unrecht verfolgt wurden, können sie sich jetzt nicht plötzlich gerieren, als ob sie in der Geschichte überhaupt nie ein Unrecht getan hätten« (2004, S. 72f.).

Auch Martin Luther hat in seiner berüchtigten Schrift *Von den Juden und ihren Lügen* von 1543 all diese Stereotypien voll bedient und das Weltbild ganzer Generationen protestantischer Christen und Theologen bis ins 20. Jahrhundert hinein geprägt. Vielleicht findet sich ein Nachklang dieser endemischen Vorwürfe noch bei keinem geringerem als Karl Barth. Jeshajahu Leibowitz berichtet davon, dass der große evangelische Theologe – keinesfalls verdächtig, ein Antisemit zu sein – in seiner bedeutenden *Kirchlichen Dogmatik* schreibt: »Die Existenz der Synagoge neben der Kirche [ist] (...) so etwas wie eine ontologische Unmöglichkeit, eine Wunde, ja eine Lücke im Leib Christi selber, die schlechterdings unerträglich ist« (zit. n. Leibowitz ; Shashar 1994, S. 76). Hier manifestiert sich gleichsam ein »Geburtsfehler« des Christentums, das sich gegen das Judentum konstituiert. Leibowitz ist gar der Meinung, der Antijudaismus sei sein Wesen.

Die zweite Grundform des Antisemitismus ist der im 19. Jahrhundert entstehende wissenschaftlich und biologistisch argumentierende *Rassenantisemi-*

tismus (u. a. bei Gobineau und H. Chamberlain). Man war nun überzeugt davon, und berief sich dabei auf sozialdarwinistische Vorstellungen bzw. ins Gesellschaftliche gewendete Evolutionstheorien von Auslese, Anpassung und dem »Recht des Stärkeren«, dass die Rasseneigenschaften »der Juden«, die rein negativ definiert wurden (z. B.: »die Juden« als Schmarotzer und Parasiten im »Gastland« des »Wirtsvolkes«), unveränderbar seien – dies steht in einem gewissen Gegensatz zum religiösen Antijudaismus, wo die Taufe von Juden immerhin eine Möglichkeit darstellt, zum Heil zu finden. Diese scheinbar naturwissenschaftlich fundierte Anschauung muss vornehmlich als gesellschaftliche Bewegung gegen Modernisierung, Liberalisierung und gegen die äußerst gebrochene Emanzipation der Juden verstanden werden, die in Deutschland und Österreich eine besonders breite Basis fand (vgl. dazu vor allem Claussen 2005). Die gängig gewordene Unterscheidung zwischen einem christlichen Antijudaismus und einem rassischen Antisemitismus darf jedoch nicht über die Tatsache einer fatalen historischen Kontinuität hinwegtäuschen. Es handelt sich weniger um einen wirklichen Bruch, vielmehr geht es um die Mechanismen, durch die religiöse Modelle mit Hilfe von Aufklärung und Wissenschaften säkularisiert und zur »politischen Religion« umcodiert werden (vgl. dazu auch Bärsch 2002 und Buchholz 2001). Horkheimer und Adorno merken dazu an:

»Schwerlich aber ist die religiöse Feindschaft, die für zweitausend Jahre zur Judenverfolgung antrieb, ganz erloschen. Eher bezeugt der Eifer, mit dem der Antisemitismus seine religiöse Tradition verleugnet, dass sie ihm insgeheim nicht weniger tief innewohnt als dem Glaubenseifer früher einmal die profane Idiosynkrasie. Religion ward als Kulturgut eingegliedert, nicht aufgehoben« (1969, S. 158).

Besonders eindrücklich lässt sich dies für die mannigfaltigen Blutbeschuldigungen aufzeigen. *Christina von Braun* (2000; siehe aber auch ihren Beitrag in diesem Buch, in dem sie die Blutthematik in den größeren Zusammenhang der Geschichte der Schrift stellt) hat nachzeichnen können, dass man nur dann versteht, warum die Fixierung auf das »reine« Blut und das Blutopfer im rassistischen Antisemitismus des 19. und 20. Jahrhunderts eine derart wichtige Rolle spielt, wenn man begreift, dass hier alte christliche Bilder in einer naturwissenschaftlichen Gestalt auftauchen. Es geht in jedem Falle um die Idee einer »Reinigung«: hier als Prozess der »Vergeistigung«, dort als Befreiung von rassisch fremden und »vergiftenden« »Elementen«. Dies lässt sich besonders gut anhand der spanischen Blutgesetzgebung des 16. Jahrhunderts nachvollziehen. Mit dem Beginn der Neuzeit, nämlich etwa zur Zeit der Eroberung Amerikas durch Columbus, wurde diese erste »Rassengesetzgebung« eingesetzt. Der Hintergrund ist folgender: Als es Ende des 14. Jahrhunderts in

Spanien zu einer nationalen und christlichen Konsolidierung kam, kam es auch vermehrt zu Pogromen gegen die jüdische Bevölkerung, die mit den Mauren ins Land gekommen war. Etwa 100 Jahre später, nämlich 1492 (dasselbe Jahr, in dem Columbus Amerika entdeckte), verbannte schließlich der spanische Thron alle Juden aus dem Lande – auch hier ist gleichsam ein »Geburtsfehler« zu finden: die Neuzeit, die viele mit dem genannten Datum beginnen lassen, setzt mit einer massiven Judenverfolgung ein (diese Reihe ließe sich fortsetzen, denn auch im 19. Jahrhundert konstituiert sich der Nationalstaat gegen die Juden (vgl. dazu Alter; Bärsch & Berghoff 1999). Viele, mindestens die Hälfte der jüdischen Gemeindemitglieder retteten ihr Leben durch einen Übertritt zum christlichen Glauben. Sie wurden in der Folge *Marranos* (Schweine) genannt. In der spanischen Mehrheitsgesellschaft, die bislang die Juden als Außenseiter behandelt und mit restriktiven Gesetzen überziehen konnte, entwickelte sich nun aber eine große Angst vor dem *converso* als einem *Insider*. In dieser Situation wurden jene Gesetze geschaffen, die als *estatutos de limpieza de sangre* (Statuten über die Reinheit des Blutes) bezeichnet wurden und mit denen die Konvertiten aus den öffentlichen Ämtern gedrängt wurden. »Denn nicht mehr«, wie von Braun kommentiert, »die Taufe und die Zugehörigkeit zur Glaubensgemeinschaft, sondern die Herkunft, das Blut entscheiden darüber, wer ein ›echter‹ Christ sei und somit in einem christlichen Staat eine gehobene Stellung einnehmen durfte« (2000, S. 156). Es musste nunmehr über viele Generationen hinweg eine »unbefleckte« christliche Abstammung nachgewiesen werden. Sowohl im christlichen Spanien der frühen Neuzeit als auch später, im rassistischen, speziell im nationalsozialistischen Antisemitismus, geht es mithin um die Herstellung eines reinen und homogenen »Gemeinschaftskörpers«, der sich über den Ausschluss und die Vernichtung des jüdischen »Fremdkörpers« konstituiert. Das Gebot nach (zuerst christlich, dann rassisch begründeter) Reinheit führt im 19. Jahrhundert dazu, dass der Topos des Geschwisterinzestes in der antisemitischen Literatur eine zentrale Rolle spielt: jede Form der Vermischung mit »fremdem Blut« ist eigentlich bedrohlich und muss vermieden werden. Es kommt hinzu, worauf Volkan (1999) aus psychoanalytischer Perspektive hingewiesen hat, dass alle Gemeinschaften, die sich über das Blut definieren, zu äußerster Gewalt und Destruktivität neigen: »Wenn wir (…) unsere Identität und insbesondere die Identität des Feindes jedoch mit Blut assoziieren, das nicht wirklich symbolisiert werden kann, können wir unseren direkten Angriff nicht auf die Substitute für die ›Anderen‹ übertragen, so dass wir den Drang verspüren, sie zu vernichten« (ebd., S. 134).

Was ist damit gemeint, dass Blut nicht symbolisiert werden kann? Nehmen wir zur Erläuterung als weiteres historisches Beispiel die Lehre von der *Trans-*

substantiation hinzu, die sich seit dem 13. Jahrhundert nach dem IV. Laterankonzil von 1215 durchgesetzt hat: Danach werden Hostie und Wein durch die Konsekration tatsächlich in Fleisch und Blut Christi verwandelt, der gläubige Christ nimmt also den Leib Christi im Akt der Eucharistie in sich auf – dies wird in der christlichen Theologie die *Realpräsenz Christi* genannt. Man muss bei der Annahme, dass der Wein *tatsächlich* das Blut Christi sei, eher von einer Allegorie, Protosymbolik bzw., noch genauer, von einer »symbolischen Gleichsetzung« ausgehen. Die britische Psychoanalytikerin Hanna Segal (1957) hat mit diesem Ausdruck eine Grundstruktur psychotischen Denkens und einen Teil einer tiefen Störung der Beziehung zwischen dem Ich und dem Objekt umschrieben. Sie meint damit einen unbewussten und gewalttätigen Projektionsvorgang, bei dem etwas gehasstes Eigenes in eine andere Person oder ein Objekt hineingezwungen wird und mit diesem sodann *identisch* gesetzt wird. Die frühen Protosymbole werden vom Ich des kleinen Kindes also nicht als Substitute, sondern als das ursprüngliche Objekt *selbst* empfunden – der Nuckel *ist* die Brustwarze. Erst mit der schmerzhaften Trennung von Selbst und Objekt kann sich das Denken reifer und realistischer entwickeln. Diese Reifung ist gebunden an die Fähigkeit, Verlust und Trennungsschmerz zu ertragen und den Anderen als Anderen, also als ein selbständiges Objekt in seinem eigenen Recht anzuerkennen. Die entwickelte Symbolisierungsfunktion ist mithin an das Erreichen der »depressiven Position« gebunden. Die symbolische Gleichsetzung bzw. *sakramentale Identifizierung* (H. Beland) von Blut und Wein und seine Auswirkungen auf die Blutbeschuldigungen zeigen hingegen, wie sehr dieser Entwicklungsschritt misslingt und sein Misslingen Gewalt freisetzt, die an den Juden ausgelassen wird.

Die dritte Form des Antisemitismus, die sich nach dem Holocaust in Deutschland herausgebildet hat, nennt Benz (2004), der dafür zahlreiche Beispiele zusammengetragen hat, einen *sekundären Antisemitismus*. Benz beschreibt ihn wie folgt:

> »Er ist eine eigenständige Erscheinung mit wenig manifester Ausprägung, aber erheblicher Latenz. Dieses, das dritte Phänomen der Judenfeindschaft, speist sich aus Gefühlen der Scham und Schuldabwehr: Nicht trotz, sondern wegen Auschwitz werden Ressentiments gegen Juden mobilisiert, die sich an Entschädigungsleistungen und Wiedergutmachungszahlungen kristallisieren« (ebd., S. 19).

Auch von psychoanalytischer Seite wurde dieses Phänomen beschrieben, wir können dann, um die psychodynamischen Zusammenhänge stärker zu betonen, von einem »Schuldabwehr-Antisemitimus« sprechen, dem es vor allem darum zu tun ist, die historische Täter-Opfer-Relation umzukehren, also die Deutschen zu dem eigentlichen Opfer der Geschichte zu erklären. Ausgehend von einer

Analyse des Theaterstücks *Der Müll, die Stadt und der Tod* von Fassbinder und der heftigen Debatte darum begreift Rolf Vogt (1995) dies mit Devereux als den Kern der »ethnischen Störung« der Nachkriegsdeutschen. Anhand zahlreicher Debatten und Skandale – Bittburg (1985), Historikerstreit (1986) und Jenninger-Rede (1988) – zeigt er uns plausibel auf, wie in der zweiten (und auch dritten) nichtjüdischen Generation »entlehnte unbewußte Schuldgefühle« (Freud 1923, S. 279) wirksam sind, die vornehmlich durch den Mechanismus der Täter-Opfer-Inversion abgewehrt werden. »Die zitierten Beispiele von Schuldabwehr«, so fasst Vogt seine Analyse zusammen, »haben das Ziel, die auf Deutschland lastende historische Schuld abzuwehren und damit auch das einzelne Mitglied der Nation freizusprechen, das über den Identifizierungsprozeß diese Schuld als ›entlehntes Schuldgefühl‹ zu seiner eigenen gemacht hat« (Vogt 1995, S. 366).

Die von Vogt erwähnten Beispiele lassen sich ohne Schwierigkeit bis in die Gegenwart hinein verlängern, wenn wir etwa an die Walser-Bubis-Debatte Ende der 90er Jahres denken, an den Aufruhr, den Goldhagens Buch *Hitlers willige Vollstrecker* erregt hat, oder, aktueller noch, an die letzten antisemitischen Skandale um Karsli und Möllemann einerseits und Hohmann andererseits: Möllemann behauptete, die Juden seien für den Antisemitismus selber verantwortlich, und der CDU-Politiker erklärte in verbrämter Form alle Juden zu einem »Tätervolk«. Immer wieder stoßen wir auf das beschriebene Grundmuster: Viele Deutsche können es nicht oder nur eine Weile ertragen, sich selber in der Täter- und »die Juden« in der Opfer-Rolle zu erleben. Es vergeht kaum eine Diskussion über Antisemitismus und den Holocaust, in der nicht schließlich der Hinweis fällt, dass »die Juden« nicht viel besser seien, das zeige ja die israelische Besatzungspolitik. Über ihre pauschale Identifikation mit der israelischen Politik sollen »die Juden« aus der Opferrolle heraus und in die Täterrolle hinein gebracht werden. Das Ziel ist immer, dadurch die Schuld der Deutschen mindestens zu relativieren, wenn nicht gar aufzuheben (auch die zahlreich kursierenden Holocaust-Vergleiche dienen demselben Zweck: der Einschränkung der historischen Schuld am Völkermord an den europäischen Juden).

All die angeführten Beispiele zeigen, dass eine Verfassung vorherrscht, die geprägt ist von *persekutorischen Schuldgefühlen*, die nicht in *depressive Schuld* verwandelt werden können (vgl. Chasseguet-Smirgel 1988): Wenn Schuld, und gemeint ist hier sowohl reale Schuld als auch von den Eltern oder Großeltern »entlehnte Schuldgefühle«, nicht anerkannt werden kann, wird sie, das ist zumindest eine Möglichkeit, auf einen Menschen oder eine Gruppe von Menschen projiziert, und diese Menschen werden mit dieser Schuld identifiziert. Die so projizierte Schuld kehrt sodann von außen wieder als Gefühl der Verfolgung; wir fühlen uns zu unrecht angeklagt und bezichtigt. Zu persekutorischer Schuld gehört auch eine gewissermaßen *manische Form der Wiedergutmachung*, die eher ein Ungeschehenmachenwollen ist. Eigentlich soll damit die Schuld getilgt werden und der psychische Zustand vor der mörderischen Tat oder Absicht, also die volle »Unschuld« wiederhergestellt werden. Dagegen steht die depressive Schuld, bei der echte Reue empfunden wird über die tatsächlichen und phantasierten Taten. Der verfolgte Andere wird nun auch nicht mehr als ein, so die psychoanalytische Terminologie, verfolgendes »böses«, sondern als ein verfolgtes »gutes Objekt« erlebt. Auch die Wiedergutmachung findet jetzt eine Grenze. Bestimmte Dinge sind nicht rückgängig zu machen, sie sind definitiv geschehen und müssen in einem äußerst schmerzhaften Prozess anerkannt und betrauert werden. Es muss vor allem anerkannt werden, dass unsere Liebe und Verantwortung nicht groß genug waren, das Objekt zu schützen, dass wir es also aus eigener Schuld heraus verloren haben.

Neuer Antisemitismus!?

Bezugspunkt der aktuellen Debatten ist mehr und mehr der Nahost-Konflikt und zunehmend weniger *direkt* die nationalsozialistische Vergangenheit. Dieser Umstand hat zu der weltweit diskutierten Frage geführt, ob wir es gleichsam mit einem »neuen Antisemitismus« zu tun haben (vgl. dazu die Beiträge in Rabinovici; Speck & Sznaider 2004). Diese Frage lässt sich in drei Teilfragen auffächern. Zum einen wird heftig darüber diskutiert, wo eine legitime Kritik an der israelischen Politik aufhört und eine antisemitisch begründete Ablehnung des Staates Israel anfängt. Zum anderen geht es um die Frage nach dem Antisemitismus der Linken, die sich in einigen Teilen seit den späten 60er Jahren den Antizionismus auf die Fahnen geschrieben haben. Die Frage lautet hier: Ist dieser Antizionismus nicht eigentlich ein verkappter Antisemitismus? Und schließlich stellt sich drittens das drängende Problem der Verbreitung eines militanten Antisemitismus in weiten Teilen der islamischen Welt, durch den ganz traditionelle Vorurteile massen- und medienwirksam bedient werden (etwa über spezielle Fernsehkanäle oder den Vertrieb antisemitischer Klassiker, wie *Die Protokolle der Weisen von Zion* oder *Mein Kampf*, die in vielen islamischen Ländern zu Bestsellern geworden sind). Spätestens hier zeigt sich aber eine zentrale Schwierigkeit, wenn wir von einem »neuen« Antisemitismus sprechen, denn die zirkulierten judenfeindlichen Muster sind, wie gesagt, durchaus alt und entstammen einem bestimmten historischen Kontext.

Matthias Küntzel (2003 und 2004) kommt das Verdienst zu, nachdrücklich gezeigt zu haben, dass der militante islamistische Antisemitismus, so unwahrscheinlich dies auch zuerst erscheinen mag, mit ein Produkt des Nationalsozialismus ist, also keinesfalls gänzlich neu und mithin auch zu den Formen des »sekundären Antisemitismus« zu zählen ist. Diese Behauptung soll hier kurz erläutert werden: Seinen Ausgang hat der aktuelle islamistische Antisemitismus mit der 1928 in Ägypten gegründeten *Muslimbrüderschaft* genommen. Von ihr ging im Kontext der damaligen Weltwirtschaftskrise die Idee des kriegerischen *Djihad* und die Todessehnsucht als Leitideal des Märtyrers (»Ihr liebt das Leben, wir aber lieben den Tod«) aus, der seit Mitte der 90er Jahre in Massakern gegen die israelische Zivilbevölkerung eskaliert. Es sind die Muslimbrüder, die heute mit der militanten Organisation *Hamas* die wichtigste palästinensische Djihad-Bewegung stellen. Küntzel zeigt weiterhin, dass die Verbindungen zwischen der Brüderschaft und *al-Qaida* bzw. Osama bin Laden immer besonders eng waren. Entscheidend ist nun, dass die Muslimbrüderschaft nicht, wie es oft behauptet wird, durch den »Nasserismus« der 60er Jahre hervorgebracht wurde, sondern seine entscheidende Inspiration durch den europäischen Faschismus und speziell den deutschen Nationalsozialismus erhielt. Besonders verhängnisvoll ist dabei die Rolle von Amin el-Husseini, dem seit 1921 amtierenden Mufti von Jerusalem, der als Präsident des Muslimischen Oberrates nicht nur die höchste religiöse Autorität darstellte, sondern mit seinem kompromisslosen Antisemitismus die Zentralfigur des palästinensischen Nationalismus wurde und engste Verbindung zum nationalsozialistischen Deutschland unterhielt (er lebte während des Krieges in Deutschland und ließ sich begeistert durch die Konzentrations- und Vernichtungslager führen). Der von ihm 1937 organisierte Aufstand gegen den britischen Teilungsplan wurde von Deutschland aus massiv militärisch und ideologisch unterstützt. Die Weichenstellung zur bis heute wirksamen Verhinderung einer jüdisch-arabischen Verhandlungslösung wurde schon zu Zeiten der Zusammenarbeit zwischen den Nazis und dem Mufti grundgelegt (Arafat war ein naher Verwandter des Muftis und stand in seiner Jugend in enger Verbindung mit ihm). Man muss überhaupt davon ausgehen, dass der Nationalsozialismus bei der Formulierung des aktuell grassierenden antisemitischen Antizionismus eine Vorreiterrolle gespielt hat. Die in der Charta der *Hamas* formulierte Judenfeindschaft deckt sich bis in die Formulierungen hinein mit den Argumenten der Nationalsozialisten. »Die judenfeindlichen Passagen des Koran wurden mit den antisemitischen Kampfformen des Dritten Reichs verknüpft und der Judenhaß als Djihad ausagiert« (ebd., S. 10). Seit den Anschlägen des 11. September 2001 hat sich der Djihadismus als Avantgarde eines antisemitisch aufgeladenen Antiamerikanismus profiliert und der Judenfeindschaft weltweit einen neuen Schub verschafft, der in erster Linie gegen Israel durchschlägt. Mit Erschrecken müssen wir feststellen, dass (in Deutschland weitgehend unbemerkt und auch verleugnet) in der islamischen Welt eine antijüdische Massenbewegung entstanden ist, die

2002 mehre Millionen Menschen in arabischen Ländern auf die Straße gebracht hat.

Zur Psychoanalyse des Antisemitismus: ein Überblick

Auch die Psychoanalyse hat sich diesen Entwicklungen bislang noch zu wenig gestellt. Dabei verfügt sie über eine reichhaltige Literatur über den Antisemitismus, die helfen könnte, die beschriebenen Phänomene besser zu verstehen. Die Forschung kann mittlerweile auf weit mehr als 60 Jahre dauernde intensive Bemühungen von oft selbst von Verfolgung betroffenen Psychoanalytikern zurückblicken, das »endemisch pathologische Geschehen« (Mitscherlich) des eliminatorischen Judenhasses zu verstehen. Hermann Beland (1992) hat im Rückblick die wichtigsten Ergebnisse zusammengefasst und hebt verschiedene, von nahezu allen Autoren beschriebene psychopathologische Grundcharakteristika des Antisemitismus hervor (für einen Überblick siehe auch Auchter 2004 und Brainin; Ligeti & Teicher 1993[2]). Diese möchte ich im Folgenden darstellen und ergänzen – dabei werde ich vornehmlich auf klassisch gewordene psychoanalytische Studien zum Antisemitismus zurückgreifen:

1. Der entscheidende motivierende Faktor des Antisemitismus ist eine *Abwehr von Schuldgefühlen* und drückt eine *Unfähigkeit* aus, *depressive Schuld zu empfinden*. Bei den dargestellten Grundformen des Antisemitismus zeigt sich dies eindrücklich im christlichen Antijudaismus und im sekundären Antisemitismus. Freud (1939) hat in einer nachgerade klassischen Analyse des Antisemitismus gezeigt, wie sich im Christentum das Verhältnis zur Schuld gravierend verändert. Nach christlicher Lehre hat die Erlösung durch den Tod Jesu Christi bereits stattgefunden. Der Sohn Gottes nimmt alle Schuld auf sich, so dass nicht mehr, wie Freud kritisch anfügt, die Mordtat und die Schuld erinnert werden muss, sondern ihre Sühnung und eine Erlösung (Evangelium) phantasiert werden kann. Die »wahnhaft« eingekleidete frohe Botschaft laute nun: »Wir sind von aller Schuld erlöst, seitdem einer von uns sein Leben geopfert hat, um uns alle zu entsühnen« (ebd., S. 244). Der neue Glaube werfe somit alle Hindernisse nieder. Anders als im Judentum, wo »für den direkten Ausdruck des mörderischen Vaterhasses kein Raum« (ebd., S. 243) sei, lasse

---

2 Über die Psychoanalyse hinaus findet sich ein allgemeiner Überblick über den aktuellen Stand der Antisemitismusforschung in den verschiedenen beteiligten Disziplinen in dem kürzlich erschienenen Buch von Bergmann und Körte (2004): *Antisemitismusforschung in den Wissenschaften*.

das Christentum an »die Stelle der beseligenden Auserwähltheit« die »befreiende Erlösung« treten und ersetze das »unnennbare Verbrechen« durch eine »eigentlich schattenhafte Erbsünde« (ebd., S., 244). Der christliche Antisemitismus begründet sich aus dieser Schuldabwehr heraus, und der sich einer Projektion verdankende Vorwurf lautet nun: Ihr habt unseren Gott getötet! Und Freud meint, der Zusatz müsste heißen: »Wir haben freilich dasselbe getan, aber wir haben es zugestanden und wir sind seither entsühnt« (ebd., S. 196). Die Abwehr und »Beschwichtigung des Schuldbewußtseins« (Freud 1912–13, S. 184) wurde erkauft durch die exzessive Projektion mörderischer Absichten und Taten auf und die Identifikation »der Juden« mit dieser Schuld. Diese sind in der Geschichte des Christentums eigentlich an allem Bösen schuld: in erster Linie natürlich am Tod Jesu (»Gottesmord«), aber auch, so will es Jahrhunderte lang die Volksfrömmigkeit, an allen möglichen Katastrophen (Hungersnöten, Brunnenvergiftungen, Kriegen, Ausbeutung etc.). Dieses Muster, das auf einem »mörderischen Vaterhaß« gründet (s. u. – vgl. dazu auch Hegener 2001), ist grundlegend für die gesamte Geschichte des Antisemitismus geworden.

2. Der entscheidende Mechanismus, der dabei wirksam ist, ist der der *Projektion*. Es wird, wie zuletzt dargelegt, die eigene Schuld projizierend abgewehrt; eine Schuld und ein Schuldgefühl, das entsteht aufgrund spezifischer Triebimpulse und aggressiv-destruktiver Taten. Auch an dieser Stelle möchte ich eine klassische psychoanalytische Studie anführen, nämlich die von Ernst Simmel (1946) über *Antisemitismus und Massenpsychopathologie*. Simmel untersucht in diesem Aufsatz, der direkt nach Ende des Zweiten Weltkrieges und der Shoah erschienen ist[3], die Bedeutung des Opfers in den Religionen und im Kulturprozess. Er analysiert dies anhand zweier zusammenhängender Beschuldigungen: 1. der Anklage, die Juden hätten Jesus getötet und 2. der sog. Blutrituale, wozu sowohl der Vorwurf des Durchstechens der Hostien gehört, als auch der Verdacht, Juden würden Christenkinder an Ostern stehlen und sie töten, um ihr Blut zu verzehren. Gerade die Phantasie, so stellt auch Simmel fest, dass die Hostie blute, wenn die Juden sie anstechen würden, mache deutlich, wie we-

---

3   Ernst Simmel, aus Berlin 1933 emigriert, organisierte Mitte Juni 1944 in San Francisco das »Psychiatric Symposium on Anti-Semitism«, auf dem berühmte Psychoanalytiker und Gesellschaftstheoretiker, zumeist selbst Verfolgte und Betroffene des antisemitischen Wahns, zusammenkamen, um erste begriffliche Anstrengungen zu unternehmen, das größte Menschheitsverbrechen zu verstehen. Zu den Teilnehmern gehörten neben Simmel Otto Fenichel, Siegfried Bernfeld, Max Horkheimer und Theodor W. Adorno. Aus diesem geradezu legendären Zusammentreffen entstand das Buch *Anti-Semitism. A Social Disease*, 1946 in New York bei International Universities Press erschienen (die deutsche Übersetzung wurde 1993 von Helmut Dahmer herausgegeben).

nig die Hostie dabei als ein allegorisches Symbol verstanden werde. Vielmehr werde darin der reale Leib Christi gesehen (siehe die Ausführungen zur *Transsubstantiationslehre* oben). Wenn die Juden angeklagt wurden, Hostien geschändet und Kinder geschlachtet zu haben, wurden sie nämlich deshalb mittelbar des Mordes an Jesus beschuldigt. Nach Simmel handelt es sich dabei um einen klassischen Fall von Projektion. Der Antisemit beschuldigt den Juden des Verbrechens, das er unbewusst selbst begeht, indem er die Hostie während der Feier der Eucharistie verzehrt: »Dieser Akt der Einverleibung bietet ihm die Möglichkeit zur Abfuhr seiner haßerfüllten Verschlingungstendenz und setzt ihn instand, sich liebevoll mit Christus zu identifizieren« (ebd., S. 79). Der andere Teil der Ambivalenz hingegen wird abgespalten, die eigenen mörderischen Impulse und die daraus resultierenden Schuldgefühle werden vollständig auf die Juden verschoben bzw. projiziert und dort unerbittlich zur Verfolgung frei gegeben. Der Jude muss für den unbewältigten und desintegrierten Hass und Selbsthass der Christen sterben, die Freud für »schlecht getauft« hielt, da sie »unter einer dünnen Tünche von Christentum geblieben [sind], was ihre Ahnen waren, die einem barbarischen Polytheismus huldigten« (Freud 1939a, S. 198).

Wurmser (2001, S. 20ff.) hebt jedoch noch ein anderes erklärendes Moment hervor. Er hält den Mechanismus der Projektion nicht für ausreichend, um etwa den Sinn des Blutopfers in seiner Tiefe erfassen zu können. Blut bedeutet zugleich Geburt und Tötung und steht für die Einheit von Grausamkeit und Liebe, Aggression und Sexualität. Der Andere wird geopfert, um den grausamen und sexualisierten »inneren Richter« (eine von Kant eingeführte Metapher für das Gewissen) nach außen wenden und durch rigide Abwehrformen loswerden zu können. Das Opfer ist die Antwort auf die traumatische Hilflosigkeit angesichts von Leiden, Tod, Trauer und Ungerechtigkeit und lässt sich als Versuch der magischen Überwindung von inneren Konflikten verstehen.

> »Wir kennen das vom Einzelmenschen, wie die Aggression, zusammen mit der Sexualisierung, eine Urantwort auf die Überflutung mit traumaerzeugenden Affekten darstellt. Zugleich wissen wir auch, wie diese Dreifalt von Affektregression, Aggression und Sexualisierung durch ganz gewaltige Schuld- und Schamgefühle zwar eingedämmt werden soll, doch in versteckter Weise weitergetragen wird« (ebd., S. 20).

Neben den von Simmel hervorgehobenen oral-kannibalistischen »Verschlingungstendenzen« wird insbesondere auch die ganze Sphäre der Analität projiziert. Zahllos sind hier die historischen Beispiele, in denen die Juden mit Schmutz, Unrat und Abfall gleichgesetzt wurden (nicht zuletzt über die Verbindung zum Geld). Erinnert sei etwa an die Bezeichnung »Judensau«: In den mittelalterlichen Bildern (vgl. die zahlreichen Abbildungen bei Schreckenberg 1996, S. 343–349) erscheinen Juden regelmäßig als böse Wesen, die völlig abstoßende Dinge tun und mit den Tieren und dem Teufel in einer engen und sexuellen Beziehung stehen; ihnen werden obszön-perverse Eigenschaften zugeschrieben. In den Darstellungen der berühmten »Frankfurter Judensau« etwa – das gleichnamige Fresko im Alten Brückenturm in Frankfurt am Main war vom 17. bis zum 19. Jahrhundert eine Art touristische Sensation – sieht man Juden, die gleichsam in einem analen Universum leben und ihren skatologischen und koprophagen Praktiken frönen, immer verbunden mit dem Ritualmordmotiv (am oberen Bildrand sieht man gefolterte und getötete Kinder). In den Bildern finden sich stets der Teufel mit einer »jüdischen Physiognomie« und eine jüdische Frau, die auf einem Ziegenbock, einem gängigen Teufelssymbol, reitet. Die Juden sind also Produkt einer teuflischen Verbindung, ja sie sind »Kinder des Teufels«. Später finden sich andere »anale« Bilder, die bis zur Bezeichnung von Auschwitz als »Anus mundi« (Kielar 1979) reichen. Grunberger und Dessuant (2000, S. 362ff.) zeichnen in einer neueren Analyse nach, wie in der Entwicklung eines Antisemiten aus der Ablehnung der Analität das Bild des Teufels entsteht. Antisemiten besetzen unbewusst ihren Kot narzisstisch so sehr, dass sie sich der Trennung von ihm widersetzen. Die Trennung würde eine Metamorphose bedeuten, das Objekt wird durch die Ausscheidung banal. Während der Darminhalt als Teil des Körperinneren seine narzisstische Qualität bewahrt, wird er ausgeschieden zum personifizierten Übel, eben zum Teufel. Es entsteht eine rigide anale Spaltung zwischen Innen = rein und Außen = unrein. Noch anders gesagt, die Juden stellen das diabolische Gegenprinzip dar, sie sind die »Kinder des Teufels«, die die totale narzisstische Erfüllung verhindern und deswegen einen gnadenlosen Hass auf sich ziehen. Die Juden werden fäkalisiert, zum Ab-fall erklärt, sie können als ein verworfenes Kollektivsubjekt vernichtet und ent-sorgt werden. Entscheidend ist nach Grunberger und Dessuant die Nicht-Integration von Trieb und Narzissmus, die durch die Projektion der Analität entsteht. Die Analität kann so nicht ins Ich integriert werden und sich zur ödipalen Genitalität weiterentwickeln – die Geburt ist in den Bildern und Projektionen eine anale, ja die ganzen Ur-Szenen-Phantasien sind bei den Antisemiten anal geprägt (vgl. Hegener 2004, Kap. 5). »Ebendiese Verbindung zwischen einer schlecht aufgelösten analen Komponente und einem reinen Narzißmus, dem keine Synthese mit der Analität gelungen ist, veranlaßt den Antisemiten zur Projektionslösung« (Grunberger; Dessuant 2000, S. 365).

3. Der Antisemitismus lässt sich, wenn wir das Exzessive der Projektion vor allem der Analität bedenken, auch als eine eklatante *Denkstörung*, eine Störung

des »Wirklichkeitssinnes« (Ferenczi 1913) charakterisieren. Die Realität, so wie sie ist, nämlich: widerständig, verschiedenartig und unvorhersehbar vielschichtig, kann nicht anerkannt werden. Der antisemitische Wahn kümmert sich in seinen äußersten Simplifizierungen nicht um die solchermaßen störende Realität, sie muss, wie die eigenen Ausscheidungen auch, auf eine omnipotente Weise kontrolliert und beherrscht werden. Das Scheitern an der Realität wird erneut auf die »Anderen«, die Juden, projiziert: deren »Unglaube« wird verantwortlich gemacht für das Misslingen der eigenen infantilen Omnipotenz. Die Unfähigkeit zur Anerkennung der Wirklichkeit (was vor allem die Realität des Generationenunterschiedes, der Abstammung von den Eltern als einem schöpferischen sexuellen Paar, also wesentliche *facts of life* betrifft), die aus der offensichtlichen Unmöglichkeit, auf die infantile Omnipotenz zu verzichten, erwächst, kann sich bis zu einer psychotischen Denkstörung steigern – ja, es ist zu überlegen, ob der Antisemitismus nicht überhaupt als eine solche Denkstörung zu definieren ist.

4. Projektionen steuern eine komplexe Mischung *mörderischer und sexueller Destruktivität*. Aus der Perspektive der Kleinianischen Psychoanalyse hat Herbert Rosenfeld (1988) auf die Bedeutung des destruktiven Neides bei der Entstehung eines antisemitischen Komplexes hingewiesen. Rosenfeld nimmt den malignen Narzissmus zum Ausgangspunkt und charakterisiert ihn als *Idealisierung von Destruktivität*. Im destruktiven Narzissmus, so Rosenfelds Annahme, richten sich die omnipotent-destruktiven Teile des Selbst »sowohl gegen positive libidinöse Objektbeziehung als auch gegen die libidinösen Teile des Selbst, das ein Objekt braucht und von ihm abhängig sein möchte« (ebd., S. 184). Die ganze psychische Organisation dient dazu, die Idealisierung und überlegene Gewalt des destruktiven Narzissmus aufrecht zu erhalten sowie jedes Gefühl von Getrenntheit und Abhängigkeit zu vermeiden. Rosenfeld geht weiter davon aus, dass bei manchen schwer und maligne narzisstisch gestörten Patienten eine abgespaltene psychotische Struktur besteht, die von einem »allmächtigen oder allwissenden, außerordentlich grausamen Teil des Selbst beherrscht [wird – W. H.], welches die Vorstellung erzeugt, innerhalb des Wahnobjekts herrsche völlige Schmerzlosigkeit, aber auch die Freiheit, sadistischen Impulsen nachzugeben« (ebd., S. 187). Rosenfeld betont die auffällige Ähnlichkeit zwischen dieser psychotisch wahnhaften Struktur und dem von einem Diktator dominierten Staat – Hitler und der Nationalsozialismus sind dafür das krasseste Beispiel. Der Führer versucht mit dem Versprechen, dass es in der psychotischen Welt nichts Schmerzliches und Trennendes mehr gibt und dass es erlaubt ist, sadistischen Neigungen für destruktive Zwecke völlig rücksichtslos nachzugehen, gesunde Teile der Persönlichkeit in die

Wahnwelt hinein zu locken. Dieser Führer ist sadistisch, allmächtig sowie völlig mitleidlos und verlangt absoluten Gehorsam von allen Teilen des Selbst. Rosenfeld nimmt als Ursache dieser die Realität verzerrenden Denkstörung intensiven und destruktiven Neid an. Die zugrunde liegende Überzeugung von Minderwertigkeit wird zu mörderischem Neid und Hass auf alle Menschen, deren Denkfähigkeit und Erfolg ihm so überlegen und außer Reichweite erscheinen, und dies ist paradigmatisch bei der antisemitischen Einstellung den Juden gegenüber der Fall. In der Wahnwelt wird aus der Kleinheit durch omnipotente Verleugnung und Verkehrung ein starkes Selbstgefühl. Man hat dann das Gefühl, allen überlegen zu sein und alle halluzinierten Feinde besiegen und umbringen zu können. »Feinde, die in Wirklichkeit wahrscheinlich Menschen sind, die der Patient [resp. der Antisemit – W.H.] heimlich zutiefst bewundert, denen gegenüber er sich aber unheimlich klein fühlt« (ebd., S. 390).

5. Dem Antisemitismus kommt eine »*apokalyptische Struktur*« des Denkens und Erlebens zu. In einer bedeutenden Analyse hat der US-amerikanische Psychoanalytiker Mortimer Ostow (1988) auf die interessante Übereinstimmung zwischen apokalyptischen Phantasien bei schizophrenen und Borderline-Patienten und dem Schema der apokalyptischen Literatur hingewiesen, die sich auch und besonders in der Ideologie des Nationalsozialismus und im Antisemitismus wieder findet. Ostow spricht von »apokalyptischen Archetypen« bzw. einem »gleichen Grundmuster«, das sich sowohl individuell als auch kollektiv in Krisenzeiten finden lässt. Ostow zeigt auf, dass sich die apokalyptischen Phantasien unter regressiven Veränderungsprozessen entwickeln und als Versuche verstanden werden können, mit *intensiver* und *nicht kontrollierbarer Wut* umzugehen. Diese enorme und nicht integrierte Destruktivität spiegelt sich in der Phantasie, dass sich die gesamte Welt in einem Zerstörungsprozess befindet – die eigenen Zerstörungsabsichten werden auf den Kosmos projiziert. Daneben existiert jedoch die Überzeugung, dass die Welt wiedergeboren wird und dass alle Entbehrungen ein Ende haben werden. Dieser Übergang vom Weltuntergang zur Erlösung und Wiedergeburt wird zumeist durch das Eingreifen einer messianischen Gestalt bewirkt. Voraussetzung für die Erlösung ist jedoch die Vernichtung der bestehenden Welt. Ja, Erlösung kann in gewisser Weise nur durch Vernichtung hergestellt werden. Das apokalyptische Denken bietet deklassierten, sich gedemütigt und verfolgt fühlenden Menschen und Gruppen einen womöglich rettenden Halt im Schutz einer regressiven Verschmelzung mit dem »mütterlichen Körper«, der durch keine störenden Dritten mehr verstellt ist. Das apokalyptische Denken bietet aber auch ein geheimes »Wissen«, das Ordnung schafft in einer erschreckenden Gegenwart und einer unsicheren Zukunft. Es verspricht eine moralische

Orientierung, die es erlaubt, Freund und Feind in einer unübersichtlichen Welt klar zu trennen, und gerechtfertigt aggressiv-sadistische Impulse zu befriedigen (vgl. auch Hegener 2004 und seinen Beitrag in diesem Band, der sich mit diesen Zusammenhängen beschäftigt).

6. Immer wieder haben Psychoanalytiker darauf verwiesen, dass die *Entwicklung einer reifen Ödipalität und eines reifen Über-Ich beim Antisemiten nicht gelingt*, weshalb auch das Bedauern über die eigenen Vernichtungsabsichten und -taten ausbleibt. Rudolph Loewenstein, der sein Buch *Psychoanalyse des Antisemitismus* (1967) »im Laufe des trüben Jahres 1941 in Frankreich« begonnen hat, weist uns darauf hin, dass die religiöse Unterweisung zumeist intensiver in der frühen Schulzeit, in der Zeit der Latenz einsetzt und ihr damit eine spezifische Funktion zukommt; sie macht das Angebot zur Lösung eines bestimmten Entwicklungskonfliktes. Die christlich-religiösen Bilder erlauben es den Kindern, die sich später zu Antisemiten entwickeln, ihre ödipale Ambivalenz dem Vater gegenüber in der Verdrängung zu halten. Die Juden, die in den Evangelien als Repräsentanten des Alten und Altväterlichen (»Alter Bund«, »Altes Testament« etc.) sowie als Gottesmörder und verstockt Ungläubige dargestellt werden, nehmen das konflikthafte Bild des eigenen Vaters an. Die verdrängte Seite der Ambivalenz, also all die negativ-feindseligen und hasserfüllten Impulse dem Vater gegenüber, können auf die Juden verschoben werden. »Somit reflektiert der Konflikt zwischen den Juden und Christus, der vor 1900 Jahren ausgebrochen ist, in der mehr oder weniger bewußten Vorstellung der Christen ihre eigenen alten Konflikte mit ihrem Vater und wird zum unbewußten Symbol des Ödipuskomplexes« (ebd., S. 35).

Grunberger (1962; Grunberger; Dessuant 2000) hat diese Prozesse genauer differenziert. Wir erinnern uns, dass seine These lautet, dass beim Antisemiten die Integration der Analität misslingt, sie wird deswegen exzessiv auf die Juden projiziert. Aufgrund dieser Nicht-Integration können sich Narzissmus und Trieb, die in einer dialektischen Relation zueinander stehen, nicht verbinden. Das Triebhafte (und hier insbesondere das Anale) gilt als unrein und wird von einem »purifizierten« »reinen Narzissmus«, der in seinem Willen zum Absoluten und zur Allmacht nicht durch Rationalität und Realität zu begrenzen ist, abgetrennt. Zum Inbegriff der Realität (des Realitätsprinzips und des sekundärprozesshaften Denkens) wird der ödipale Vater, den der Antisemit einerseits als mächtig und verfolgend, als Repräsentant des gehassten moralischen Über-Ichs erlebt, andererseits jedoch auch als schwach und kastriert (»beschnitten«). Niemand, so Grunberger, sei besser geeignet, den strengen und außerhalb der eigenen Kontrolle befindlichen Vater zu verkörpern, als der Jude und das Judentum, die Vaterreligion schlechthin. Während im Christentum die Strenge gemildert und dem Christen, als Sohn, die Wiedervereinigung mit der Mutter erlaubt wird, steht das Judentum für die Treue zum ödipalen Vater, der das Kind aus dem narzisstischen Paradies vertrieben hat (Beschneidung). Im Antisemitismus verkörpern die Juden das gehasste moralisch-väterliche Über-Ich und werden genau deswegen so grausam verfolgt. Grunberger hebt zudem für die Entstehung des antisemitischen Komplexes die Bedeutung der Adoleszenz hervor. Der Antisemitismus deckt in dieser Phase eine alte narzisstische Wunde zu, die aus dem unverarbeiteten ödipalen Scheitern resultiert. In der Adoleszenz, einer Hochphase des Narzissmus, trifft der Antisemit gewissermaßen seine endgültige »antisemitische Wahl«. Im Juden erscheint ihm der Vater so schwach und kastriert, wie er ihn sich wünscht, und er kann ihn nun ohne störende moralische Einsprüche verfolgen und beseitigen – literarisch sehr präzise wird diese Dynamik in Sartres *Die Kindheit eines Chefs* entfaltet (vgl. Hegener 2001, Kap. 5).

7. Der letzte hier zu erwähnende Punkt betrifft die Einsicht, dass der *Judenhass unserer Kultur genetisch nur als Funktion des Christentums*, wie es real existiert, verstanden werden kann (vgl. dazu Beland 1992). Auch hier kann die Analyse, die Freud in seinem letzten, testamentarischen Buch *Der Mann Moses und die monotheistische Religion* (1939) vorgelegt hat, als vorbildlich gelten. Freud hat dieses Buch angesichts der nationalsozialistischen Bedrohung und eines aufziehenden eliminatorischen Antisemitismus geschrieben – es lässt sich vor allem anhand seiner Korrespondenzen sehr gut zeigen, dass der Ausgangspunkt für Freuds Arbeit der Versuch war, diesen Antisemitismus zu verstehen (vgl. dazu Hegener 2001, Kap. 2). Er geht bei der Beantwortung der Frage, wie der »unsterbliche Haß« auf die Juden hat entstehen können, einen langen Umweg. Er fragt zuerst nach den Entstehungsbedingungen der mosaischen Religion und, wichtiger noch, im dritten Teil seiner Schrift sodann nach den epochalen Umwälzungen und Verwerfungen, die im Übergang vom Judentum zum Christentum den antisemitischen Hass hervorgebracht haben. Alle wesentlichen, weil unbewussten Motive, die für die abendländische Kultur des Antisemitismus kennzeichnend sind, nämlich die schon beschriebene Schuldabwehr, die Eifersucht auf das »auserwählte Volk« sowie die tiefe Angst vor den beschnittenen Juden, die in einem nicht überwundenen Ödipus- und Kastrationskomplex wurzelt (s. o.), werden von Freud auf die christliche Verwerfung des Judentums zurückgeführt.

Jüdische Wurzeln der Psychoanalyse: eine Debatte

Ganz am Ende seiner Arbeit über *Die Widerstände gegen die Psychoanalyse* (1925) kommt Freud, nachdem er zahlreiche andere angeführt hat, auf den Widerstand, der sich aus dem Antisemitismus herleitet, und auf die Frage nach einer möglichen Verbindung, ja vielleicht sogar Verwandtschaft zwischen Judentum und Psychoanalyse zu sprechen. Er schreibt:

> »Endlich darf der Autor in aller Zurückhaltung die Frage aufwerfen, ob nicht seine eigene Persönlichkeit als Jude, der sein Judentum nie verbergen wollte, an der Antipathie der Umwelt gegen die Psychoanalyse Anteil gehabt hat. Ein Argument dieser Art ist nur selten laut geäußert worden, wir sind leider so argwöhnisch geworden, dass wir nicht umhin können, zu vermuten, der Umstand sei nicht ganz ohne Wirkung geblieben. Es ist vielleicht auch kein bloßer Zufall, dass der erste Vertreter der Psychoanalyse ein Jude war. Um sich zu ihr zu bekennen, brauchte es ein ziemliches Maß von Bereitwilligkeit, das Schicksal der Vereinsamung in der Opposition auf sich zu nehmen, ein Schicksal, das dem Juden vertrauter ist als einem anderen« (ebd., S. 110).

An der hier von Freud vorsichtig gestellten Frage, ob der Umstand, dass er Jude sei, einen Einfluss auf die Entstehung der Psychoanalyse gehabt habe, hat sich eine höchst kontroverse Debatte entzündet. Freud selbst konnte die Frage noch relativ unbefangen stellen (obwohl auch er tief durch die Erfahrung des Antisemitismus geprägt wurde), da er nicht wissen konnte, dass keine acht Jahre später seine Bücher öffentlich verbrannt wurden und schon 15 Jahre danach die historisch beispiellosen Vernichtungsaktionen gegen die europäischen Juden systematisch begannen. Die Frage nach den »jüdischen Wurzeln der Psychoanalyse« ist aber spätestens seit dieser Zeit, wie Yigal Blumenberg (1996, 1997a und b) zeigen konnte, ein Skandal. Die Problemstellung nämlich, ob die Psychoanalyse eine jüdische Wissenschaft sei, wurde von den Nationalsozialisten missbraucht, um die gesamte Freudsche Lehre zu diskreditieren. Sie löst, so Blumenberg weiter, deswegen auch heute noch in Fachkreisen Beklemmungen und peinliche Assoziationen aus, oft sogar Empörung und Provokationen, vor allem aber auch Schuldgefühle sowie die Angst vor Ausschluss, Fremdsein und Vernichtung. Die nachhaltige Zerstörung, die der Nationalsozialismus angerichtet hat, zeige sich auch darin, dass es heute ungeheuer erschwert sei, sich der Bedeutung sowohl des Judentums in der und für die Moderne als auch der Geschichte des Antisemitismus, ohne die der Holocaust nicht möglich und denkbar ist, erkennend zuzuwenden. Gleichsam wie eine Konkretion dieser Gedanken liest sich der Aufsatz von *Regine Lockot* in diesem Band: Sie zeigt anhand eines Interviews, das sie mit Albert Speer über das »Reichsinstitut für psychologische Forschung und Psychotherapie« (»Göring-Institut«) geführt hat, dass durch dessen sachlich-effiziente Freundlichkeit, die aber eigentlich Kälte ist und Leere hinterlässt, die Sprache und der kommunikative Raum zerstört wird, in dem überhaupt erst eine emotionale Bedeutung und die Möglichkeit der Bearbeitung von Vergangenem entstehen kann. Wir haben es also mit ganz besonderen Zerstörungen, Widerständen und »Gegenbesetzungen« zu tun, die dieses Thema überlagern und zuerst durchgearbeitet werden müssen.

Wenden wir uns der kontroversen Diskussion über die Frage nach den »jüdischen Wurzeln der Psychoanalyse« selbst zu, so finden wir auf der einen Seite an prominentester Stelle den Freud-Biographen Peter Gay (1988), der erklärt, dem Umstand, dass Freud Jude war, komme für die Entstehung der Psychoanalyse keinerlei Relevanz zu. Mit Verweis auf einschlägige Zitate wird Freud eindeutig in eine aufklärerische Tradition gestellt, die Gay als strikt antireligiös begreift. Ja, Gay warnt eindringlich davor, Freuds eigene und wiederholte Feststellung, er sei Atheist, zu unterschätzen und damit den Status der Psychoanalyse als Wissenschaft und ihren Anspruch auf Universalität zu gefährden. Freud bestehe vor allem aber auf dem Unterschied zwischen Wissenschaft und Religion – auch der jüdischen. Gay schreibt:

> »So unvollkommen sie auch in seiner Arbeit in Erscheinung tritt, die Unterscheidung, die er traf – religiöse Ideen sind unkorrigierbar, wissenschaftliche sind korrigierbar –, bestimmt Freuds Grundüberzeugung, dass es zwei ganz unvereinbare Denkweisen in der Welt gibt, die die theologische oder metaphysische auf der einen, die wissenschaftliche auf der anderen Seite, und dass kein geistiger Kraftakt, keine Willensanstrengung sie je in Einklang bringen kann« (ebd., S. 45).

Auf der anderen Seite, im gewissermaßen »religiösen Lager«, treffen wir auf Autoren, die genau das Gegenteil behaupten. Als Wortführer dieser Fraktion kann Yerushalmi (1992) angeführt werden, der nachzuweisen versucht, dass die Psychoanalyse mit gutem Grund und einigem Recht als eine *jüdische Wissenschaft* gelten kann – und dies mit Verweis auf zum Teil dieselben Textstellen. Er findet dafür die prägnante Formulierung »Psychoanalyse ist gottloses Judentum«, die wohl letzte Ausprägung des Judentums. In einem fiktiven Dialog mit Freud gibt Yerushalmi diesem folgendes zu bedenken:

> »Ich glaube, dass Sie im tiefsten Herzen davon überzeugt waren, dass die Psychoanalyse selbst eine weitere, wenn nicht die letzte, verwandelte Ausprägung des Judentums ist, welche, aller illusorischen Formen entkleidet, die entschei-

denden monotheistischen Merkmale bewahrt, wenigstens im Sinne, wie Sie sie verstanden und geschildert haben. Kurzum, meines Erachtens glauben Sie, die Psychoanalyse sei gottloses Judentum, genau wie Sie ein gottloser Jude. Ich glaube aber nicht, dass Sie wollten, dass wir wissen. Aber *tomer doch* – vielleicht, wer weiß ...?« (ebd., S. 146; Hervorhebung im Original).

Auch die Autorinnen und Autoren dieses Bandes platzieren ihre eigenen Positionen in dem so umschriebenen Spannungsfeld und thematisieren die Frage nach den jüdischen Wurzeln der Psychoanalyse höchst unterschiedlich und kontrovers. Während *Yigal Blumenberg* sie positiv beantwortet und die starken jüdischen Bezüge in Freuds Werk und Leben betont, hält *Paola Traverso* sie in der Schwebe und glaubt, dass Freud seine Wahlheimat eher in der polytheistischen Welt der römisch-griechischen Klassik gesucht und gefunden hat (vgl. auch Traverso 2003[4]). *Josef Ludins* Überlegungen gehen von der atopischen Position der Psychoanalyse aus, sprich: von der Unmöglichkeit, sie in irgendeiner Wissenschaft oder Religion (auch nicht der jüdisch monotheistischen) zu verorten. *Stefan Etgeton* siedelt die Psychoanalyse methodologisch zwischen Judentum und Protestantismus, genauer: zwischen protestantischer Sinn- und rabbinischer Zeichenzentrierung an, hält aber Freud die unkritische Übertragung klinisch generierter Kategorien auf ganze Kollektive vor, die, ganz untalmudisch, Geschichte quasi »christologisch« auf *einen* Sinn reduziere. *Jean Clam* schließlich widerspricht der Einordnung der Psychoanalyse in die rabbinisch-talmudische Hermeneutik und untersucht den innersemitischen »Antisemitismus« als Bruderzwist um die monotheistische Erbschaft und die Gunst des Vaters (er kommt dabei zu aufschlussreichen Überlegungen zum Vater, dessen Schwäche das Kind als Schatten in seinem Rücken spürt und integrieren muss). Die Beiträge von *Christina von Braun* und *Wolfgang Hegener* widmen sich, wie oben bereits angedeutet, in unterschiedlichen Aspekten der kultur- und religionsgeschichtlichen Analyse des Antisemitismus.

Wie immer man die Frage nach den jüdischen Wurzeln der Psychoanalyse auch beantworten mag, entscheidend und unstrittig scheint mir zu sein, dass

---

4 In einer höchst aufschlussreichen und anregenden Studie hat Jacques Le Rider (2004) gegenläufig den Weg Freuds von Wien über die Akropolis (griechische Antike) zum Sinai nachgezeichnet. Die griechischen Bezüge seien im Laufe der Jahre mehr und mehr zum Gegenstand kritischer Reflexion und schließlich im *Mann Moses* durch die Rückwendung zum Judentum des Sinaitischen Gesetzes abgelöst worden. Aus der Desillusionierung am neuhumanistischen Bildungsideal seit dem 1. Weltkrieg heraus habe er sich zunehmend dem mosaischen Gesetz zugewendet. Dies sei nicht eine Rückkehr zum Religiösen, sondern der Versuch einer Neubegründung einer Ethik. Als die europäische Kultur unter den zerstörerischen Schlägen des Nationalsozialismus zusammenbricht, erscheint Freud die Mosesreligion (»Fortschritt in der Geistigkeit«) als das letzte noch intakte ethische Fundament.

der Antisemitismus mit einem Hass auf jede Form der Selbstbesinnung und damit der radikalen Negierung der Psychoanalyse zusammenfällt. Ja, die Psychoanalyse steht in einem direkten Gegensatz zu jeder Form des Antisemitismus, der eine tiefe Denkstörung darstellt und in der Vernichtung des Anderen kulminiert. Wir können es auch noch anders wenden und behaupten, dass die Psychoanalyse für eine Aufklärung steht, die diese auch über sich selbst, was in unserem Zusammenhang meint: auch über ihre eigenen antisemitischen Traditionen und Verwerfungen des jüdischen Erbes aufzuklären hat.

Literatur

Alter, Peter; Bärsch, Claus-Ekkehard & Berghoff, Peter (Hg.) (1999): Die Konstruktion der Nation gegen die Juden. München (Fink Verlag).
Auchter, Thomas (2004): Zur Psychoanalyse des Antisemitismus. In: Gerlach, Alf; Schlösser, Anne-Marie & Springer, Anne (Hg.): Psychoanalyse des Glaubens. Gießen (Psychosozial-Verlag).
Bärsch, Claus-Ekkehard (2002): Die politische Religion des Nationalsozialismus. Die religiösen Dimensionen der NS-Ideologie in den Schriften von Dietrich Eckhart, Joseph Goebbels, Alfred Rosenberg und Adolf Hitler, 2., vollst. überarb. Auflage. München (Fink)
Beland, Hermann (1992): Psychoanalytische Antisemitismustheorien im Vergleich. In: Bohleber, Werner; Kafka, John (Hg.): Antisemitismus. Bielefeld (Aisthesis Verlag).
Benz, Wolfgang (2004): Was ist Antisemitismus? Frankfurt/M. (Beck Verlag).
Bergmann, Werner; Körte, Mona (Hg.) (2004): Antisemitismusforschung in den Wissenschaften. Berlin (Metropol Verlag).
Blumenberg, Yigal (1996): Psychoanalyse – eine jüdische Wissenschaft? Forum der Psychoanalyse 12, 2, 156–178.
Blumenberg, Yigal (1997a): Freud – ein »gottloser Jude«? Zur Frage der jüdischen Wurzeln der Psychoanalyse. Luzifer-Amor 19, 33–80.
Blumenberg, Yigal (1997b): »Die Crux mit dem Antisemitismus«. Zur Gegenbesetzung von Erinnerung, Herkommen und Tradition. Psyche – Z Psychoanal 51, 1115–1160.
Brainin, Elisabeth; Ligeti, Vera & Teicher, Samy (1993): Vom Gedanken zur Tat. Zur Psychoanalyse des Antisemitismus. Frankfurt/M. (Brandes & Apsel).
Braun, Christina von (2000): Und der Feind ist Fleisch geworden. Der rassistische Antisemitismus. In: Braun, Christina von; Held, Ludger (Hg.): Der ewige Judenhaß. Christlicher Antijudaismus, Deutschnationale Judenfeindschaft, Rassistischer Antisemitismus. Berlin (Philo Verlagsgesellschaft).
Buchholz, Michael (2001): Andere, Fremde, Feinde – Zur politischen Theologie des Antisemitismus. In: Psychoanalyse. Texte zur Sozialforschung 5 (8), 51–77.
Chasseguet-Smirgel, Janine (1988): Das Grüne Theater. Ein Versuch zur Interpretation kollektiver Äußerungen einer unbewußten Schuld. In: Zwei Bäume im Garten. Zur psychischen Bedeutung der Vater- und Mutterbilder. Stuttgart (Verlag Internationale Psychoanalyse).
Claussen, Detlev (2005): Grenzen der Aufklärung. Die gesellschaftliche Genese des modernen Antisemitismus. Erweiterte Neuausgabe. Frankfurt/M. (Fischer).
Freud, Sigmund (1912–13): Totem und Tabu. Einige Übereinstimmungen im Seelenleben der Wilden und der Neurotiker. GW IX.

Freud, Sigmund (1923): Das Ich und das Es. GW XIII, 237–289.
Freud, Sigmund (1925): Die Widerstände gegen die Psychoanalyse. GW XIV, 99–110.
Freud, Sigmund (1939): Der Mann Moses und die monotheistische Religion: Drei Abhandlungen. GW XVI, 103–246.
Gay, Peter (1988): Ein gottloser Jude. Sigmund Freuds Atheismus und die Entwicklung der Psychoanalyse. Frankfurt/M. (Fischer).
Grunberger, Béla (1962): Der Antisemit gegenüber dem Ödipuskomplex. In: Narziß und Anubis. Die Psychoanalyse jenseits der Triebtheorie. Bd. 1. Stuttgart 1988 (Verlag Internationale Psychoanalyse).
Grunberger, Béla; Dessuant, Pierre (2000): Narzißmus, Christentum, Antisemitismus. Eine psychoanalytische Untersuchung. Stuttgart (Klett-Cotta).
Hegener, Wolfgang (2001): Wege aus der vaterlosen Psychoanalyse. Vier Abhandlungen über Freuds »Mann Moses«. Tübingen (edition diskord).
Hegener, Wolfgang (2004): Erlösung durch Vernichtung. Zur Psychoanalyse des christlichen Antisemitismus. Gießen (Psychosozial-Verlag).
Horkheimer, Max; Adorno, Theodor W. (1969): Dialektik der Aufklärung. Philosophische Fragmente. Frankfurt/M. (Fischer).
Kielar, Wieslaw (1979): Anus Mundi. Fünf Jahre Auschwitz. Frankfurt/M. (Fischer).
Küntzel, Matthias (2003): Djihad und Judenhaß. Über den neuen antijüdischen Krieg. Freiburg (Ca ira-Verlag).
Küntzel, Matthias (2004): Von Zeesen bis Beirut. Nationalsozialismus und Antisemitismus in der arabischen Welt. In: Rabinovici, Doron; Speck, Ulrich & Sznaider, Natan (Hg.): Neuer Antisemitismus? Eine globale Debatte. Frankfurt/M. (Suhrkamp).
Leibowitz, Jeshajahu ; Shashar, Michael (1994): Gespräche über Gott und die Welt. Frankfurt/M. (Insel).
Le Rider, Jacques (2004): Freud – von der Akropolis zum Sinai. Die Rückwendung zur Antike in der Wiener Moderne. Wien (Passagen Verlag).
Loewenstein, Rudolph M. (1967): Psychoanalyse des Antisemitismus. Frankfurt/M. (Suhrkamp).
Ostow, Mortimer (1988): Apokalyptische Archetypen in Träumen, Phantasien und religiösen Schriften. In: Jahrbuch der Psychoanalyse 13, 9–25.
Poliakov, Léon (1977ff.): Geschichte des Antisemitismus. 8 Bände. Worms (Verlag Georg Heintz).
Rabinovici, Doron; Speck, Ulrich & Sznaider, Natan (Hg.) (2004): Neuer Antisemitismus? Eine globale Debatte. Frankfurt/M. (Suhrkamp).
Schreckenberg, Heinz (1982): Die christlichen Adversus-Judaeos-Texte und ihr literarisches und historisches Umfeld (1.-11. Jh.). 4. überarbeitete und ergänzte Auflage 1999. Frankfurt/M. (Europäischer Verlag der Wissenschaften).
Schreckenberg, Heinz (1996): Die Juden in der Kunst Europas. Ein historischer Bildatlas. Göttingen (Vandenhoeck & Ruprecht).
Segal, Hanna (1957): Bemerkungen zur Symbolbildung. In: Bott-Spillius, Elizabeth (Hg.) (1990): Melanie Klein Heute. Entwicklungen in Theorie und Praxis. Bd. I: Beiträge zur Theorie. Stuttgart (Verlag Internationale Psychoanalyse).
Simmel, Ernst (1946): Antisemitismus und Massenpsychopathologie. In: Simmel, Ernst (Hg.): Antisemitismus. Mit Beiträgen von Theodor W. Adorno, Bernhard Berliner, Otto Fenichel, Else Frenkel-Brunswik und R. Nevitt Sanford, Max Horkheimer, Douglass W. Orr, Ernst Simmel. Frankfurt/M. 1993 (Fischer), 58–100.

Traverso, Paola (2003): »Psyche ist ein griechisches Wort ...«. Rezeption und Wirkung der Antike im Werk Sigmund Freuds. Frankfurt/M. (Suhrkamp).

Vogt, Rolf (1995): Rainer Werner Fassbinders »Der Müll, die Stadt und der Tod« – eine deutsche Seelenlandschaft. Psyche – Z Psychoanal 49, 309–372.

Volkan, Vamik D. (1999): Das Versagen der Diplomatie. Zur Psychoanalyse nationaler, ethnischer und religiöser Konflikte. Gießen (Psychosozial-Verlag).

Wurmser, Léon (2001): Ideen- und Wertewelt des Judentums. Eine psychoanalytische Studie. Göttingen (Vandenhoeck & Ruprecht).

Yerushalmi, Yosef H. (1992): Freuds Moses. Endliches und unendliches Judentum. Wagenbach (Berlin).

Der Signifikant »Jude«. Oralität und Text in den drei Religionen des Buches[1]

Christina von Braun

Antijüdische Stereotypen charakterisieren in erster Linie zwei Eigenschaften, die sich auf den ersten Blick zu widersprechen scheinen: eine bemerkenswerte Langlebigkeit und eine bemerkenswerte Wandelbarkeit. Ein Beispiel: Als der US-Präsident George W. Bush im Mai 2003 in Berlin erwartet wurde, rief *Attac*, eine der größten globalisierungskritischen NGOs, zu Gegendemonstrationen auf – mit Flugblättern, auf denen »Uncle Sam« zu sehen war, an seinem ausgestreckten Zeigefinger baumelt der Globus. Die Karikatur war gedacht als Kritik am Irak-Krieg, am »amerikanischen Imperialismus« und der Vormachtstellung der USA im ökonomischen Globalisierungsprozess. Wer jedoch ein wenig Ahnung von antisemitischen Bildtraditionen hat, erkennt hier den »Ewigen Juden« der Nazi-Karikatur, auf der ein Mann mit großer Hakennase und gierigem Gesicht – manchmal wird die Darstellung ausdrücklich mit dem Namen Rothschild versehen – die Weltkugel mit seinen Händen umklammert hält. Es ist die Abbildung, die am häufigsten verwandt wurde, um das Stereotyp jüdischer ökonomischer Macht und, damit einhergehend, der »jüdischen Weltverschwörung« zu propagieren. Dieses Stereotyp taucht nun als antiamerikanisches »Logo« auf und transportiert zugleich alte antisemitische Stereotypen, die ihrerseits – unter derselben bildlichen Codierung – im arabischen Raum sehr verbreitet sind. Im Schlepptau dieses Bildrepertoires: die *Protokolle der Weisen von Zion*, die obgleich schon seit Jahrzehnten als Fälschung des zaristischen Geheimdienstes enttarnt, im arabischen Raum inzwischen zur Rechtfertigung für islamistischen Fundamentalismus und antiisraelische Strömungen dienen. Hier verbinden sich Kapitalismuskritik und Kritik am Globalisierungsprozess nicht nur mit Antizionismus, sondern auch mit einem Antijudaismus, der inzwischen – wie Matthias Küntzel in seinem leider zu wenig beachteten Buch *Djihad und Judenhaß* (2003) dargestellt hat – immer deutlicher eliminatorische Züge aufweist, die mit denen des Nationalsozialismus durchaus zu vergleichen sind.

Ein anderes Charakteristikum des Antisemitismus sind die *invertierten Projektionen*, d.h. Schuldzuweisungen an den Juden, die den eigenen Schuld-

---

[1] Es handelt sich bei diesem Aufsatz um einen überarbeiteten Ausschnitt aus einem ausführlicheren Text in: Christina von Braun und Eva-Maria Ziege (Hg.): Das bewegliche Vorurteil. Aspekte des Internationalen Antisemitismus, Würzburg 2004 (Königshausen & Neumann).

gefühlen oder Projektionen entsprechen. In seiner bekannten Reichstagsrede vom 30.1.1939 verkündete Hitler: »Wenn es dem internationalen Finanzjudentum in und außerhalb Europas gelingen sollte, die Völker noch einmal in einen Weltkrieg zu stürzen, dann wird das Ergebnis nicht die Bolschewisierung der Erde und damit der Sieg des Judentums sein, sondern die Vernichtung der jüdischen Rasse in Europa«. Der Rest der Geschichte ist bekannt: Die Prophezeiung einer »Schuld der Juden« geht der Realisierung eines Verbrechens an ihnen voraus. Sie dient ihrer – vorausgenommenen – Rechtfertigung. Diese Form von invertierter Projektion prägte auch schon den christlichen Umgang mit Juden: etwa bei den Ritualmordbeschuldigungen oder denen der Hostienschändung[2]. Invertierte Projektionen haben auch heute hohen Kurs: So waren auf Protestschildern gegen den Weltwirtschaftsgipfel in Davos im Jahre 2003 Inschriften zu lesen, auf denen der israelische Premierminister Ariel Sharon mit Hitler verglichen und die israelische Flagge statt mit Davidstern mit einem Hakenkreuz versehen wurden. Ähnliche Bilder tauchten auch auf dem Weltsozialforum in Porte Alegre auf. Nach dem Tod des 12-jährigen Palästinensers Muhammed-el-Dura, der vermutlich von Kugeln aus palästinensischen Waffen getroffen, jedoch weltweit als ein Opfer Israels gehandelt wurde, veröffentlichte die italienische Zeitung *La Stampa* eine Darstellung, auf der das Jesuskind von israelischen Panzern bedroht wird und sagt: »Sag bloß, sie wollen mich noch einmal töten« (zit. n. Strauss 2003). Juden, denen im NS-Staat die Menschenrechte verwehrt wurden, werden der Verstöße gegen die Menschenrechte beschuldigt. »Ich habe lange gebraucht, bis ich merkte, dass sich der neue Antisemitismus inzwischen in der Sprache des Antirassismus und im Namen der Menschenrechte artikuliert,« sagt der französische Intellektuelle Alain Finkielkraut, und er fügt eine Bemerkung hinzu, die die historische Dimension der neuen Entwicklung verdeutlicht: »Ich war als Nachgeborener ein Erbe des absoluten Grauens und gleichzeitig ein verwöhntes Kind. Mit dieser Situation habe ich mich befasst. Danach wollte ich mich für immer anderen Themen zuwenden. Der Verlauf der Geschichte hat das verhindert. Heute verspüre ich zum ersten Mal in meinem Leben das Bedürfnis, unter Juden zu sein«[3]. Zu dieser Entwicklung hat gewiss auch der islamische Antijudaismus beigetragen, der inzwischen auf Frankreich und andere europäische Länder einwirkt: »Seit der Kristallnacht«, so Mark Strauss im Jahre 2002, »sind nicht mehr so viele europäische Synagogen und jüdischen Schule geschändet worden« (zit. n.

---

2 Vgl. Karl Hausberger, Die »Deggendorfer Gnad«, Grundzüge ihrer Entstehung und Geschichte. In: Regensburger Bistumsblatt: Kirchengeschichte, 16.2. 1992; siehe auch dazu: Christina von Braun 2001, S. 348–356.
3 Im Gespräch mit Jürg Altwegg, *FAZ* vom 12. November 2003.

Strauss 2003). In all diesen Symptomen kommt einerseits ein beunruhigender Revisionismus zutage: Die Juden sind nicht die Opfer der Nazis, sondern selber Täter und Rassisten. Andererseits wird der Staat Israel aber auch zur Zielscheibe aller Ängste, die mit dem Globalisierungsprozess einhergehen, obgleich der Israel-Palästina-Konflikt damit herzlich wenig zu tun hat. Mit welcher Begründung werden Juden für die Globalisierung verantwortlich gemacht? Gewiss, der alte Topos der jüdischen Weltverschwörung lässt sich trefflich mit der Angst vor der Globalisierung verbinden. Aber soll das heißen, dass wir wieder dort angekommen sind? Auf den arabischen Raum bezogen, muss man konstatieren, dass sich dort ein Antisemitismus ausbreitet, der schon in den 1930er und 40er Jahren direkt aus Europa importiert wurde. So richtig es ist, dass der *Koran* eine Reihe von antijüdischen Textstellen aufweist und so richtig es ist, dass schon der Prophet Mohammed Attacken gegen die jüdische Gemeinde von Medina richtete (weil sie dem neuen Glauben nicht folgen wollte), so richtig ist es auch, dass der Antijudaismus im arabischen Raum heute Züge trägt, die mehr mit dem nationalsozialistischen Topos vom »Juden« als mit der traditionellen Einstellung des Islam zum Juden zu tun hat. Der Islamwissenschaftler Peter Heine konstatiert: »Der Kampf mit dem Christentum und als Nachfolger dem ›Westen‹ hat die islamische Welt stärker geprägt und beschäftigt als die frühislamischen Auseinandersetzungen mit dem Judentum. Daher ist es nicht überraschend, dass man bei vielen Muslimen eine positivere Haltung ihnen gegenüber findet. ›Das sind unsere Vettern‹, kann man immer wieder hören. Vergleichbare verwandtschaftliche Bezeichnungen gegenüber Christen finden sich nicht« (2004). Das Paradox besteht darin, dass der neue islamische Antisemitismus getragen wird von antichristlichen und antiwestlichen Gefühlen. Warum werden dann aber Juden zur Zielscheibe dieser Emotionen?

Der Signifikant »Jude«

Die Antwort auf die Frage nach dem Ursprung dieser Bilder ist, das versteht sich, nicht in der jüdischen Religion oder Kultur zu suchen, sondern in dem, was »der Jude« repräsentiert. Michel Foucault hat vom Blut geschrieben, dass es eine »Realität mit Symbolfunktion ist« (Foucault 1979, S. 176). Es ist also Signifikat und Signifikant zugleich – und als letzteres hat es immer wieder eine Fülle von Symbolfunktionen erfüllt, die vom religiösem Bereich (z.B. das geopferte Blut der Märtyrer), über politische Konstruktionen (das Blut der Herrscherhäuser), das Feld des Geschlechtlichen (Syphilis als die Krankheit des »bösen Bluts«) bis zum wirtschaftlichen Sektor reichen (etwa die Gleichsetzung des Geldkreislaufes mit dem Blutkreislauf). Auch in Kunst und

Ästhetik spielen die Symbolfunktionen des Blutes eine Rolle: etwa bei der Gleichsetzung von Tinte und Blut, der Rolle des Bluts in Splatterfilmen etc. (vgl. von Braun 2001a).

Ähnliches gilt auch für den Signifikanten »Jude« – und nicht durch Zufall ist das Blut so zentral im antisemitischen Diskurs (von Braun 1989 und 2001, Kap. 5). »Der Jude« ist ein Signifikant, der wie wenig andere die Gemüter von Nicht-Juden in einen – zumeist kollektiven – Erregungszustand zu versetzen vermag, und der deshalb auch immer wieder von politischen populistischen Bewegungen instrumentalisiert wurde. Zu diesen gehörten in verschiedenen Epochen Kirche, Monarchie oder auch die Republik. Der Antisemitismus kann, weil »der Jude« ein »Signifikant« ist, der mit beliebigen Bedeutungen versehen werden kann und die unterschiedlichsten Gefühle zu wecken vermag, deshalb auch hinter den widersprüchlichsten Masken daherkommen: darunter auch der, dass der »assimilierte Jude« eine Maskierung sei, hinter der sich sein »wahres Gesicht« verberge. Deshalb reisen die Bilder des Antisemitismus auch so leicht – zeitlich wie geographisch. Sie lassen sich mit jeweils neuen Bedeutungen aufladen. Allerdings müssen die Bilder des Antisemitismus zwei – paradoxe – Kriterien erfüllen: Sie müssen einerseits so »bekannt« sein, dass sie sich dem Unbewussten eingeschrieben haben; sie dürfen sich andererseits aber nicht zur Entzifferung – oder »Dekonstruktion« – anbieten. Geschieht letzteres, so büßen sie ihre Macht über das Unbewusste ein.

Worin bestanden die paradoxen Zuschreibungen? Neben den religiösen Zuschreibungen repräsentierte der Signifikant »Jude« im Verlauf der Geschichte für die einen den Kapitalismus, für die anderen den Kommunismus, für die einen den Reichtum, für die anderen die Armut, die mit »Unreinheit« und Schmutz gleichgesetzt wird. Mal ist »der Jude« impotent, dann wird er zum »Rassenschänder«, Vergewaltiger und Mädchenhändler erklärt. Von den Nazis wurde er identifiziert mit dem »slawischen Untermenschen«, sechzig Jahre später ist er zur Symbolgestalt des westlichen Imperialismus geworden. An der Gestaltung dieser »Bilder« sind alle Wissensbereiche und Medien beteiligt: die Wissenschaft und die Kunst, die Politik und die Ökonomie, die Religion und die Psychologie. Die Stereotypen erscheinen in Schriften und Bildern, in Texten und Filmen, und in eben dieser Vielfalt bestätigen sie sich auch gegenseitig. Dabei stoßen sich die »erregten Benutzer« dieses Arsenals von symbolischen Zuweisungen nicht daran, dass sich viele von den Judenbildern unter einander widersprechen, wie etwa die Bilder vom Juden als treibende Kraft des Kapitalismus *und* des Kommunismus. Heute scheinen sich arabische Islamisten auch nicht daran zu stören, dass sie einerseits das Hakenkreuz als diffamatorisches Signal für die Politik Israels einsetzen, andererseits aber Hitler als »einen der wenigen großen Männer der Geschichte« feiern[4]. Vergleichbar paradox ist auch die Rezeption von Mel Gibsons Film *Die Passion Christi*: Obgleich der Film aus der Denkwelt des amerikanischen christlichen Fundamentalismus kommt, dem auch George W. Bush angehört, der seit dem Irak-Krieg zum Hauptfeind des islamischen Fundamentalismus geworden ist, wurde Gibsons Film im islamischen Raum erfolgreich aufgenommen: wegen seiner antisemitischen Komponenten, die den gemeinsamen Nenner der beiden Fundamentalismen darstellen. Ebenso paradox ist auch, dass jüdische Wissenschaftler, die den Ursprung von neuen historischen oder sozialen Phänomenen untersuchten – etwa Karl Marx das Kapital oder Sigmund Freud die Sexualität der Moderne – heute im arabischen Raum, aber nicht nur da, nicht mit ihren Analysen identifiziert werden, sondern mit dem Objekt ihrer Analysen: der Sexualität, dem Kapital oder dem Kommunismus. Kurz, »der Jude« ist für die Nicht-Juden ein austauschbarer Signifikant – und eben deshalb ist das Vorurteil gegen ihn auch so beweglich.

Warum aber bedarf die Gesellschaft der Nicht-Juden dieses Signifikanten? Welches ist der gemeinsame Nenner dieser ganzen paradoxen Zuschreibungen? Rückblickend kann man sagen, dass jede Epoche antijudaistische Stereotypen neu erfand, um damit ihre »ungelösten Probleme« zu behandeln: ökonomische Probleme (die Einführung von Geld, einer rationalen Staatswirtschaft z.B.), politische Probleme (die Bildung der Nation), Probleme der sozialen Umschichtung (die Aufhebung der ständischen Gesellschaft, das allgemeine Wahlrecht, den Zugang zur Bildung etc.). Es ging immer um Innovationsschübe. Warum aber ist »der Jude« – das heißt, die Imaginationen über den Juden – zur Repräsentationsfigur für Innovation geworden? Eine erste Antwort liegt auf der Hand: Da Juden immer am Rande der christlichen Gesellschaft gelebt haben – sie nahmen nicht am christlichen religiösen Geschehen teil, sie durften kein Land besitzen, waren, wenn überhaupt, Staatsbürger zweiter Klasse und von den meisten Berufen ausgeschlossen –, konnten sie auch leichter zu den Schrittmachern von gesellschaftlichen Veränderung werden. Die christliche Gesellschaft delegierte diese sogar ausdrücklich an Juden – etwa im Zusammenhang mit dem Aufbau der Geldwirtschaft. Da jede Innovation aber auch Ängste auslöst, verband sich diese Delegation mit einer Schuldzuweisung an die Juden. Und in dieser Innovationsangst besteht die wichtigste Gemeinsamkeit von christlichem Antijudaismus, rassistischem oder nationalistischem Antisemitismus und islamistischem Judenhass. Aber diese Erklärung alleine genügt noch nicht. Auch die Hugenotten wurden zu den Schrittmachern

---

4 So der Übersetzer der arabischen Ausgabe von Hitlers *Mein Kampf* im Vorwort zu der palästinensischen Ausgabe (vgl. Küntzel 2003, S. 117).

der Modernisierung in Preußen, aber sie wurden dafür nicht verfolgt, sondern geehrt. Fragt man sich jedoch, was sich hinter der Innovationsangst verbirgt, so stößt man einerseits auf Begriffe wie »Zweifel«, »Intellektueller« und über diese wiederum auf die von Jan Assmann so genannte »mosaische Unterscheidung« (Assmann 2003).

Oralität und Text

Mit der mosaischen Unterscheidung bezieht sich Assmann auf die Tatsache, dass mit dem Monotheismus zum ersten Mal die Vorstellung entstanden sei, dass es eine »richtige« Religion und den »wahren« Gott gebe, dem gegenüber die anderen Götter als falsch und die andere Religion als »Irrweg« bezeichnet werden. Das habe bei der jüdischen Religion zu einer Abkapselung nach Innen und einer Abgrenzung gegen die anderen Religionen geführt; bei den beiden (nachgeborenen) Religionen des Buches hingegen zur Aufforderung einer Ausbreitung: im Christentum zur Mission (und zur Ausgrenzung all dessen, was sich der Mission widersetzte) und im Islam (der sich von Anfang an zugleich religiös und politisch definierte) zum Unterwerfungsgebot der Andersgläubigen (ebd., S. 30ff.). Alle drei Religionen haben sich ihrem Auftrag gemäß verhalten: In der jüdischen Diaspora verschärfte sich die Beachtung der Zeremonialgesetze, durch die sich Juden von Nicht-Juden unterscheiden, während Christentum und Islam andere Kulturen und Religionen überlagert, assimiliert, transformiert oder ausgelöscht haben. Das einzige unbesiegbare Terrain bei ihrem Vorgehen blieb die jüdische Religionsgemeinschaft, die erstgeborene der drei »Textgemeinschaften«[5]. Diese Unbesiegbarkeit provozierte viele der antijudaistischen Impulse. Aber es kommt noch ein anderer Faktor hinzu, der für die Betrachtung des Antijudaismus in der christlichen und der islamischen Welt von Bedeutung ist.

Assmann zieht aus der »mosaischen Unterscheidung« eine Reihe von Schlussfolgerungen, denen ich nicht folge und die für die Gedanken, die ich hier entwickeln möchte, auch nicht referiert werden müssen. Unbestritten ist, dass mit dem Monotheismus tatsächlich eine neue Religionsform entstand, die anders war als alle bisherigen Religionen: Sie basierte auf dem Glauben an einen einzigen Gott (auch wenn es Jahrhunderte brauchen sollte, bevor im Judentum von einem »echten« Monotheismus die Rede sein konnte); und sie verkündete die Unsichtbarkeit eines Gottes, der sich einzig in den Buchstaben der Schrift offenbarte (auch das Bilderverbot setzte sich erst allmählich

---

5 Der Begriff stammt von Brian Stock (siehe u. a. 1983).

durch). Der Entstehung dieses Gottes war die allmähliche Entstehung eines phonetischen Schriftsystems vorausgegangen, das im semitischen Alphabet seine Vollendung finden sollte. Damit lag zum ersten Mal ein Schriftsystem vor, das die gesprochene Sprache direkt in visuelle Zeichen überführte (dieses Schriftsystem war nicht von einem Tag auf den anderen entstanden, sondern hatte sich über Jahrhunderte und parallel zu anderen Schriftsystemen, etwa den Piktogrammen der Hieroglyphen und sogar aus diesen selbst entwickelt). Von dem Zeitpunkt an, wo die neue Religion in diesem Schriftsystem ihre Niederlegung fand – als also die *Heilige Schrift* entstanden war –, löste sich die neue Religion aus dem kulturellen Kontext der alten Religion. Das war der Exodus Israels aus den Religionen der polytheistischen Welt – und vielleicht ist die ganze Erzählung des Exodus nichts anderes als eine Erinnerungsgestalt für diesen Vorgang.

In seiner Oper *Moses und Aron* hat Arnold Schönberg (in meiner Lesart dieses Werks) den großen Moment des Exodus dargestellt als eine Herauslösung des schriftlichen Denkens aus dem Kulturfeld der Oralität. Er weist dabei auf den schmerzlichen Konflikt hin, den dieser Prozess beinhaltete und der schließlich im Tod Arons, der Symbolgestalt der oralen Tradition, endet. Moses empfängt die Schrift – das Gesetz – aus der Hand Gottes und sagt von sich selbst, »meine Zunge ist ungelenk. Ich kann denken, aber nicht reden«. Damit das Wort dennoch beim unbelesenen Volk »zur Sprache« kommt, lässt Gott Moses' Bruder Aron herbeikommen. Dieser wird zum »Mund« von Moses. Die beiden Brüder haben jeder ihre Rolle: der eine vertritt die Schrift, der andere das gesprochene Wort: »vergänglich in der Sprache deines Mundes«. Aron – und das Volk – fallen zunächst zurück in die alte Welt der oralen Tradition, wo die Götter sichtbar und die Gemeinschaft durch den »Lebenssaft« der gesprochenen Sprache zusammengehalten werden[6]. Wie sehr Schönberg auf das Verhältnis von Oralität und Schriftkultur abhebt, zeigt die Tatsache, dass in seiner Oper an den Stellen, wo die Gemeinschaft als Gemeinschaft beschworen wird, die Frauenstimmen in den Vordergrund treten: Sie verkünden die Wiederkehr der »Muttersprache« und damit auch der traditionellen »Stammesgemeinschaft«, die die orale Kultur charakterisiert. Die »Muttersprache« ist ein Charakteristikum oraler Kulturen. Moses will das Volk jedoch zur »Vatersprache« führen: Die Tafeln erhebend erklärt er: »Das ist kein Bild, kein Wunder! Das ist das Gesetz.«. Aron appelliert an die *Gefühle* des Volkes Israel, er spricht von *Glaube* und *Liebe* (übrigens alles zentrale Begriffe im Werk Richard Wagners): Das »goldene Kalb«, das das Volk verehrt, ist das alte

---

6 Zur gesprochenen Sprache als »Lebenssaft« in oralen Gemeinschaften vgl. Christina von Braun 2001, Kap. 2 u.. 5.

Recht, das Stammesrecht – nicht das geschriebene Gesetz. Der Gott, für den Moses steht, verlangt nach der Unterwerfung unter das Gesetz, unter den abstrakten Gedanken, für den die Schriftzeichen stehen. Die Entstehung dieses abstrakten Gottes war ein schmerzlicher Verlust für die »alte Welt«, die ihre Götter zu sehen gewohnt war. Schönberg hat diesen Abstraktionsprozess – in einer Oper, aber mit atonaler Musik – als einen Zweikampf zwischen Oralität und Alphabet, der verschriftlichten Mündlichkeit, dargestellt[7]. Seine Oper, an der er 1924 zu arbeiten begonnen hatte und die ihn die ganzen zwölf Jahre seiner Flucht vor den Nationalsozialisten begleitete, beschreibt seine Rückkehr zur jüdischen Religion – 1933 im Exil rekonvertiert er zum Judentum – und seine Auseinandersetzung mit dem Antisemitismus, der eine Rückkehr nicht nur zum »Volksglauben«, sondern auch zum »Glauben« an die Oralität und die Verbrennung von Büchern beinhaltete.

Die These, auf die ich hinaus möchte: Die Entstehung der beiden »nachgeborenen« Religionen des Buches lassen sich lesen als Versuch, diesen »Exodus« der Schrift aus der oralen Tradition rückgängig zu machen; jedoch geschieht dies auf unterschiedliche Weise. Beiden Religionen gemeinsam ist die Tatsache, dass sie sich – im Gegensatz zur jüdischen Religion – nicht auf einen Text (der mit dem Finger Gottes geschrieben ist), sondern auf eine mündliche Verkündigung, das *gesprochene* Wort berufen. Auch wenn Jesus als Pharisäer zweifellos die Schrift beherrschte, so ist in den Evangelien doch nie von seinen Schriften, sondern nur von seinen Predigten die Rede. Auch mit seiner Forderung »Lasset die Kinder zu mir kommen«, ist die Gemeinschaft der Unbelesen gemeint. Die Debatten des frühen Christentums, dessen Heilsbotschaft erst hundert Jahre nach dem Tod Jesu niedergelegt wurde, kreisten immer wieder um die Frage, ob das *Heilige Wort* nicht durch seine Verschriftlichung verfälscht werde (vgl. Löhr 1997, S. 212). Noch um 120 n. Chr. hat sich der christliche Autor Papias

---

7 Es ist nicht auszuschließen, dass Schönberg mit dieser Oper auch ein Gegenmodell zu Richard Wagners als Heilsbotschaft entwickeltes »Bühnenweihfestspiel« konzipiert hat. Wagner schuf eine Oper, in der das geschriebene Wort »vertont« wurde, und er verglich das Verhältnis von Libretto und Partitur (Text und Musik) auch ausdrücklich mit der »Paarung« von Mann und Weib. Schönberg hingegen schuf eine Oper, in der er auf der unaufhebbaren Differenz zwischen dem gesprochenen Wort (Aron) und dem geschriebenen Wort (Moses) beharrt. Paradoxerweise kommt dies dadurch zum Ausdruck, dass Aron singt und Moses spricht: die Oralität ist also gewissermaßen durch die musikalische Sprache repräsentiert. Auch bei Wagner ist die Musik »das Weib« und repräsentiert dieses die gesprochene Sprache. Aber seine Oralität wird nicht als Gegensatz zur Schrift konzipiert, sondern die beiden als ein inniges Paar: die Musik »empfängt«, der Text ist zeugend, und beide zusammen bilden eine untrennbare Einheit. Die Differenz von Moses und Aron hingegen ist nicht aufhebbar, und die Frauenstimmen tauchen vor allem an den Stellen auf, wo vom »goldenen Kalb« die Rede ist (zu Wagner vgl. Christina von Braun 2002, S. 827–842).

v. Hierapolis in seinem Werk *Auslegung der Herrenworte in fünf Büchern* ausdrücklich für die Bewahrung der mündlichen Tradition ausgesprochen, weil er bezweifelte, »dass mir das aus Büchern Stammende soviel nutzen könnte, wie das, was von der lebendigen und bleibenden Stimme stammt« (zit. n. Löhr 1997, S. 213). Für ihn entsprach die schriftliche Überlieferung einem »fremden Gebote im Gedächtnis« (ebd.), während die von Jesus überlieferten Worte »vom Herrn dem Glauben gegeben wurden und (…) von der Wahrheit selbst stammen« (ebd.). Es sei zuverlässiger, sich auf die Worte der Presbyter zu stützen, deren Überlieferung bis auf die Jünger Jesu zurückgehe. Um diese Rückkehr zum »wahren Wort« zu fordern, bediente er sich freilich des Mediums Schrift. In der Tat: Wären die Überlieferungen nicht verschriftlicht worden, so hätten sie vermutlich nicht überlebt.

Zwischen 120 und 200 n. Chr. wurde den Worten Jesu allmählich und unter heftigen Auseinandersetzungen eine zunehmend festgelegte Form verliehen, die zum Ziel hatte, dass »die vorherrschende Mündlichkeit nicht »ungeordnet, (…) unkontrollierbar, ungeschützt und uferlos weiterströmt« (Campenhausen 1975, S. 159). Die Schrift sollte der Heilsbotschaft Klarheit, Ordnung, und Kontrolle verschaffen, und so wurde aus dem gesprochenen Wort allmählich »die Norm« und eine neue unwiderlegbare, weil verschriftlichte Wahrheit. Dieser Wahrheit wurde jedoch – und das ist das Spezifische an der christlichen Tradition – die Aura des gesprochenen Wortes verliehen. Das wird besonders deutlich im Werk von Irenäus, das um ca. 180 n. Chr. entstand und gegen der Irrglauben der Gnostiker verfasst wurde, die nach Ansicht des Bischoffs von Lyon zu oft in Parabeln und Vieldeutigkeiten sprachen. Irenäus bezeichnete die *Schriften* der Kirche als »Leib der Wahrheit« und bediente sich damit eines Begriffs, der eigentlich der mündlichen Tradition mit ihrer an die Leiblichkeit gebundenen Sprache entstammt. Zugleich verlangte er nach einer »Unzweideutigkeit« der Schriften:

> »Es handelt sich um die Dinge, die uns vor Augen liegen, und um die, die offen und unzweideutig Wort für Wort in den Schriften vorliegen. Daher muß man die Parabeln nach dem, was unzweideutig ist, auflösen. Denn dann löst der Ausleger sie ohne Risiko auf, und die Parabeln werden von allen im gleichen Sinn aufgelöst, und der Leib der Wahrheit bleibt unversehrt, in Harmonie seiner Glieder und unerschütterlich« (Irenäus von Lyon 1993, II 27,1).

Irenäus gab zwar zu, dass die Offenbarung in den Evangelien zunächst mündlich verkündet wurde, doch sei sie »uns später nach Gottes Willen in schriftlicher Form in die Hand« gegeben worden, und in dieser Form solle sie »künftig Fundament und Säule unseres Glaubens sein« (ebd., S. III 1,1). Es fand also eine Verlagerung von der mündlich überlieferten »Wahrheit« zu der in den

Schriften enthaltenen und »unzweideutigen« Wahrheit statt – ein Prozess, der einerseits von der allmählichen Normbildung und Kontrolle der Kirche über die Überlieferung erzählt. Andererseits wird aber auch deutlich, was mit der »Fleischwerdung des Wortes« aus dem Johannes-Evangelium gemeint war: Die christliche Heilsbotschaft bestand im Versprechen, dass sich die Zeichen der phonetischen Schrift, die die Herauslösung der Sprache aus dem Körper implizierten, wieder dem Körper einzuschreiben vermögen. Mit Christus sollte die Trennung von Zeichen und Bezeichnetem aufgehoben werden. Das heißt, das Christentum, das sich geistig eher aus dem Hellenismus als aus dem Judentum nährte, bestand in der Sichtbarmachung und Wiederverkörperung des unsichtbaren jüdischen Gottes. Die Heilige Schrift der jüdischen Tradition wurde aufgegriffen und neu gedeutet. Dass sich diese geistige Strömung dem Hellenismus verdankte, ist nicht ganz erstaunlich, hatte sich in Griechenland doch zweihundert Jahre nach dem semitischen Alphabet ein volles Alphabet entwickelt, das auch die Vokale schrieb – ein Alphabet also, das die volle Erfassung des gesprochenen Wortes, mithin des sprechenden Körpers implizierte und damit auch das Versprechen einer Rückkehr zur Mündlichkeit in sich barg – freilich einer Rückkehr über den Umweg der Schriftlichkeit.

Die christliche Heilsbotschaft – und damit auch der Kulturfortschritt, den das Christentum im Laufe seiner »Säkularisierung« leisten wird – lässt sich begreifen als Versuch, *mit den Mitteln der »Vatersprache«* den Abstraktionsprozess, den die alphabetische Schrift bewirkt hatte, rückgängig zu machen, also in die Kultur der »Muttersprache« zurückzuführen und die verlorene »Behausung« in der oralen Tradition mit den Mitteln von Rationalität, Wissenschaft und Technik wiederherzustellen oder zu ersetzen. Gerade hierin könnte die große Anziehungskraft des Christentums bestanden haben, das sich parallel zur Verschriftlichung der Gesellschaften ausbreitete und das der Abstraktion der geschriebenen Sprache, die dem Körper die Zunge entrissen hatte, die »behausenden« Eigenschaften der gesprochenen Sprache wiederzugeben versprach – mit den Mitteln der Schrift.

Beim Islam verlief der Prozess anders: Ursprünglich konzipiert als eine religiöse und gesellschaftliche Ordnung für das arabische Volk – der Universalitätsanspruch entwickelte sich erst später –, spielte hier von Anfang an die *Sozial*struktur der Glaubensgemeinschaft eine wichtige Rolle. Es entstand das Paradox einer »Religion des Buches« in einer Gesellschaft, die nach den Gesetzen oraler Kultur lebte und weiterhin leben sollte. Mohammed selbst war bekanntlich Analphabet und empfing die Botschaft Gottes als gesprochenes Wort. Die Verschriftlichung des Korans vollzog sich erst allmählich und lange nach seinem Tod. Unter westlichen und selbst unter islamischen Koranwissenschaftlern gibt es unterschiedliche Auffassungen darüber, wann und von wem der Koran verschriftlicht wurde. Das heißt, es ist, wie bei den Evangelien, vermutlich viel Gedankengut eingeflossen, das Mohammed von seinen Nachfolgern im wahrsten Sinne des Wortes »in den Mund gelegt« wurde.

Dies gilt erst recht für die Auslegung der Worte des Propheten. Als der Koran entstand, war das Arabische als Schriftsprache noch nicht ausgereift; es gab z. B. nicht die diakritischen Punkte, durch die Konsonanten voneinander unterschieden und Vokale angedeutet werden. Das hat, laut dem Orientalisten und Paläontologie-Experten Gerd Rüdiger Puin, der jahrhundertealte Koranfragmente untersucht hat, verschiedene Begriffsbestimmungen zugelassen, die zum Beispiel für einen Begriff von »kämpft gegen die Ungläubigen« bis zu »tötet die Ungläubigen« reichen können. Über die Jahrhunderte, so Puin, hätten sich im Islam die schärferen Lesarten gegenüber den milderen durchgesetzt (vgl. Bothmer; Ohlig & Puin 1999). Der Koranforscher und Semitist Christoph Luxenberg stellt zudem die These auf, dass die Gelehrten bei der Verschriftlichung des Koran – wegen der noch nicht ausgereiften arabischen Schriftsprache – auf die aramäische Schrift, und damit auch Sprache, zurückgegriffen haben. Diese sei die herrschende Sprache im ganzen Vorderen Orient gewesen (bekanntlich war sie auch die Ursprungssprache des Christentums) und habe seit langem in verschriftlichter Form vorgelegen. So sei eine arabisch-aramäische Mischsprache entstanden, von der viele Begriffe in den verschriftlichten Koran eingeflossen seien. Laut Luxenberg seien einige »dunkle Stellen« des *Korans*, deren Auslegung auch für arabische Korankommentatoren und Philologen bis heute unverständlich bleiben, mit dieser Mischsprache zu erklären. Zudem sei es so auch zu zweideutigen oder falschen Begriffsauslegungen gekommen, darunter die, dass der Koran den Muslimen im Paradies »weiß gekleidete Jungfrauen« verspreche; in Wirklichkeit seien es »weiße Trauben«:

> »Der Schlüsselbegriff zu dieser Annahme ist das aramäische Wort ›Hur‹. Dieses Wort ›Hur‹ ist von der Wurzel her aramäisch und heißt ›weiß‹. Zwar hat es eine arabische Form und das bezeichnet ein Femininum, also ›weiße‹. Nur worauf dieses ›weiß‹ sich bezieht, das geht nicht unmittelbar aus diesen Stellen hervor. Aber aus dem Zusammenhang geht deutlich es deutlich um Früchte. Und da im irdischen Paradies immer von der Rebe die Rede ist, war für mich klar, dass dieses ›Hur‹ im himmlischen Paradies die Trauben bezeichnet«.[8]

Luxenberg vermutet sogar, dass in den Koran christliches Gedankengut eingeflossen sei, was er einerseits auf die arabisch-aramäische Mischsprache zu-

---

8 Christoph Luxenberg im Interview mit Daniela Siebert, Deutschlandfunk, Feature »Neuere Entwicklungen in der Koranforschung«, Deutschlandfunk 16. Juni 2004, 20 Uhr (siehe a. Luxenberg 2000).

rückführt, andererseits aber auch mit der Tatsache in Verbindung bringt, dass das Wort »Koran« bei den christlichen Syrern ein so genanntes »Lektionar« bezeichnete, d.h. ein christlich-liturgisches Buch darstellte. Man muss Luxenburg nicht auf dieser Spur folgen, aber gewiss ist, dass es sich – wie im Christentum – um eine oral überlieferte religiöse Botschaft handelt, die im Prozess ihrer Verschriftlichung auch weltlichen politischen Zielen zu dienen hatte.

Die beiden »nachgeborenen« Religionen entwickelten also unterschiedliche Formen einer Rückkehr zu der Zeit und dem Denken vor dem »Exodus«, den das Alphabet implizierte: im Christentum die »Inkorporation« der Schrift, im Islam die Beibehaltung oraler Sozialstrukturen neben der Heiligen Schrift. Das hatte unterschiedliche historische Entwicklungen zur Folge, die Dan Diner für die bemerkenswerte Stagnation der islamischen Wissenschaft, die noch im Mittelalter der christlichen weit überlegen war, nach dem Beginn der Neuzeit verantwortlich macht. In fast genau demselben Jahr, in dem das ottomanische Reich mit der Eroberung Konstantinopels seine größte Ausbreitung erreichte, wurde in Europa die Gutenberg-Presse erfunden wurde. Im ottomanischen Reich war diese Technik nicht unbekannt – hier lebten Griechen, Armenier und Juden, die sich sehr wohl der Drucktechnik bedienten – aber die Drucklegung arabischer Texte wurde ausdrücklich untersagt. Der Grund, laut Diner: »Die arabische Schrift war eng verbunden mit der Sprache der Offenbarung. Es war undenkbar, zwischen der heiligen Schrift und der Heiligkeit ihres Alphabets zu unterscheiden. Die mechanische Reproduktion dieser Buchstaben wurde als Profanisierung, als inakzeptabler Akt der Entweihung betrachtet« (Diner 2004). Auch hier also eine Entwicklung, die eng mit der Geschichte der Schrift zusammenhängt: Erst im 18. Jahrhundert wurde die Druckerpresse im ottomanischen Reich für arabische Texte zugelassen. Diese Entwicklung hatte mehrere Folgen: Eine davon besteht heute in der Übernahme moderner Techniken aus dem Westen, »ohne die grundlegenden wissenschaftlichen Voraussetzungen und Grundannahmen«, die ihnen vorausgegangen waren: »Diese implizierten die soziale Generalisierung der Säkularisierung als Voraussetzung für die völlige Befreiung der Wissenschaft von den Fesseln der Religion« (ebd.).

Von den drei »Religionen des Buches« – Judentum, Christentum und Islam – hat sich einzig die jüdische Religion zu einer Entstehung aus der Schrift bekannt. Gott offenbart sich seinem Volk in einem Text. Die anderen beiden Religionen bekennen sich zu einer Offenbarung aus dem gesprochenen Wort. Bedenkt man, dass das Alphabet einen kaum zu überschätzenden Einschnitt in die Denktraditionen und Gesellschaftsstrukturen der antiken Welt zur Folge hatte – viele Theoretiker der Schrift und Historiker des Alphabets haben dies dargestellt (von Braun 2001, Kap. 2) – so lässt sich Entstehung der christlichen wie der islamischen Religion als – unterschiedliche und getrennte – Versuche lesen, in die Tradition der Mündlichkeit zurückzukehren: im Christentum das »Fleisch gewordene Wort«; im Islam durch die Bewahrung oral bestimmter Gesellschaftsstrukturen. Obwohl sich der Islam auf ein Buch beruft, weisen einige islamische Länder, vor allem des arabischen Raums, eine sehr niedrige Alphabetisierungsrate auf; in einigen Ländern liegt sie bei nur 20 bis 30 Prozent der Bevölkerung. Anders als in der jüdischen und der (säkularen) westlichen Gesellschaft gingen vom Islam auch nie besondere Anstrengungen aus, die Fähigkeit zu lesen und schreiben voranzutreiben – im Gegenteil, wie das Beispiel des Buchdrucks zeigt. Wie sehr der *Koran*, das heißt der Text selbst als eine orale – d. h. an den Körper gebundene – Sprache begriffen wird, das beschreibt auf anschauliche Weise ein kleiner Ritus, auf den Peter Heine hingewiesen hat: Eines der Heilmittel im Falle von Krankheit sei es, eine Sure auf eine Tafel zu schreiben, dann die Kreide mit Wasser von der Tafel zu waschen und das mit der Kreide und den Schriftzeichen versehene Wasser dem Patienten zu trinken zu geben. Der Text wird also dem Körper einverleibt, aber er wird nicht gelesen. Ähnlich, so Heine, verhalte es sich auch mit dem *Koran*, der inkorporiert und nicht interpretiert werden soll (Heine 2004). Dagegen betont die jüdische Tradition die Exegese, das heißt, die »produktive Lektüre« des Schülers, der den Text durch eigenes Denken interpretieren und immer wieder aktualisieren muss. Eben diese Unterscheidung zwischen der jüdischen Religion einerseits und den beiden anderen monotheistischen Religionen andererseits scheint auf in vielen antijudaistischen Bildern vom jüdischen Intellektuellen, vom Juden als der Figur des Zweifels und vom Juden als der Gestalt, die Innovation und Modernisierung symbolisiert.

Innovationsangst und Psychoanalyse

Jeder Modernisierungsschub löst Ängste aus. Modernisierungsschübe vollzogen sich im 19. Jahrhundert in Europa – nach dem Ende des Absolutismus und mit der aufbrechenden Industrialisierung – und sie führten einerseits zur Integration und »Assimilation« der jüdischen Bevölkerung, andererseits wurde »der Jude« aber auch verantwortlich gemacht für Kapitalismus und Kommunismus, die sich durch die Industrialisierung herausbildeten. Heute vollzieht sich im arabischen Raum ein solcher Modernisierungsschub. »Der radikale Islam«, so Dan Diner, »ist sowohl ein Produkt der Moderne als auch ihr eingeschworener Feind« (Diner 2004). Die Ängste, die mit diesen Umwälzungen eingehen, fanden im christlichen Europa wie heute im islamischen Raum im Hass auf den Juden ihren deutlichsten Ausdruck. Das geht bis in die Psyche des einzelnen hinein.

Christina von Braun

Auf einer von der *Deutschen Psychoanalytischen Vereinigung* und dem *Auswärtigen Amt* organisierten Konferenz zum Thema Terrorismus im Juni 2004 sprach der Psychoanalytiker Gehad Mazarweh über den Zusammenhang zwischen den Selbstmordattentätern und der arabischen Familienstruktur. Mazarweh ist palästinensischer Herkunft, lebt und praktiziert heute in Freiburg. Er hat einige Patienten behandelt, die als potentielle Selbstmordattentäter im letzten Moment von ihrem Tötungs- und Selbstmordvorhaben wieder abkamen und danach zumeist schwere Depressionen entwickelten. In seinem Vortrag sprach er von den »Traumatisierungen«, die hinter dem palästinensischen Terrorismus stehen. Damit bezog er sich nicht auf Erfahrungen von Gewalt durch Israel, sondern auf die »patriarchalischen« Strukturen arabischer Familien. Der islamisch-arabische Vater sei allmächtig: gegenüber seiner Frau wie gegenüber seinen Söhnen. Die (oft physische) Gewalt des Vaters finde auch im Ritus der Beschneidung, die im arabischen Raum zwischen dem zweiten und dem zehnten Jahr durchgeführt wird, ihren Höhepunkt: »Normalerweise steht der Vater bei diesem Ereignis neben dem ‚Exekutor‘ und beobachtet die Kastration. Für die meisten männlichen arabischen Patienten bleibt die Beschneidung ein Trauma, das sie für den Rest ihres Lebens ertragen müssen«. Die Macht des Vaters habe eine Entmündigung der Söhne und deren Gefühl von Hilflosigkeit zur Folge: »Ich habe in meiner Arbeit mit jungen Männern, die von ihren Vätern ins Ausland geschickt wurden, diese Art von Hilflosigkeit gefunden. (....) Das Resultat sind Angstanfälle, Depressionen und eine Fülle psychosomatischer Symptome«. Das gelte insbesondere für intelligente Studenten, bei denen jede Form von autonomen Verhalten »zu Gefühlen von Verrat und Untreue und quälenden Schuldgefühlen führe«. Solche Familienstrukturen, so Mazarweh, seien symptomatisch für Stammesgesellschaften: Nach außen hin hermetisch geschlossen, funktionieren sie nach dem auf einem »Wir-Gefühl« basierenden Prinzip von Familienehre und Blutrache. Das Prinzip laute: »Meine Brüder und ich gegen die Vettern, meine Vettern und ich gegen die anderen« (Mazarweh 2004).

Eine solche hermetische Struktur von Stammesgesellschaften ist symptomatisch für Gemeinschaften, die auf mündlicher Tradition beruhen. Damit stellt sich aber auch die Frage nach der Familienstruktur und der väterlichen Macht auf ganz andere Weise. In der psychologischen Forschung über Kriminalität und Gewaltbereitschaft – etwa bei Serienmördern – wird immer wieder die *Ab*wesenheit des Vaters als relevanter Faktor für die Verhaltensstruktur des Täters angeführt. Es wird also ein Zuwenig an Vater geltend gemacht. Warum soll dann die Übermacht des Vaters, also ein Zuviel an Vater, am Ursprung von Traumatisierungen stehen, die zu terroristischen Handlungen führen? Löst man sich jedoch von dem Gedanken, dass es sich beim »Vater«

um den biologischen Vater handeln muss, so rückt eine ganz andere Möglichkeit der Wahrnehmung in den Vordergrund. Es wird erkennbar, dass mit dem »Vater« der Abstraktionsprozess selbst gemeint sein könnte. Im arabisch-islamischen Raum vollzieht sich zurzeit – freiwillig oder unfreiwillig – eine allmähliche Verlagerung von einer Kultur der Mündlichkeit zu einer Kultur der Schriftlichkeit, wie sie Atatürk schon in den 1920er Jahren in einem gewaltigen Akt für die Türkei durchgesetzt hat. Der Vorteil von Atatürks Reform war, dass sie »von innen« vollzogen und nicht wie eine Einflussnahme aus der westlichen Welt wahrgenommen wurde (daran kann man allerdings zweifeln angesichts der Tatsache, dass Atatürk das arabische Alphabet verbot und stattdessen das lateinische Alphabet einführte). Im arabischen Raum wird der Prozess der Verschriftlichung als ein Vorgang wahrgenommen, der von Außen eindringt; und in der Tat vollzieht er sich vor allem durch die Aufnahme hochmoderner technischer Kommunikationsmittel (die ihrerseits die Entstehung moderner terroristischer Netzwerke erheblich erleichtert haben). Mit dieser Verschriftlichung der Gesellschaft verändern sich auch die Familienstrukturen, vor allem die Rolle des Vaters.

Zu den tiefen sozialen und psychologischen Einschnitten, die von der Schriftforschung als Folgen der Alphabetisierung beschrieben worden sind, gehört auch die Änderung der Geschlechterordnung – und diese Änderung bezieht sich keineswegs nur auf die Rolle der Frau, sondern vor allem auch auf die des Vaters. »Der Vater« – verkörpert durch »das Gesetz«, den Staat oder die Schriftlichkeit selbst – durchläuft mit der Einführung des Alphabets, die eine Abstraktion impliziert, seinerseits einen Prozess der Abstraktion. Bei diesem Prozess wird der biologische Vater einerseits »entmachtet«, andererseits wird »der Vater« als abstrakte Gestalt aber auch ermächtigt.

Dass es sich auch bei den Selbstmordattentätern (für die der Antisemitismus eine wichtige Triebkraft bildet) um einen solchen Vorgang der Abstraktion der Gestalt des Vaters handelt, das zeigen die Untersuchungen der New Yorker Psychoanalytikerin Ruth Stein, die die intrapsychischen Mechanismen des modernen islamistischen Terrorismus an den Beispielen des von Mohammed Atta hinterlassenen Briefs und der an den väterlichen Gott gerichteten Gedichte von Osama bin Laden untersucht hat. Bezeichnend, so Stein, seien zunächst »a sense of utter certainty, a feeling of being in the right, hermetic consistency, and highly rhetorical reiterations of Truth« (Stein 2004). Man möchte noch hinzufügen, dass dies allesamt Charakteristika sind, die dem Bild des Juden als »Zweifler« und als Intellektuellem diametral gegenüberstehen. Diese vereinfachende Herstellung von binären Gegensätzlichkeiten, durch die »Chaos in Ordnung überführt werden soll«, paare sich mit einer »vertikalen homoerotischen Gottsuche«, die in Opferbedürfnissen und zunehmend strengeren Reinigungsritualen ihren Ausdruck finden. Ruth Stein:

> »I suggest that (1) fundamentalism is based on a violent, homo-erotic, self-abnegating father-son-relationship, and that (2) violent fundamentalism is a process of degeneration of the exalted paternal (inner object) into a murderously persecutory one, that is identified within an experiential state of mind of utter awe and ›love‹«.

Als Erklärung für die Intensität einer solchen Beziehung zum geistigen Vater führt Stein die Tatsache an, dass die Vaterschaft selbst von hoher Abstraktion sei.

> »The invisibility of the bodily link between father and child makes for a mystifying and unfathomable bond – simultaneously abstract and concrete, and ungraspable. In a sene, ›father‹ is an elusive entity, engendering yet not containing in the body, close but connected through an act (of procreation) in the (un)conceivable past and hence through a law – abstract, but terribly binding?« (ebd.; siehe auch Stein 2003 und 2003a).

Nun hat aber der väterliche Prokreationsakt in allen Kulturen diese »abstrakte«, unsichtbare, ephemere Qualität, ohne dass es deshalb zum Terrorismus, zum Fundamentalismus oder auch nur zur Entstehung eines monotheistischen Gott-Vater-Figur kommt. Setzt man jedoch an die Stelle dieses »Vaters« die Schriftlichkeit selbst – mit ihren abstrahierenden und übermächtigen Eigenschaften – so wird ersichtlich, dass ein solcher »Vater« einerseits Liebe und Verlangen nach Vereinigung hervorrufen, andererseits aber auch grausame Taten gegenüber den anderen wie gegenüber dem eigenen Leben bewirken kann.

Zusammenfassend: Wenn im Zusammenhang mit dem Bild des »Juden« von »Modernisierung« und Innovation die Rede ist, so ist damit fast immer ein Vorgang der Abstraktion gemeint. Der antijudaistische Impetus beider Religionen – und ihrer säkularen Erscheinungsformen im Nationalsozialismus bzw. im islamischen Fundamentalismus – hängt eng mit einem Prozess der Abstraktion zusammen: einer Herauslösung der Zeichen aus dem Kontext ihrer Entstehung. Mit diesem Prozess der Abstraktion lässt sich auf zweifache Weise umgehen: entweder durch den Glauben an einen Gott, der sich in den Zeichen selbst offenbart – so etwa die jüdische Religion – oder durch den Versuch einer Wiederzusammenführung von Zeichen und Materie: so das Christentum mit seinem in Christus »Fleisch gewordenen Wort«; so der Islam, da wo er eine orale Gesellschaftsstruktur neben der Buchreligion bewahrt.

Literatur

Assmann, Jan (2003): Die mosaische Unterscheidung. Oder der Preis des Monotheismus. München / Wien (Hanser).
Bothmer, Hans-Caspar v.; Ohlig, Karl-Heinz & Gerd-Rüdiger Puin (1999): Neue Wege der Koranforschung: Der Koran als Gemeindeprodukt? In: Magazin Forschung 1, 33–46.
Braun, Christina von (1989): »Blutschande« – Wandlungen eines Begriffs: vom Inzestverbot zu den Nürnberger Rassegesetzen. In: Die schamlose Schönheit des Vergangenen. Geschlecht und Geschichte, Frankfurt/M. (Verlag Neue Kritik).
Braun, Christina von (2001): Versuch über den Schwindel. Religion, Schrift, Bild, Geschlecht. Zürich / Frankfurt/M. (Pendo).
Braun, Christina von (2001a): Blut als Metapher in Religion und Kunst, in: Dokumente des Deutschen Evangelischen Kirchentags. Frankfurt/M.
Braun, Christina von (2002): Das Weib als Klang. Die Frauengestalten im Werk Richard Wagners. In: Wulf, Christoph; Kamper, Dietmar (Hg.): Logik und Leidenschaft. Erträge historischer Anthropologie. Berlin (Reimer).
Campenhausen, Hans von (1975): Die Entstehung der christlichen Bibel. Berlin (Mohr/Siebeck).
Diner, Dan (2004): Revolutionizing the »Wider Meddle East«? A Historical Perspective on an Changing Order. Vortrag auf der Tagung »Violence or Dialogue: Between Collective Fantasy and Collective Denial«, Berlin 10–12. Juni 2004.
Foucault, Michel (1979): Sexualität und Wahrheit. Der Wille zum Wissen. Frankfurt/M. (Suhrkamp).
Heine, Peter (2004): Islamismus und Anti-Semitismus, Vortrag auf der Tagung »Violence or Dialogue: Between Collective Fantasy and Collective Denial«, Berlin 10–12. Juni 2004.
Küntzel, Matthias (2003): Djihad und Judenhaß. Über den neuen antijüdischen Krieg. Freiburg (caira).
Löhr, Winrich A. (1997): Mündlichkeit und Schriftlichkeit im Christentum des 2. Jahrhunderts. In: Sellin, Gerhard; Vouga, Francois (Hg.): Logos und Buchstabe. Mündlichkeit und Schriftlichkeit im Judentum und Christentum der Antike. Tübingen, Basel (Tanz 20).
Luxenberg, Christoph (2000): Die syro-aramäische Lesart des Koran. Ein Beitrag zur Entschlüsselung der Qur'ansprache. Berlin (Das Arabische Buch).
Lyon, Irenäus von (1993): Epideixis. Adversus Hareses. Darlegung der Apostolischen Verkündigung. Gegen die Häresien I. Freiburg i.Br. (Herder).
Mazarweh, Gehad (2004): Wanting to Die or Wanting to Live. The Phenomena of Suicide Bombers in Israel and Palestine. Vortrag auf der Tagung »Violence or Dialogue: Between Collective Fantasy and Collective Denial«, Berlin 10–12. Juni 2004.
Stein, Ruth (2004): Fundamentalism, Father and Son, and Vertical Desire, Vortrag auf der Tagung «Violence or Dialogue: Between Collective Fantasy and Collective Denial«, Berlin 10–12. Juni 2004.
Stein, Ruth (2003): Evil as Love and as Liberation: the Religious terrorist's mind, in: Donald Moss (Hg.): Hating in the First Personal Plural. Other Press.
Stein, Ruth (2003a): Vertical Mystical Homoeros: an Altered Form of Desire in Fundamentalism. In: Studies in Gender & Sexuality, 4 (1), 38–58.
Stock, Brian (1983): The Implications of Literacy. Written Language and Models of Interpretation in the Eleventh and Twelfth Centurie., Princeton (Princeton University Press).
Strauss, Mark (2003): Antiglobalism's Jewish Problem. In: Foreign Policy, Nov./Dez. 2003.

Affektive Spuren und ihre Entzifferung. Nationalsozialismus in der Geschichte der Psychoanalyse[1]

Regine Lockot

Die sich wandelnde Rezeption des Nationalsozialismus in der Geschichte der Psychoanalyse

Als ich Ende der 70er Jahre anfing, mich mit der Geschichte der Psychoanalyse im Nationalsozialismus zu beschäftigen, war ich davon ausgegangen, dass ich bereits allgemein bekannte Vorgänge kennen lernen würde. Zu meiner großen Überraschung stellte ich fest, dass die wenigen Artikel, die es gab, mehr Fragen aufwarfen als beantworteten. Damals interessierte mich die Art des Widerstandes, die Psychoanalytiker in der NS-Zeit geleistet hatten – denn davon ging ich aus, dass sie, wie es in den Berichten hieß, ein »Katakombendasein« geführt hätten.

Hier nur kurz die wesentlichen Elemente des Geschehens nach meinem heutigen Kenntnisstand: 1933 wurden Freuds Bücher verbrannt und die Arisierung der *Deutschen Psychoanalytischen Gesellschaft* (DPG) nach heftigen inneren Kämpfen vollzogen. Von 56 Mitgliedern (die Kandidaten nicht mitgerechnet) blieben nur 18 »arische«, um die Gesellschaft unter Ausschluss ihrer jüdischen Kollegen weiterzuführen. Ein entfernter Verwandter von Hermann Göring, der Adlerianischer Psychiater war, wurde darum ersucht, alle psychotherapeutischen Richtungen in einem »Deutschen Institut für Psychologische Forschung und Psychotherapie« zusammenzuschließen, um eine »Deutsche Seelenheilkunde« unter nationalsozialistischen Vorzeichen zu schaffen. Psychoanalytische Termini wurden verboten, und die DPG musste sich schließlich auflösen. Dieses Institut wurde vom NS-Staat hoch subventioniert (1944/45 880.000,00 RM; 1943/44 318.000,00 RM). Nach dem Krieg wurden die Konzessionen an den NS-Staat als Versuche der Rettung der Psychoanalyse dargestellt. Außerdem entbrannte innerhalb der wieder gegründeten DPG eine heftige

---

[1] Der Associació Catalana de Psicoteràia Psicoanalítica verdanke ich die Anregung für diesen Beitrag; sehr hilfreich waren mir die Kommentare von Dr. Kurt Höhfeld und Dr. Wolfram Keller. Für die lebendige Diskussion bedanke ich mich außerdem bei den Mitgliedern des Forums zur Geschichte der Psychoanalyse.

Kontroverse, die sich an der neoanalytischen Theorie von Harald Schultz-Hencke entzündete und zu einer Spaltung der DPG führte. Der kleinere Teil der Gruppe, die *Deutsche Psychoanalytische Vereinigung* (DPV), die sich zu Freud bekannte, wurde wieder in die *International Psychoanalytical Association* (IPA) aufgenommen, der größere, der den Namen beibehielt, die DPG, erst 50 Jahre später, 2001, als *provisional Society*. Man kann aber nicht sagen, dass ein Teil mehr, der andere weniger von dem Nischendasein, das ihm der Name Göring ermöglicht hatte, profitiert hätte. Die materielle Existenz war gerettet.

Mein hartnäckiges Interesse und der Zufall spielten mir die Akten des sog. Göring-Instituts in die Hände. Nun entstand ein sehr komplexes Bild. Zunächst war ich entsetzt darüber, in den Akten oft eine Normalität zu finden, an der nichts stimmte, und ich musste an Felix Boehms (DPG-Vorsitzender) Beobachtung von 1936 denken: »das ärgste am Leben [dort] ist, dass einem heute schon als natürlich vorkommt, wobei sich einem voriges Jahr noch die Haare gesträubt haben« (Anna Freud/Jones, 10.03.36; in: Lockot 1994, S. 47). In den Akten wird ein Wertekodex wie selbstverständlich verhandelt, der nicht dazu geschaffen war, Existenzen zu erhalten, sondern sie zerstörte, und ein Rassenverständnis, das aus geschätzten Kollegen unwerte Kreaturen werden ließ. Ich war immer wieder fassungslos, als mir bewusst wurde, dass Menschenschicksale verhandelt wurden – sie waren oft kaschiert und auf bürokratische Vorgänge verkürzt (also z. B.: »Die Benutzung der Bibliothek durch Juden ist verboten!«).

Damals gab es noch einige Zeitzeugen. Gleichzeitig unterlagen die Geschehnisse noch einem massiven Verdrängungsprozess. Ende der 70er Jahre, so will mir scheinen, war uns die nationalsozialistische Vergangenheit viel weiter entfernt als heute. Damals trennte uns noch sehr viel nachhaltiger eine kollektive Verdrängung von dem Geschehenen. Das heißt also, dass die Geschichte der Psychoanalyse im Nationalsozialismus kein Geschehen ist, das den psychoanalytischen Gesellschaften als selbstverständliches Wissen jederzeit zur Verfügung stand und dementsprechend frei verhandelt werden konnte – auch die Geschichte der Profession ist etwas, was man nur durch Verarbeitung in Besitz nehmen kann.

In anderem Zusammenhang (Lockot, 2000) habe ich den Prozess der phasenweisen Aneignung der Geschichte innerhalb der letzten 50 Jahre in fünf Phasen von unterschiedlicher Länge beschrieben:

Auf die 1. Phase des *Rückzugs auf eine unangreifbare Sachlichkeit* (1945–1951) folgte eine Pause von ungefähr 20 Jahren. In dieser *subdepressiven Phase* (2) (1951–1971) ist die gesellschaftliche Oberfläche durch »manische« Aktivitäten gekennzeichnet. Die Phase der *narzisstischen Rekonstruktion* (1971–1982) (3) nach dem gesundheitspolitischen Erfolg der Kassenfinanzierung der Psychoanalyse manifestierte sich in Festschriften zu diversen Jubiläen, als deren Höhepunkt der IPA-Kongress in Hamburg (1985) zu bewerten ist.

Im Vorfeld dieses ersten internationalen psychoanalytischen Kongresses nach dem Krieg auf deutschem Boden leiteten *Aufklärungs- und Profilierungstendenzen* (1982–1986) (4) in wenigen Jahren einen Publikationsboom ein. Nach 1986 lassen sich zwei dominierende Kategorien von Arbeiten unterscheiden: materialorientierte oder deutungsorientierte. Hohe moralische Standards zeichnen diese Phase aus – (*moralische Phase*) (1987–1996) (5). Die sich entwickelnde Beziehungskultur (z. B. Treffen deutscher und israelischer Psychoanalytiker) als Ausdruck eines sich verändernden Gruppenideals erscheint mir unabdingbar, um der sich abzeichnenden regressiven gesamtgesellschaftlichen Bewegung begegnen zu können.

Ich werde jetzt versuchen, meine Situation Ende der 70er Jahre zu rekonstruieren, sie mit meinem jetzigen Stand in Verbindung zu bringen und damit den affektiven Prozess des »Erforschens« illustrieren.

Behutsame Annäherung an Anna Freud und Fragen nach dem Geschehenen

Damals, Ende der 70er Jahre, in der Phase die ich als »narzisstische Rekonstruktion« charakterisiert habe, hieß es, dass es um alte Geschichten gehe, die längst bekannt seien und die niemanden mehr interessierten. Es gehörte in die Stimmung, dass ich annahm, dass Anna Freud längst nicht mehr lebte – aber das stimmte zur damaligen Zeit nicht, und die Vorstellung, dass wir Zeitgenossen seien, irritierte mich ziemlich. Ich schob die Kontaktaufnahme immer wieder vor mir her – grübelte z.B. lange darüber nach, wie ich sie am besten anreden sollte. Sollte ich »Fräulein Freud« schreiben oder »Frau Freud«? Ich entschloss mich für »Miss Anna Freud«. Aber eigentlich hatte ich Angst vor der Kontaktaufnahme.

Schließlich war es der amerikanische Journalist Paul Moor, der mir mit folgender Anekdote einerseits Mut machte, andererseits die Schwierigkeit des Unternehmens sehr deutlich aufzeigte:

1971 fand der 27. Internationale Psychoanalytische Kongress in Wien mit dem Thema »Aggression« statt. Anna Freud war bis dahin nicht wieder in Österreich oder gar Deutschland gewesen und wollte es eigentlich nie wieder betreten. Aber der erste internationale Kongress in Wien konnte natürlich unmöglich ohne die Anwesenheit Anna Freuds stattfinden. Einige führende Psychoanalytiker überlegten sich, wie man Anna Freud doch dazu bewegen könnte, an dem Kongress teilzunehmen und ihre Heimatstadt zu besuchen. Der in Wien geborene, in Los Angeles lebende Psychoanalytiker Friedrich Hacker kam auf die Idee, Österreichs damaligen Bundeskanzler, Bruno Kreisky, mit dem er befreundet war, darum zu bitten, Anna Freud persönlich einzuladen. Kreisky war dazu bereit. Da er sicher sein wollte, den richtigen Ton zu treffen, bat er Hacker darum, den Brief zu schreiben. Hacker tat es, und Kreisky unterschrieb ihn gern und sandte ihn an Anna Freud. Hacker flog nach London, rief Anna Freud an, um ihr mitzuteilen, dass Kreisky bei dem Kongress sogar anwesend sein würde. Kurz darauf rief Anna Freud ihn zurück: Sie sei in großer Verlegenheit, weil sie noch nie einem Staatsmann geschrieben habe und fühle sich ihm gegenüber so unsicher. Sie bat Hacker, für sie einen Brief an Kreisky zu schreiben, der auch diese Aufgabe gern übernahm.

Anna Freud kam nach Wien. Hier wurde ihr der Schlüssel zu Freuds alter Wohnung in der Berggasse 19 überreicht, und sie verbrachte die Abende allein dort mit ihren Erinnerungen. Auf dem Kongress selbst sprach sie Englisch. Wien besuchte sie noch zwei weitere Male. Nach Deutschland kam sie nicht. Paul Moor bat Hacker darum, diese Anekdote mit in seinen Kongressbericht aufnehmen zu dürfen, aber Hacker reagierte geradezu panisch und lehnte das kategorisch ab, da er fürchtete beide, Anna Freud und Kanzler Kreisky, könnten verärgert sein, wenn sie die Wahrheit erführen (persönliche Mitteilung von Paul Moor, Januar 2004).

Anna Freud antwortete mir auf meine Fragen. Sie schrieb, dass Boehm bei seinem Aufenthalt in Wien sich sogar bereit erklärt hatte, Sigmund Freud zum Austritt aus der DPG zu veranlassen, falls er Mitglied gewesen wäre (Anna Freud/Lockot, 24.09.1979, Lockot, 2002, S. 117). So etwas entsprach der damaligen Logik – war aber für mich so unvorstellbar, dass ich es notwendig fand, erst einmal in Deutschland Zeitzeugen zu befragen.

Fragen an die »Täter«

Aber wie ist es möglich, nach so intimen Vorgängen wie Schuld zu fragen? Es sind Themen, die ein besonderes Vertrauensverhältnis voraussetzen und sich nicht einfach abfragen lassen und damals bereits einem jahrzehntelangem Bearbeitungsprozess unterworfen waren. Auch liefert der jeweilige Zeitgeist seine eigenen Akzentsetzungen in der Gegenwart. Man begibt sich also in ein hoch determiniertes Beziehungsgefüge, in dem der Befragte neben der Verantwortung für sein eigenes Handeln in der Vergangenheit sich zu seiner Loyalität bzw. seiner Tendenz zum Verrat an seinen »Brüdern, Schwestern,

Gatten, Vätern, Müttern« verhalten muss. Am Rande sei bemerkt, dass sich diese, oft unbewusste Komponente im Umgang mit den Dokumenten, die der Betreffende eventuell verwahrt bzw. bereits vernichtet hat, widerspiegelt.

Soweit zu meinem Gesprächspartner. Aber auch ich begegne meinem Gegenüber zwar offen, aber voreingenommen durch Informationen von außen und eigene Wünsche. Damals war ich wohl eigentlich auf der Suche nach einem Zeitzeugen, der mir überzeugend hätte vermitteln können, dass die deutschen Psychoanalytiker doch integer und fair ihren jüdischen Kollegen gegenüber gehandelt hatten. Ich suchte zunächst wohl jemanden, den ich bewundern konnte. Ob sich darin Enttäuschung und Kritik an meinem damaligen psychoanalytischen Umfeld verbarg, möchte ich nicht ausschließen.

Einer meiner ersten Gesprächspartner war Prof. Gerhard Scheunert, dem der Ruf vorausging, sich unermüdlich für den Aufbau der Psychoanalyse in Berlin und Hamburg eingesetzt zu haben. Er kam mir sehr freundlich aber auch etwas altväterlich entgegen, nahm mich eigentlich wohl nicht ernst, obwohl er den Anschein zu erwecken versuchte, hilfreich zu sein. Gegen Ende des Gesprächs entstand eine merkwürdige Spannung: Einerseits vermittelte er mir, dass er noch etwas vorhabe und nun keine Zeit mehr sei, andererseits ging das Gespräch nicht richtig zu Ende. Fast beim Rausgehen fragte ich ihn – noch recht unbedarft und eher beiläufig –, wer denn das DPV-Gründungsmitglied gewesen sei, das entnazifiziert werden musste, bevor die Gesellschaft gegründet wurde. Herr Scheunert schien etwas erschrocken, antwortete mir dann aber, dass die der DPG, also der anderen Fachgesellschaft angehörende, recht umstrittene aber prominente Kollegin, Frau Prof. Dührssen, ihn bei Anna Freud zu Unrecht denunziert habe. Ich war erstaunt, und es tat mir leid, dass mein Gesprächspartner beschuldigt worden war. Trotzdem blieb in mir ein ungutes Gefühl zurück, und ich notierte mir, dass Scheunert irgendetwas zu verbergen schien. Nur wenig später erfuhr ich bei weiteren Recherchen, dass er selbst das Parteimitglied gewesen war. Daraufhin habe ich mich wieder mit ihm in Verbindung gesetzt und ihm mein Wissen mitgeteilt. Bei einem zweiten Gespräch hat er mir dann sehr ausführlich berichtet, dass er bei Therese Benedek, die ja Jüdin aus Ungarn war, in Analyse gewesen sei und in einer negativen Mutterübertragung, die nicht analysiert worden war, mit seinem Parteieintritt gegen sie agiert habe. An der Oberfläche verbündete er sich mit ihr, indem er heimlich weiter zur Analyse ging, bis er von äußeren Kontrolleuren zur Rede gestellt worden sei und Therese Benedek ihm nahe legte, die Analyse zu beenden, um sich nicht unnötig in Schwierigkeiten zu bringen – also voller Fürsorge für ihren Analysanden.

Anfang der 90er Jahre wurde seine Parteimitgliedschaft innerhalb der DPV zu einem Fokus der Auseinandersetzung. In einem offenen Brief (vom

14.03.1993) nahm Scheunert dazu Stellung und versuchte, seine damalige Entscheidung, ebenso wie bei mir vorher im Gespräch, zu rechtfertigen (vgl. Lockot 2001). Mich hat das nicht überzeugt, sondern hinterließ das Gefühl, dass er wiederum mit der Analyse agierte – und immer noch keine Verantwortung für sein Handeln übernahm. Denn war es nicht die jüdische Analytikerin, der es nicht gelungen war, seine Mutterübertragung ausreichend zu bearbeiten? Unter Bedingungen, die für seine jüdische Analytikerin mit einer tödlichen Gefahr verbunden waren, ist Psychoanalyse ganz offensichtlich nicht möglich. Bernhard Kamm, Katholik, DPG-Mitglied, der aus Solidarität mit den Juden, die zum Ausschluss aus der DPG genötigt wurden, ebenfalls Deutschland verließ, schrieb mir, dass es nicht möglich gewesen sei, psychoanalytisch zu arbeiten, weil der Analysand nicht zwischen seiner archaischen Innenwelt und der sich dem Primärprozess immer mehr annähernden Außenwelt habe unterscheiden lernen können, um seelisch zu gesunden (Lockot 1985/2002, S. 214).

Verrückterweise war ich damals beschämt, weil ich einen von mir respektierten älteren Herrn und Psychoanalytiker moralisch in sich zusammenfallen sah; eine Entschuldigung für seine Lüge blieb allerdings aus, und meine anfängliche Sympathie konnte ich nicht mehr aufrecht erhalten. Rückblickend tut mir Herr Scheunert auch irgendwie leid, ich glaube, dass er nicht nur sich selber, sondern auch mich, die Vertreterin der jüngeren Generation, um keinen Preis enttäuschen wollte – selbst um den der Lüge nicht –, und gerade das hat er getan.

In späteren Jahren hat sich die DPV heftig und kritisch mit Herrn Prof. Scheunert auseinandergesetzt und die DPG mit Frau Prof. Dührssen, in deren Buch über die Geschichte der Psychoanalyse in Deutschland (Dührssen 1994) deutliche antisemitische Tendenzen zutage treten. Beide Gesellschaften haben sich daran strukturiert.

Von der konkretistischen äußeren Rekonstruktion zur Konstruktion eines inneren Raumes

Damals fühlte ich mich wiederum auf die Ebene der äußerlichen Rekonstruktion der Geschichte der Psychoanalyse während der NS-Zeit zurückverwiesen, aber je mehr ich an Detailwissen erschloss, desto klarer wurde mir, dass ich auf der Suche nach etwas war, das darüber hinaus wies. Als Psychoanalytikerin steht mir nicht das Handwerkszeug des Historikers oder des Soziologen zur Verfügung; ihre Disziplinen mögen dazu geeignet sein, die äußeren Entsprechungen seelischer Repräsentanzen zu eruieren. Aber welches psychoanalytische

Handwerkszeug besitzen wir, um einen ganz spezifischen Zugang zur Geschichte zu finden? Einen Zugang, der sich auch der Methoden der Psychoanalyse bedient, um unbewusste Prozesse und ihre Tradierung zu erkennen und nachzuzeichnen. Denn neben der physischen Zerstörung und der »archäologischen« Rekonstruktion sind es die seelischen Räume der nächsten, also meiner Generationen, die auch beschädigt sind.

Aber wie kann man sich einen »beschädigten inneren Raum« vorstellen? Zweifel, Angst und Misstrauen dominieren die innere Welt und erlauben es der äußeren Oberfläche, sich wie eine Panzertür zwischen die nach innen gewandten Rezeptoren und ihren Mitteilungen zu schieben. Welchen Kompass haben wir als Psychoanalytiker, der uns zu den Fragmenten eines zerstörten Beziehungsraumes führen könnte?

Unsere Rezeptoren suchen die Identifikation, also das Gleiche, und sie fragen nach dem Anderen, dem Fremden. Gelingt es, das Andere und das Gleiche miteinander in ein beziehungsvolles Verhältnis zu bringen, konstituiert sich, determiniert durch die persönliche Biographie, ein schwingungsvoller seelischer Denkraum. Wir haben gelernt, in Affekten, die Übertragungs- und Gegenübertragungsvorgänge begleiten, Spuren von Konflikten wieder zu finden. Die Geschichte hat affektive Spuren in ihren Zeitzeugen und deren Nachkommen hinterlassen, in denen sich das Vergangene »abdrückt«. Bei der Rekonstruktion von Geschichte beleben sich diese Spuren wieder. Das kann sich in unterschiedlicher Art und Weise vollziehen: als eine Wiederbelebung des Gleichen, als Identifikation – also so, als stellte man den eigenen Fuß in die Abdrücke, die Geschichte hinterlassen hat, prüfe ihre Passform und imitiere ihre Bewegungen – oder in dem Beziehungsmodus, den Anderen als Gegenüber zu verstehen, der etwas Anderes verkörpert. Im Idealfall wechseln beide Beziehungsformen miteinander ab: Ich identifiziere mich mit meinem Gesprächspartner, nehme aber auch seine Mitteilungen als andere, mir unbekannte auf und denke darüber nach. Gleichzeitig muss sich der Zeitzeuge, mein Gesprächspartner, zu dem eigenen Bild als historische Figur verhalten; sollte mein Gesprächspartner sein Nachkomme sein, so bestimmt unsere Gesprächssituation sein Verhältnis zum »Vater«. Dieses Verhältnis bewegt sich, insofern eine Abgrenzung noch nicht möglich war, in einem Spannungsfeld zwischen Loyalität und Verrat. Es ist ein kontaminierter Raum, in dem sich ebenfalls das »Gleiche«, die Loyalität der historischen Figur gegenüber oder der Verrat an ihr, oder das Fremde, jenseits von Loyalität oder Verrat in der Gestalt des Fragenden zeigt.

Welche Beziehungsform sich entwickelt, ist m.E. nicht allein von den persönlichen Vorlieben des Fragenden oder auch den Angeboten des Befragten abhängig, sondern wesentlich von dem verhandelten Thema und dessen emotionaler Besetzung. Meine Fragen haben viele verschiedene gefühlsmäßige Reaktionen bei meinen jeweiligen Gesprächspartnern und mir geweckt, die in diesem Zusammenhang gleichsam als unbewusster »Kommentar« zur Geschichte gelesen werden können. Nur ist es nicht ganz leicht, diese »Kommentare« nicht auf sich selbst zu beziehen oder eine pathologisierende Diagnostik des Gesprächspartners vorzunehmen, sondern sich als Katalysator, als Übertragungsmedium zu verstehen und diese Art der Begegnung in den Dienst eines tieferen Verstehens der Geschichte zu stellen.

Wohin führt die freie Assoziation historischer Elemente?

Versuchen wir eine Verbindung zu der Zeit aufzunehmen, in der ohne Gefahr für Leib und Leben über die NS-Zeit gesprochen werden konnte – die Zeit nach 1945. Ich werde also nun einen weiteren »Zeitsprung« vornehmen und die Hilfe eines »Anderen«, eben eines Emigranten beanspruchen:

Heinz Hartmann[2], aus Wien emigrierter Psychoanalytiker, schrieb 1948 an Felix Schottlaender in Stuttgart (»8-tel Jude« und Gegner der Nationalsozialisten), den er aus Wien, wo auch Schottlaender seine psychoanalytische Ausbildung absolviert hatte, kannte: »Die Sprachverwirrung zwischen jenen, die in Deutschland geblieben sind, und jenen, die diese letzten 10 Jahre in neuen Heimaten verlebt haben, ist im Allgemeinen – zu beidseitigem Schaden – beträchtlich. Obwohl dieser Zustand der Dinge von den Ersteren heute aus naheliegenden Gründen mehr als Isolation empfunden wird als von den Letzteren, ist es doch auch für diese eine wohltuende Entspannung, Ausnahmen davon zu begegnen«[3].

Hartmann bedauert also, sich mit den Zurückgebliebenen nicht mehr verständigen zu können. Aber was könnte er mit »Sprachverwirrung« gemeint haben? Ein assoziatives Geflecht von Bildern tut sich auf. Die »babylonische Sprachverwirrung« war die Strafe Gottes für die Hybris (frevelhafter Übermut) des Volkes, das die Grenze zwischen Gott und Menschen durch den Turmbau zu Babel überschreiten wollte. Könnte Hartmann die in Deutschland Gebliebenen, die Hitler zujubelten, gemeint haben, die größenwahnsinnig

---

2 Heinz Hartmann war in Analyse bei Radó (1/2 Jahr, 1926) gewesen und 1933 dann vor allem bei Freud. Von 1953–59 war er Präsident der IPA und, bis zu seinem Tod 1970, ihr Ehrenpräsident (Mühlleitner 1992, S. 132).
3 Hartmann/ Schottlaender, 13.06.1948 (Lockot 1994, S. 208).

geworden sind? Im amerikanischen Kriegsministerium wurde bereits im Frühsommer 1944 in einer geheimen Konferenz das Buch des Psychiaters Brickner *Is Germany incurable?* von Anthropologen, Psychoanalytikern und Soziologen diskutiert, in dem die Paranoia der Deutschen diagnostiziert wurde.

Sollten sich nach dem Krieg diejenigen, die in Deutschland geblieben waren – aus welchen Gründen auch immer – unverstanden, isoliert und einsam gefühlt haben?

Die Juden, insofern sie überlebten, hatten nicht nur ihre Heimat mit vertrauten und geliebten Menschen und ihren Besitz verloren, sondern auch ihren Sprachraum. In Hartmanns Wendung von »Heimaten« hat sich etwas Zerstörtes einen fragmentierten Ersatz zu schaffen versucht.

Vielleicht hat auch Hartmann darüber nachgedacht, welche psychologischen Hintergründe die deutsche Paranoia gehabt haben könnte. Ihm wird nicht nur die Diskussion in Amerika bekannt gewesen sein, sondern auch psychoanalytische Themen des alten Europa, bei denen es noch einen gemeinsamen Diskurs – einen Diskurs »vor« der Sprachverwirrung gegeben hatte.

Mir fällt dazu der letzte Vortrag Sándor Ferenczis in Wiesbaden 1932 ein. Sein ursprünglicher Titel lautete: *Die Leidenschaft der Erwachsenen und deren Einfluss auf Charakter- und Sexualentwicklung der Kinder.* In der Publikation, im Jahr des Beginns der NS-Diktatur, 1933, ist der Titel verändert und heißt: *Sprachverwirrung zwischen den Erwachsenen und dem Kind* (Ferenczi 1933). In dem Vortrag ging es um Erwachsene, die Kinder sexuell missbrauchen und die Kinder, die diesen gewaltsamen Eingriff nur mit Hilfe von Identifizierung mit dem Angreifer abwehren können. Ferenczi ging hier von einem realen, keinem phantasierten Missbrauch aus, der zur Traumatisierung führte. Versuchte sich Hartmann an die Situation der Deutschen innerlich anzunähern, indem er sie auch als missbrauchte Kinder sah, die, mit den Nationalsozialisten identifiziert, keinen gemeinsamen Sprachraum mit ihren Siegern teilten und sich missverstanden und isoliert fühlten? Nur mit wenigen – hier mit Felix Schottlaender – meinte Hartmann sich verständigen zu können, da Schottlaender sich nicht hatte missbrauchen lassen.

Diese Versuche der Annäherung an einen gemeinsamen Sprach-, Vorstellungs- und Verständigungsraum über die Assoziation ist eine Methode der Annäherung an das verdrängte konflikthafte Geschehen, die wir bei der Traumdeutung benutzen. Da steht uns allerdings der Träumer mit seinen Einfällen zur Verfügung – hier sind es die eigenen Projektionen und Phantasien über eine Welt, in die wir nur versuchen können, uns hineinzuphantasieren. Aber genau diese Welt des Unbewussten tradiert sich eben auch und zwar als emotionaler »Kommentar« zur Geschichte.

»Geordnete« Sprache aber verwirrte Empfindungen

Wie kann man sich die Sprachverwirrung vorstellen, die Deutsche und außerhalb deutscher Grenzen Lebende nach dem 2. Weltkrieg voneinander isolierte, obwohl sie sich einer Sprache bedienten?
Ich berichte aus einem Interview, das ich vor rund 20 Jahren (am 31.06.1981, mein Interviewpartner starb wenig später, am 01.09.1981) führte und damals für völlig unergiebig hielt:
Ein hoch gewachsener, sehr freundlicher, schlanker älterer Herr (76 J.) begegnet mir – mit wachem Blick aus dunklen Augen – durchaus attraktiv, auch für mich damals. Von ihm ging keine Strenge oder Starrheit aus, im Gegenteil: Als ich etwas befangen und umständlich den Kassettenrecorder aufbaute, die Schnüre entwirrte, war er sofort zur Stelle, kniete vor mir nieder, um den Stecker in die Dose zu stecken – hilfreich, effizient und entwirrend. Als wir ein bisschen plauderten, bemerkte er: »Ach die jungen Leute sind heute so ...« Sagte er »einfühlsam« oder »nachsichtig«? Ich weiß es nicht mehr genau. Jedenfalls hatte er mich gewonnen. Ich saß Albert Speer gegenüber.
Ich war gekommen, um ihn als ehemaligen »Reichsminister für Rüstung und Kriegsproduktion« im NS-Staat danach zu fragen, wofür das »Göringinstitut«, das »kriegswichtig« gewesen war, so hoch subventioniert worden war – er war ja auch der oberste Dienstherr dieses Instituts gewesen.
Aber hier fing bereits meine Sprachlosigkeit an. Eigentlich traute ich mich nicht zu denken, geschweige denn auszusprechen, dass Psychoanalytiker vielleicht dafür bezahlt worden waren, dass sie sich an psychologischen Menschenversuchen, Folterungen oder Morden schuldig gemacht hatten. Als ich anfing, nach Worten zu suchen, entlastete Speer mich – er nahm mir ab, darauf hinzuweisen, dass Prof. Göring ein Verwandter Hermann Görings war und dass die Gelder »nicht unbedingt auf große sachliche Vorhaben« schließen ließen. Ich muss gestehen, dass ich damals erleichtert war, dass er mir eine sprachliche Wendung vorschlug, die völlig technokratisch war und mich meine ursprüngliche Intention verdrängen ließ.
Mit der Zerstörung der Sprache, die dadurch zerstört wurde, dass ihre Worte nicht mehr das Gemeinte bezeichneten, fängt hier die Verwirrung im Denken und Fühlen an. So wie er die Schnüre meines Kassettenrecorders entwirrt hatte, »entwirrte« er meine Gedanken und mein Unbehagen auf »sachliche« und effiziente Weise. Mein Gefühl, dass das Gespräch nichts gebracht hatte, muss ich revidieren: es hatte eine von oberflächlicher Sympathie überzogene Leere hinterlassen.
Recherchen einer Historikerin (Willems 2000) haben dieses Gefühl mit Vorstellungen über den Prozess der Entleerung, d. h. der Vernichtung füllen

können. Albert Speer, Hitlers Architekt, war am 30.01.1937 zum Generalbauinspektor für die Reichshauptstadt »Germania« ernannt worden. Er plante, ein monumentales Kreuz über die Stadt zu legen: in sieben km Länge und 156 m Breite sollten die Wohnbezirke Tiergarten, Schöneberg und Tempelhof durchschnitten werden. Es war ein gewaltsamer Eingriff in die Stadtarchitektur, das politische System und die Bevölkerung. In den Akten der Berliner Baupolizei finden sich z.b. langwierige Verhandlungen darüber, ob ein Schild oder ein Balkon angebracht werden darf – einen Hinweis auf den Abriss nach Speers Plan sucht man vergebens. Für die Unterbringung der Menschen aus den geräumten Häusern fehlte es an alternativem Wohnraum, und in dem Moment verknüpfte sich die gegen die Juden gerichtete Vernichtungspolitik mit Speers Plänen. Altbauwohnungen von Juden erklärte Speer zur Wohnungsreserve für Abrissmieter. Die Jüdische Kultusvereinigung musste auf Speers Weisung hin die Instandsetzung finanzieren. Damit entstand ein enger Zusammenhang zwischen Deportation und Ermordung der Juden und dem Speerschen Projekt. Dieser Zusammenhang war so weitgehend, dass der Ersatzwohnungsbedarf als Quote für die zu deportierenden Juden ermittelt wurde. Von August 1941 bis Januar 1942 wurden mehr als 10.000 Juden aus Berlin deportiert, 74.000 Juden lebten in Berlin.

Es war also nicht nur die Sprache von ihrem Sinngehalt getrennt, der Sprachraum zerstört, sondern auch der Wohnraum und damit die Stadt durch ein breites Kreuz gezeichnet und ihrer gewachsenen Struktur beraubt worden. Aber dieser Täter, Albert Speer, vor dessen Kälte mir angst wird, war mir durchaus sympathisch, bot immer wieder seine Hilfe an und bedauerte es, mir nicht dienlicher sein zu können. Trotz diverser Versprechen, mich noch mit Hinweisen zu versehen, blieb unser Gespräch folgenlos.

Geordnete Gefühle in einem zerstörten inneren Raum

Ich möchte noch ein weiteres Beispiel einer Sprachverwirrung vorstellen – ein Beispiel, das die Geschichte von der anderen Seite beleuchtet.

Nach einem Gespräch mit einer Psychoanalytikerin (Gisela Krichhauf, Lebensgefährtin des Psychoanalytikers Werner Kemper) bekam ich einen Brief (vom 05. 09.1979) von ihr, aus dem ich hier zitiere:

> »Ich möchte noch etwas Ergänzendes sagen zu unserem gestrigen Gespräch. Nach einem langen Arbeitstag war ich sehr müde und nicht mehr in der Lage, mein wachsendes Unbehagen angesichts Ihres Vorhabens – jedenfalls so, wie ich es verstanden habe – klar zu fassen und zu formulieren.

Es erscheint mir ungeheuer naiv, wenn nicht anmaßend, wenn Sie meinen, zu Aussagen gelangen zu können, die der Wirklichkeit des Erlebens von Menschen gerecht werden in einer Zeit, als Sie noch nicht auf der Bühne erschienen waren. Ich bin Jahrgang 1911. Mir ist im Anschluß an unser Gespräch klar geworden, dass ich als Zeugin der Zeit nicht einmal Auskunft über mein Erleben damals geben kann. Bis etwa 1950 habe ich nur registriert aber nicht erlebt. Den Luxus einer Emotionalität konnte man sich unter damaligen Lebensbedingungen offenbar nicht leisten. Sie fiel den Einsparungsanforderungen biologischer Art wohl ebenso zum Opfer wie auf physiologischem Gebiet die Menstruation.

Sie sitzen satt in behaglicher Wärme am Schreibtisch und denken darüber nach, wie Menschen in den Kriegs- und Nazizeiten zumute war. Vor Ihnen liegt eine einigermaßen gesicherte Zukunft. Sie können ausgeschlafen sein. Unter solchen Voraussetzungen können Sie sich den menschlichen Luxus leisten, Gefühle zu haben. Denn Sie und die Menschen, die Ihnen nahestehen sind gegenwärtig nicht ungewisser ständiger Bedrohung durch Naziterror und Bomben ausgeliefert. Ihr Standort ist glücklicherweise! – außerhalb. So können Sie nicht erfassen, wie es in den Menschen innerhalb ausgesehen hat.

Ich bin glimpflich davongekommen. Und doch war das Maß dessen, was ich emotional hätte verarbeiten können, überschritten. Ich weiß, was ich miterlebt habe, kann es aber nicht nachfühlen. Im Kriege war ich nahe befreundet mit Erwin Planck, der Verbindungen zu Widerstandsgruppen hatte. Er wurde in Verbindung mit dem 20. Juli verhaftet. Als ich Wäsche für ihn ins Gefängnis in der Prinz Albrecht Straße brachte, wurde die Annahme verweigert. Das Todesurteil des Volksgerichtshofs war vollstreckt. Ich weiß dieses Faktum und dass die Witwe zu mir sagte: ›Weine nicht!‹. Keine Gefühlserinnerung kommt auf. Ich weiß, dass ich Max Planck, der mit diesem Sohn das letzte seiner 4 Kinder aus 1. Ehe verlor, die Nachricht überbringen mußte. Auch das ist nicht lebendig erinnert – Todesnachrichten von den Kriegsschauplätzen, Bombenopfern, Hinrichtungen. Man war so zu Tode erschöpft, dass man dachte, sie haben es überstanden. Wäre es nur vorbei!

Analytiker habe ich erst 1946 kennen gelernt. Sie haben unter dem gleichen Druck gestanden, wie alle anderen auch. Man kämpfte gegen die Dunkelheit, die Kälte und den Hunger und arbeitete weiter wie schon seit Jahren wie eine Maschine. Man nahm sich selbst längst nicht mehr wahr. Das ist wohl die Voraussetzung dafür – ein sinnvoller natürlicher Selbstschutzmechanismus – DASS MAN ÜBERHAUPT ÜBERLEBTE.

Mir scheint, dass Ihre Fragen an den Grundtatsachen unserer damaligen Existenz vorbeigehen, sie außer acht lassen. Es besteht dann die Gefahr, dass man in besserwisserischer Art ÜBER Menschen und Verhältnisse spricht, die man nicht verstehen kann. Die Menschen, mit denen ich während des Krieges und in der Nachkriegszeit zusammen war, haben so gelitten, dass sie nicht mehr fähig waren, ihre Leiden wirklich zu erleben«.

Beim Lesen des Briefes fühlte ich mich sehr schuldig und hatte Angst, tatsächlich naiv, anmaßend und letztlich besserwisserisch zu sein. Dann begann ich mich mit der Briefschreiberin zu vergleichen und abzuwägen, ob ich Hitler hätte widerstehen können. Ich phantasierte mich in Situationen hinein, in denen ich vielleicht nicht loyal, sondern verräterisch gehandelt hätte und sie moralisch allemal überlegen gewesen wäre. Ich fühlte mich als Verräterin an ihrer moralischen Würde. Auch berührte es mich sehr, wie eindringlich sie mir ihre persönliche Not offenbart hatte, und ich fürchtete mich vor der Diagnose »Einfühlungsverweigerung« denen gegenüber, die in Deutschland blieben, aber Hitler als ihren Feind ansahen.

Nach dieser ersten Betroffenheit befragte ich mich selber nach der Berechtigung meines Anliegens und begann mich darüber zu wundern, warum sie mich eigentlich so angreifen musste. Sie stellte sich ja doch verdeckend vor die gesamte Generation, versuchte mich einzuschüchtern, so dass ich kaum wagte, weiterzufragen, geschweige denn mich zu dem Thema zu äußern – was vielleicht auch in Ordnung wäre. Mein Versuch der (Re)konstruktion einer historisch-emotionalen Wirklichkeit wäre damit am Ende gewesen, und wir wären vielleicht in ein vertieftes persönlich-analytisches Gespräch gekommen, was allerdings nicht meiner Intention entsprach.

Die erste notwendige historische und biographische Ortsbestimmung ist die Entscheidung zwischen Identifikation mit meiner Briefpartnerin und Abgrenzung von ihrer Position. Durch das Agieren ihrer eigenen Fühllosigkeit machte sie mir die Einfühlung besonders schwer. In der Abgrenzung von ihr erlebte ich sie als Angreiferin. Sie kränkte mich, schüchterte mich ein, verunsicherte und empörte mich. Speer dagegen, der Täter, hatte sich Zeit für mich genommen – er, der mächtigste Mann des Dritten Reiches nach Hitler, war mir in unkomplizierter Weise behilflich: effizient und kompetent.

Diese Empfindungen passten gar nicht zu den Vorgaben – viel lieber hätte ich in Speer sofort den Täter erlebt und mich von ihm distanziert und in der Psychoanalytikerin ein Opfer, zu dem ich eine zugewandte emotionale Verbindung hätte aufnehmen können. Eine verwirrende Geschichte, die mich fragen lässt, ob unser psychoanalytisches Instrumentarium, hier: meine Gegenübertragung, tatsächlich als unbewusster Kommentar zur Geschichte zu verstehen ist.

Nun ist die Psychoanalytikerin selber es, die angreift – sie ist mit den Aggressoren identifiziert, die sie so fühllos gemacht haben. In der Phantasie meiner Briefpartnerin ist mit der Thematisierung ihres Erlebens während der NS-Zeit diese Zeit wieder ganz lebendig. Für sie aber bin auch ich einer von jenen Aggressoren. Für Speer werde ich zu jemandem, der seine Sprache übernimmt und seine Dominanz zulässt. Damit werde ich zu seiner Verbündeten und damit Nazi wie er. Am beschämendsten finde ich jetzt, dass ich das damals nicht gemerkt habe, nicht merken wollte. Wirklich zum Bewusstsein gekommen ist es mir erst mit meinem Entsetzen über unser, durch Speer zerstörtes Berlin – denn die deportierten Juden haben kaum Spuren hinterlassen, die man auf den ersten Blick wahrnimmt.

Indem ich mich also dazu zwinge, die Angst meiner Gesprächspartnerin auf mich zu beziehen, ich mich in die Rolle der aggressiven Verfolgerin hineinphantasiere, entdecke ich in mir auch ihre Angst und ihren Fluchtimpuls, gegen den sie in ihrem Brief angeschrieben hat. In Speer entdecke ich dabei den Versuch, durch Zerstörung der Verbindung von Sinnzusammenhängen (»sachliche Vorhaben«) und seinem mehrfach eingebrachtem Angebot, mich mit weiteren Informationen zu versorgen – was er nicht tat – ein destruktives Introjekt zu kompensieren[4].

Zusammenfassung

Ich wollte von den Psychoanalytikern im Nationalsozialismus etwas darüber lernen, wie sie im Nationalsozialismus ihre Integrität hatten bewahren können. Diese Annahme – sie hätten innerlich unbeschadet überleben können – erwies sich als Irrtum, denn sie hatten in einer recht bequemen Nische innerhalb des Systems gelebt. Erst nach einem fast 40-jährigen Verdrängungsprozess, der sich in unterschiedlichen Phasen vollzog, entstand eine andere selbstkritische Reflektionskultur, die sich an der Auseinadersetzung mit analytischen Introjekten formte: In der DPV erschien Gerhard Scheunert als externalisiertes Introjekt, in der DPG war es Annemarie Dührssen.

Als besonders sensibler Indikator zerstörter seelischer Prozesse erweist sich die Sprache. In der Gegenüberstellung zweier Dokumente von Zeitzeugen – einem Täter (Albert Speer) und einem Opfer (Gisela Krichhauf) – ist die Lösung des Wortes von seiner Bedeutung das verwirrende Element. Der Täter hat ein destruktives Introjekt zu schützen, und das Opfer identifiziert sich mit

---

4 Wie das Unbewusste als eine besondere Atmosphäre auch über die NS-Zeit hinaus gewirkt hat, bekam ein befreundeter Kollege, der die Geschichte der Psychologie im Nationalsozialismus erforschte, zu spüren: Einige Tage bevor er 1982 in Mainz auf dem Kongress der »Deutschen Gesellschaft für Psychologie« einen Vortrag über dieses Thema halten wollte, ging bei der Kongressleitung ein Anruf ein, dass er aufgrund einer Depression Selbstmord begangen habe und der Vortrag somit leider entfallen müsse. Sogar sein Hotelzimmer wurde abbestellt. Auch der Redaktion von *Psychologie Heute* wurde sein bedauerlicher Tod mitgeteilt. Ich muss wohl kaum erwähnen, dass er sich bester Gesundheit erfreute (persönliche Mitteilung von Ulfried Geuter).

dem Aggressor und verharrt damit im Gefangensein in einer aggressiven inneren »nationalsozialistischen« Welt. Psychoanalyse kann dabei helfen, zerstörte innere Räume in einem überindividuellen historischen Kontext zu erkennen. So liest sich die »freie Assoziation« historischer Elemente als unbewusster »Kommentar« zur Geschichte und hilft damit, einen neuen inneren Raum zu öffnen.

Literatur

Brickner, Richard M. (1943): Is Germany Incurable? Philadelphia / New York (J. B. Lippincott Company).
Ferenczi, Sándor (1933): Sprachverwirrung zwischen den Erwachsenen und dem Kinde. In: Balint, Michael (Hg.) (1972): Sándor Ferneczi. Schriften zur Psychoanalyse. Band II. Frankfurt (S. Fischer).
Dührssen, Annemarie (1994): Ein Jahrhundert Psychoanalytische Bewegung in Deutschland. Göttingen (Vandenhoeck & Ruprecht).
Lockot, Regine (1994): Die Reinigung der Psychoanalyse. Die Deutsche Psychoanalytische Gesellschaft im Spiegel von Dokumenten und Zeitzeugen (1933–1951). Tübingen (edition diskord).
Lockot, Regine (2000): Psychoanalytiker eignen sich ihre deutsche Geschichte an. In: Schlösser, Anne-Marie; Höhfeld, Kurt (Hg.): Psychoanalyse als Beruf. Gießen (Psychosozial-Verlag).
Lockot, Regine (2001): Von den Anfängen der Psychoanalyse in Ostdeutschland bis zu ihrer ideologischen Vernichtung in der DDR in den 50er Jahren. Luzifer-Amor 27, 7–35.
Lockot, Regine (2002/1985): Erinnern und Durcharbeiten. Zur Geschichte der Psychoanalyse und Psychotherapie im Nationalsozialismus. Gießen (Psychosozial-Verlag).
Mühlleitner, Elke (1992): Biographisches Lexikon der Psychoanalyse. Die Mitglieder der Psychoanalytischen Mittwoch-Gesellschaft und der Wiener Psychoanalytischen Vereinigung von 1902–1938. Tübingen (edition diskord).
Willems, Susanne (2000): Der entsiedelte Jude. Albert Speers Wohnungsmarkpolitik für den Berliner-Hauptstadtbau. In: Publikationen der Gedenk- und Bildungsstätte Haus der Wannsee-Konferenz, herausgegeben von Norbert Kampe, Wolfgang Scheffler und Gerhard Schoenberner. Bd. 10. Berlin (Edition Hentrich).

»Der Jude ist selbst zur Frage geworden« (E. Jabés) oder: »die Annahme des Vaters« (S. Freud)

Yigal Blumenberg

Die Interpretation der Thora und die psychoanalytische Deutung

In einer Diskussion der Rabbiner über die verschiedenen Weisen, den Liebesakt zu vollziehen, wird berichtet, dass Emma Schalom, die Ehefrau des großen Talmudlehrers Eliezer ben Hyrkanos, gefragt wird, worin das Geheimnis ihrer Liebe zu suchen sei, denn sie habe so überaus schöne Kinder. Daraufhin antwortet sie: »Er unterhält sich mit mir weder bei Beginn der Nacht noch am Ende der Nacht, sondern nur um Mitternacht, und *wenn er sich mit mir abgibt, entblößt er eine Handbreite und verhüllt eine Handbreite* (…). Als ich ihn nach dem Grunde fragte, erwiderte er mir, damit er seine Augen nicht auf eine andere Frau richte, und seine Kinder zu Hurenkindern mache!« (bT Nedarim 20b; zit. n. Talmud; Hervorh. Y. B.), was eine Umschreibung dafür ist, dass er sich mit seiner Frau während des Liebesaktes unterhält[1].

Der Leser wird vielleicht über diese Eröffnung unseres Themas erstaunt sein. Aber er wird sogleich erkennen, in welchem Ausmaß in diesem Bild aus dem Talmud unsere Thematik im Kern ausgesprochen ist: Der intensivste Moment der Liebe vergegenwärtigt sich in einem Enthüllen, dem ein Verhüllen folgt, ein erneuerter Schutz vor einer Entblößung und Bergen vor Verletzung. Und dieser »eindringliche« Moment der Zweisamkeit wird begleitet und getragen von dem Gespräch der Liebenden, das die Beziehung erneuert und vertieft. Dieses Bild begegnet uns in der Liebe der Rabbiner an der Arbeit an der Thora[2] und – womit wir zu unserer Fragestellung kommen – im psychoanalytischen Prozess, wie er von Freud beschrieben und reflektiert wird.

Beginnen wir mit dem Offensichtlichsten. Freud bemerkt ganz lapidar in der *Traumdeutung*: »Wenn ich meine Träume für den Leser *deute*, bin ich zu

---

1 Auf die talmudische Überlieferung von E. Schaloms Antwort wurde ich im anregenden und für unsere Überlegungen recht vertiefenden Text von Almut. Sh. Bruckstein (2001) gestoßen.
2 Dies gestaltet sich auch ganz konkret beim Lesen der Thora: Vor und nach dem Lesen der Thora, während der Segenssprüche, wird der Textkörper der Thora bedeckt.

solchen *Entstellungen* genötigt« (Freud 1900, S. 147; Hervorh. Y. B.). Indem also Freud deutet, entstellt er zugleich. Aber dies gilt nicht nur für den Text und den Prozess der *Traumdeutung*, sondern überhaupt: Jede Aufdeckung führt zu einer Verhüllung. Unsere unbewusste Dynamik und ihre Erscheinungen kommt nie zur Ruhe, sucht beständig einem infantilen Wunsch Raum zu geben und ihn zu offenbaren und vermag es nur in dem Maße, in dem sie ihn verhüllt; eine beständige Oszillation zwischen Aufdecken und Verhüllen im Prozess des Deutens[3].

Freud selbst weist uns darauf hin, dass *Die Traumdeutung* in ihrer Methodik des Lesens und Verstehens des »rätselhaften Unergründlichen« sich in die jüdische Tradition der Bibellektüre einschreibt. Er behandelt nämlich den Traum »wie einen heiligen Text« (ebd., S. 518; Hervorh. Y. B.). Alle noch so geringfügigen wie absurden Charakteristika eines Traums werden für die Deutung unentbehrlich gehalten, ebenso die Art und Weise der Traumerzählung selbst. In der rabbinischen Tradition betet der fromme Jude im täglichen Morgengebet zahlreiche Passagen aus der Bibel und zugleich auch die 13 Regeln des R. Ischmael zur Auslegung der Thora. So erhalten Liturgie und Rituale ihre Bedeutung erst durch ihre Beziehung zur Auslegung der Bibel. So ist es die Thora selbst, die im Morgengebet den Juden auffordert: Deute mich!

---

3 Freud wird nicht müde, uns beständig darauf hinzuweisen, dass er »fast niemals die [ihm] zugängliche vollständige Deutung eines eigenen Traumes mitgeteilt habe« (1900, S. 110 FN; vgl. z. B. a. S. 122 FN, 147) und wir nicht den Glauben an die allgemeine Regel verlieren sollen, wonach jeder Traum eine Wunscherfüllung sei. Ja, mehr noch: Freud fordert uns auf, einen Widerspruch festzuhalten: »Wenn ich meine Träume für den Leser deute, bin ich zu solchen Entstellungen genötigt« (ebd., S. 147). Wir kommen nicht aus der Entstellung heraus, und jede Aufhellung wird zu einer Verstellung und Entstellung; wenn ich deute, entstelle ich; die Aufklärung ist zugleich eine Verdunkelung und Verrätselung; die Antwort geht der Frage voraus und provoziert sie sogar. So wird Freud auch nicht müde, dem Leser immer wieder mitzuteilen, in welchem Ausmaß er Rücksichten auf sein Privatleben nehmen, zahlreiche Einfälle dem Leser vorenthalten muss und insoweit auch seine Träume sozusagen fraktioniert schildert. M. a. W.: Der manifeste Text sagt uns Doppeltes: Erstens deutet der Text das Traumgeschehen, hellt es auf, zweitens wird die Deutung zugleich aufgehoben, verdunkelt; jede Aufhellung einer Entstellung wird zugleich zu einer Verstellung. Kurz: Der Text der *Traumdeutung* teilt uns auf Schritt und Tritt mit, dass hier auch etwas Gegensätzliches vorgeführt wird; die Deutung geht in eine Verhüllung über und dieses Verdunkeln erscheint schließlich wiederum als ein Aufhellen. Es ist dieser Widerspruch, der uns aufhält; er widerstrebt unserem Bedürfnis, nach einem Götzen. Demzufolge kann auch der Traum nicht vollends analysiert werden, und umso mehr, wenn zunehmend deutlich wird, dass »jeder Traum mindestens eine Stelle [hat], an welcher er unergründlich ist, gleichsam einen Nabel, durch den er mit dem Unerkannten zusammenhängt« (ebd. S. 116 FN; vgl. a. S. 224, 280, 285, 529, 530, 664). »Nabel« – was uns vielleicht auch auf die Ursprünge unseres Traumgeschehens aus dem intrauterinen Leben hinweist – auf das »Paradies« wie auch auf dessen Verlust, unserer Vertreibung daraus.

»Der Jude ist selbst zur Frage geworden« (E. Jabés) oder: »die Annahme des Vaters« (S. Freud)

Was für den Traum gilt, gilt natürlich auch für den Text der *Traumdeutung* selbst, denn Freud beansprucht das Gemeinsame aller psychischen Phänomene herausschälen zu können (vgl. Freud 1900, S. 183, 188). Der Text der *Traumdeutung* selbst reiht sich in die Reihe anderer zu deutender Phänomene wie psychische Erkrankung, die Funktionen des Gedächtnisses bzw. der Erinnerung, Traum, Denken und Erkennen ein und fordert uns gleichsam auf: Deute mich! – und provoziert geradezu eine dynamische Lektüre seines Textes.

Freuds Vergleich der *Traumdeutung* mit der Bibellektüre ist nicht zufällig oder überzogen. Bekanntlich gilt für die Thora, dass es keine Textstelle geben kann, die nichts bedeutet oder übersehen werden darf. Wenn das gesprochene und schriftlich überlieferte Wort – und die fünf Bücher Moses sind wesentlich eine Rede – unbedingte Priorität genießt, die religionsgesetzlich (wie psychoanalytisch) respektiert werden muss[4]– dann kann das Verstehen des Textes und der Rede nur über eine gleichzeitige Interpretation möglich sein.

Machen wir es anschaulich: Der Textkorpus der fünf Bücher Moses, die Thora, besteht in einer Pergament-Rolle, aus der gelesen wird. Im Text selbst begegnen wir keiner Interpunktion, die den Text nach uns bekannten Gesichtspunkten gliedern könnte. Zudem ist der Text in Hebräisch geschrieben, das eine konsonantische Struktur besitzt. Was bedeutet das? Stellen wir uns die Wörter als eine Folge von Konsonanten ohne Vokale vor, z. B. die Konsonantenfolge »W« »R« »T«. Wir können dann – je nachdem, welcher Vokal eingesetzt und ergänzt wird – diese Konsonantenfolge als »WORT(E)«, »WIRT(E), »WERT(E)« oder auch »WARTE« (als Substantiv oder Verb) lesen. Das Lesen der *Thora* ist also ein Vokalisieren und damit zugleich ein sinngebender Schöpfungsakt, was im übrigen Freud bekannt war (vgl. Freud 1916–17, S. 236). Das Vokalisieren haucht gleichsam den Wörtern Leben ein. Der Leser muss im Akt der Lektüre selbst entscheiden, wie er vokalisiert und d. h. interpretiert – eine Entscheidung, in der uns wieder diese hermeneutische Figur eines beständigen Aufdeckens und Verhüllens in einer Rede begegnet und die sich auf die Anwesenheit eines Anderen bezieht.

Ein Beispiel: In Ex 32,16 (kurz bevor Moses ein zweites Mal mit den Gesetzestafeln vom Berge Sinai herabsteigt) heißt es: »und die Tafeln, Werk Gottes sie, und die Schrift, Schrift Gottes sie, gegraben in die Tafeln«[5]. Die Rabbiner

---

4 So heißt es in Deut 4,2: »Füget nichts an die Rede, die ich euch gebiete, und streicht nichts davon, Seine eures Gottes Gebote zu wahren, die ich euch gebiete!«
5 »Mosche wandte sich und stieg nieder vom Berg, die zwei Tafeln der Vergegenwärtigung in seiner Hand, Tafeln beschrieben von ihren beiden Seiten, von hier und von hier waren sie beschrieben, und die Tafeln, Werk Gottes sie, und die Schrift, Schrift Gottes sie, gegraben in die Tafeln« (Ex 32,16).

erlauben sich das traditionell gelesene Wort »eingegraben« = »ha̱ruth« auch als »he̱ruth« zu lesen – als Freiheit; denn, so ihr Kommentar: Nur ein freier Mensch beschäftigt sich mit der Thora, die ihrerseits frei macht (vgl. bAboth VI, II). Indem sie also den geschaffenen Leerraum des fehlenden Vokals[6] sinngebend einnehmen und lesen, enthüllen die Talmudmeister hier eine bemerkenswerte Paradoxie: Das in Stein eingegrabene und in den Tafeln fixierte Gesetz enthält in sich seinen notwendigen Gegensatz: die Freiheit.

Der Interpret und die Interpretation als Prozess einer Identifizierung

So gewinnt im Akt des Lesens als sinngebende Interpretation jedes Wort seinen immer wieder neu zugewiesenen Platz, seine Bedeutung wird beständig aufs Neue kreiert. Unnötige und überflüssige Worte erscheinen dann allenfalls als noch nicht begriffene und jede Wiederholung im Text bedeutet dann auch etwas anderes. Wir stoßen hier auf die eminente Bedeutung von Wiederholung, nämlich: neuen Sinn hervorzubringen[7]. Es ist also notwendig, nicht nur genau hinzuschauen, sondern ebenso hinzuhören, auf alle Eigenheiten des in der Gruppe laut vorgelesenen hebräischen Textes bzw. der Rede Acht zu geben – auch und gerade auf die Leerstellen. Erwächst nicht erst aus dem Hören der Leerstellen das Fragen und Denken? Die konsonantische Struktur stellt im buchstäblichen Sinne einen sinnleeren Raum bereit, der eine unendlich neue sinngebende Lektüre ermöglicht. Diese unendlich exegetische Offenheit begründet in der rabbinischen Tradition letztlich das Heilige, wir können auch sagen: die zeitlose Gültigkeit der Thora.

Und gilt nicht auch für die Dynamik unbewussten Geschehens eine Zeitlosigkeit, in der das Gesetz des Widerspruchs aufgehoben scheint? Muss es da überraschen, wenn wir zum Traum lesen, dass »die Traumkompositionen in unerschöpflichem Reichtum immer neu gebildet werden« (Freud 1901, S. 664), so dass wir uns in der *Traumdeutung* »ein Stück weit Einsicht in die Zusammensetzung dieses *allerwunderbarsten* und *allergeheimnisvollsten* Instruments (verschaffen), freilich nur ein kleines Stück weit« (Freud 1900, S. 614)? Freud verneint auch umstandslos die Frage, »ob jeder Traum zur Deutung gebracht werden kann« (ebd., S. 529), denn die Träume sind nicht nur oft doppel-

---

6 Vgl. Blumenberg 1996, S. 170ff.
7 So heißt es auch im Talmud: »(...) denn in der Schule R. Ismaels wurde gelehrt: Jeder Abschnitt, der gelehrt und wiederholt worden ist, ist nur wegen einer darin vorkommenden Neuerung wiederholt worden« (bT Sota 3a).

»Der Jude ist selbst zur Frage geworden« (E. Jabés) oder: »die Annahme des Vaters« (S. Freud) sinnig (vgl. ebd., S. 154) oder mehrdeutig wegen ihren übereinander geschichteten Bedeutungen (vgl. ebd., S. 224, 285, 530), »eine gewisse psychische Macht (...) stellt sich der Deutung bis zum letzten Rätsel entgegen« (ebd., S. 280). Wir sehen: Sind den Interpretationen keine Grenzen gesetzt, so müssen sie doch die Grenzen des Unerkannten anerkennen. »Jeder Traum«, so Freud, »hat mindestens eine Stelle, an welcher er unergründlich ist, gleichsam einen Nabel, durch den er mit dem Unerkannten zusammenhängt« (ebd., S. 116, FN 1). Die Deutung unbewusster Vorgänge stößt auf ein Unsagbares, das sich zugleich als Quelle der Traumschöpfung und der Erneuerung des Lebens offenbart.

Das Hervorbringen einer neuen Bedeutung im Akt der Lektüre, dieses Geschehen von Begreifen vollzieht sich in der rabbinischen Tradition in einer Annahme und Anerkennung des überlieferten väterlichen Gesetzes, das auf diese Weise zugleich erneuert und bereichert wird. Und ist es nicht auch der erste Einfall, der den Traum anerkennt, aufbewahrt und zu erneuern beginnt? Der nachfolgende Einfall und die spätere Interpretation eröffnen überhaupt erst den Blick auf den Ursprung des Traums. In diesem Lichte geht also dem gelesenen und gehörten Text eine Interpretation voraus, die wiederum einen früheren Kommentar bestätigt und dessen Bedeutung erneuert. Der Weg zur Schrift wie zum unbewussten Geschehen führt also – und damit kommen wir auf eine weitere eminent wichtige hermeneutische Figur – durch das Tor eines späteren Kommentars, der seinerseits zu einem früheren führt. Immer wieder bestätigt das Spätere das Frühere. So erscheint schließlich der Zugang zum Text als eine Geschichte der Interpretationen – nichts anderes als das, was der Talmud darstellt. Es ist wie in einem lebendigen Gespräch: Erst das Ohr des Anderen und seine Worte bestätigen, vergegenwärtigen und entfalten den Sinn meiner früher ausgesprochenen Worte und meines lebendigen Denkens. Wenn Jean Piaget (1950, S. 253ff.) den Weg des Erkennens als einen Weg von der Peripherie zum Zentrum formuliert, dann beschreibt er exakt den spezifischen Prozess der traditionellen jüdischen Hermeneutik, die sich – so meine These – auch in das psychoanalytische Denken einschreibt: In der Peripherie befindet sich der Andere und in einem lebendigen Gespräch weiß ich nicht vorher, was der Andere mir sagen wird. Ich kann nichts mit Gewissheit antizipieren. Ich muss mich preisgeben, um mich getragen und geborgen erfahren zu können. Diese unauflösliche Abhängigkeit des Eigenen vom Anderen, des Früheren vom Späteren und der Weg von der Peripherie zum Zentrum markiert den Zugang zur *Traumdeutung*, die die Fundamente der Psychoanalyse ausspricht.

In dieser Perspektive erweist sich die Annäherung an den Anderen – oder wie Freud es ausspricht: an das »Unerkannte« – als ein Hinhören auf die Rede des Anderen. Der Leser und Hörer ist im Akt des sinngebenden Lesens der Rede, im Akt des Begreifens verwoben, selbst persönlich verwickelt. Er ist, bemerkt Ouaknin (1990), buchstäblich »interessiert«, was nichts anderes bedeutet als »dazwischensein« (»inter-esse«). Diese aktuelle, hörende und übersetzende Teilnahme an der Rede erscheint wesentlich als ein Prozess der Identifizierung und des Gewinnens einer Identität. Wenn daher das Spätere vor dem Früheren gelesen oder der Andere vor dem Eigenen gehört wird, dann wird *im strengen Sinn des Wortes nicht der Text begriffen, sondern der Leser begreift sich selbst und zwar immer schon im Angesicht des Anderen.* Dies ist *eine* Antwort auf die Frage, was der Kern der Psychoanalyse sein könnte. Eine solche Lektüre ist eine erste Antwort auf die Frage, was mir der Text bedeutet. Diese *andere* Lesart, *meine* Übersetzung ist es, was den Reichtum dieser Welt vermehrt – und genau darin liegt meine persönliche Bedeutung. »Man kann sagen« – so Ouaknin – »dass die Lehrmeister des Talmud eine Philosophie des Subjektes entwickeln, worin die Persönlichkeit eines jeden Menschen im Zentrum der Reflexion steht. Jeder Mensch hat zu versuchen, das Einzigartige an ihm herauszustellen, das, wo ihm eine Frage eignet, seine Frage« (ebd., S. 13). Tatsächlich sieht es so aus, dass je deutlicher der Einzelne sich in seiner eigenen Bedeutung erkennen kann, desto bewusster wird ihm sein sozialhistorischer Zusammenhang, seine kollektive Tradition und Verwurzelung. Und genau darum geht es in unserer Fragestellung: Die Frage nach den jüdischen Wurzeln der Psychoanalyse ist nämlich auch deswegen so alt wie die Psychoanalyse selbst, weil sie sich im Zentrum psychoanalytischen Denkens befindet – was gleich noch deutlicher werden wird.

Die Interpretation im Raum einer tragenden Beziehung

Bevor Freud im zweiten Kapitel der *Traumdeutung* die Analyse des ersten Traums eröffnet, schreibt er: »Ich werde also einen meiner eigenen Träume hervorsuchen und an ihm meine Deutungsweise erläutern. Jeder solche Traum macht einen Vorbericht nötig. Nun muß ich aber den Leser bitten, für eine ganze Weile *meine Interessen zu den seinigen zu machen* und sich mit mir in die *kleinsten Einzelheiten* meines Lebens zu *versenken,* denn solche *Übertragung* fordert gebieterisch das *Interesse für die versteckte Bedeutung der Träume*« (Freud 1900, S. 110; Hervorh. Y. B.).

Freud bittet den Leser, sich mit ihm im Interesse für die versteckte Bedeutung der Träume zu identifizieren, eine »Übertragung« vorzunehmen. Er erwartet also eine Übertragung auf den Text. In welche Position gerät dann der Leser? Zum *einen* in die Position des Analytikers, der sich ganz den »Interessen« Freuds, d. h. des Analysanden widmen soll. Zum *zweiten*: Aber in dem Moment, in dem der Leser sich mit dem Text identifiziert, überträgt er auf ihn sein Interesse, macht den Text zum Träger von Wissen und Rätsel – und bringt damit den Text in die Position des Analytikers. *Drittens* aber bittet der Vater aller Psychoanalytiker den Leser seinerseits um Aufmerksamkeit und macht ihn dergestalt zum Analysanden, der sich nun mit dem Text verwickelt. Der Text wird hier in dreifacher Weise zum Dritten. Wir haben noch gar nicht den ersten Traum gedeutet und sind bereits in das »Innere« der *Traumdeutung* gefallen, befinden uns in übereinander geschichteten Übertragungen, die sich ineinander reflektieren und in denen der Leser sich selbst begegnet.

Freud weiß, wovon er spricht. Er hat es an sich selbst erfahren, in welchem Ausmaß der Resonanzboden einer tiefen und tragenden Beziehung als Voraussetzung und Bedingung vonnöten ist, um sich der eigenen inneren Welt annähern und sie deutend erkunden zu können. – Vergessen wir das Bild in der Eröffnung nicht! – Als Freud sich nämlich von seinen Lehrern und Vorbildern und damit auch von Idealisierungen, Introjekten und Identifizierungen zu emanzipieren beginnt, entschädigt er sich für diesen Verlust und stabilisiert sein narzisstisches Gleichgewicht, indem er einen jahrelangen Briefwechsel mit Wilhelm Fließ eröffnet, der – sozusagen ein genialer Streich – im Kern eine analytische Situation repräsentiert: Der unmittelbare Kontakt ist recht eingeschränkt und Fließ kann sich gleichsam zurücklehnen, wenn er die intimen Mitteilungen Freuds zur Kenntnis nimmt. Beide positionieren sich in einer emotionalen Nähe *und* zugleich in einer sinnlichen Distanz und Unsichtbarkeit. Das »Hinter-dem-Analysanden-Sein« sowie Erinnerung und Phantasie werden zu entscheidenden Mitteln der Begegnung und des Verstehens.

So schreibt Freud an Fließ:

> »Liebster Freund! Dein lieber Brief macht meiner Zurückhaltung und Schonung ein Ende. Ich fühle mich berechtigt, Dir von meinem Befinden zu schreiben. Die wissenschaftlichen und persönlichen Nachrichten folgen dann hinterher. Da jeder Mensch irgendwen haben muß, von dem er sich suggerieren läßt, um sich von seiner Kritik auszuruhen, habe ich tatsächlich von damals an [es sind heute drei Wochen] nichts Warmes mehr zwischen den Lippen gehabt und kann heute bereits andere ohne Neid rauchen sehen, mir auch wieder Leben und Arbeit ohne diesen Beitrag vorstellen« (Freud 1986, S. 60f.).

Dieser Brief ist ein Bekenntnis, in dem jede Offenbarung möglich, erwünscht und sogar bevorrechtigt erscheint; selbst die Intellektualität wird dabei zugunsten der Suggestion hintangestellt, damit die »(Selbst-)Kritik« nicht allzu sehr tyrannisiert. Die bildliche Sprache Freuds lässt sogar an eine Mutter-Kind-Beziehung denken, in der die Brust oder eben ersatzweise eine Zigarre – jenes »Warme zwischen den Lippen« – und das »Stillen« im Zentrum steht. Unmissverständlich und inständig bittet Freud: »(...) Heute will ich mir eine gute Stunde machen und nur Wissenschaft mit Dir plaudern (...) wo ich den Anderen kaum entbehren kann und *Du der einzige Andere, der alter, bist«* (ebd., S. 66; Hervorh. Y. B.). Zugleich scheint das Wohlbefinden Freuds unmittelbar abhängig vom Befinden Fließ' abzuhängen: »(...) Und überdies kann ich aus der Tatsache wie aus dem Inhalt des Briefes entnehmen, *dass es Dir selbst gut geht, was eine Bedingung für mich ist,* meinen Anteil an dem komplizierten Leben freudig entgegenzunehmen« (ebd., S. 160; Hervorh. Y. B.). Fließ befindet sich für Freud in einer einzigartigen und exklusiven Position des idealisierten Anderen, ein »Lieber Zauberer«, dem er sich voller Hoffnung und Vertrauen überantwortet. Wir lesen von einem wahrhaft zauberhaften (primär-) narzisstischen Milieu, das nur noch mit einer – wie Grunberger (z. B. 1985) es bezeichnet – monadischen Mutter-Kind-Beziehung oder einer Verliebtheit zu vergleichen ist[8]. Und als es um die ersten Manuskripte der *Traumdeutung* geht, bittet Freud recht eindringlich: »Du sollst mir die Pflichten des ersten Publikums *und* obersten Richters nicht verweigern« (Freud 1986, S. 333; Hervorh. Y. B.) – eine fordernde Bitte, die offenkundig das Ichideal (noch) nicht vom Über-Ich unterscheidet. Freud wünscht, erwartet und fordert vom »ersten Publikum« – und ist dies nicht in aller Regel die Mutter? – das Staunen und die liebevolle Bewunderung, die noch ganz mit der Beurteilung verschmolzen sind. In einem weiteren Brief: »kann mir aber ganz gut gefallen lassen, dass ich es *nur für Dich schreibe«* (ebd., S. 342; Hervorh. Y. B.). Wir werden gleichsam zu Zeugen, in welchem Ausmaß eine *erhabene* Gestalt und der »Zauber« einer den Narzissmus bewahrenden und bestätigenden Beziehung vonnöten ist, um eine Selbstanalyse Schritt für Schritt voranzutreiben und ins grenzenlose Unbewusste einzutauchen. Der Narzissmus, jene allmächtig scheinende Selbstliebe, muss noch in den idealisierten Anderen projiziert werden, damit das Selbstgefühl nicht verstört oder verletzt, vielmehr geschützt und bewahrt werden kann.

Freud als Jude

Und nichts bedroht das Selbstgefühl so sehr und schreibt sich in Identifizierungen und in die Identität ein, wie eine feindselige und verfolgende Umwelt, die Freud seit seiner Kindheit kennt. »Die Bedeutung«, – so schreibt Freud in

---

8 In der Schrift *Psychische Behandlung (Seelenbehandlung)* (1890a) versucht Freud, sich über die der Hypnose und Suggestion zugrunde liegenden Dynamik der Beteiligten Rechenschaft abzugeben; sie kann als eine in den wissenschaftlichen Termini seiner Zeit verfasste Beschreibung der späteren Brief-Beziehung mit Fließ gelesen werden.

der *Traumdeutung* – »welche die antisemitische Bewegung seither für *unser* Gemütsleben gewonnen hat, verhalf dann den Gedanken und Empfindungen jener früheren Zeit zur *Fixierung*« (Freud 1900, S. 202; Hervorh. Y. B.). Ein starker Ausdruck: »Fixierung«! Wann und wo hat Freud seine hilflose Beschämung, seinen Zorn und Bruch im Vertrauen zur Umwelt angesichts des antisemitischen Traumas je eindringlicher ausgesprochen und für den Leser anschaulich nachvoliziehbar werden lassen, in welchem Ausmaß diese schmerzlichen Affekte die Darstellung und den Inhalt wissenschaftlichen Denkens affizieren? Und wieder lesen wir von einer Beziehung: Es heißt: »*Unser* Gemütsleben«. Wen spricht Freud hier an? Zu wem nimmt er hier im Text die Beziehung auf? Zum nicht-jüdischen Leser, der zu Beginn des zweiten Kapitels der *Traumdeutung* aufgefordert wird, sich mit dem Juden Freud zu identifizieren? Zum jüdischen Leser, um sich der Anteilnahme und Solidarität zu vergewissern?

Und unmittelbar nach der eben zitierten Stelle erinnert er sich, wie er als Zehn- oder Zwölfjähriger von seinem Vater erfährt, wie dieser mit der Schmähung »Jud, herunter vom Trottoir!« und einem physischen Angriff in drastischer Weise antisemitisch diskriminiert wurde und als sich religiös identifizierender Jude keine bürgerlichen Rechte im öffentlichen Raum für sich beanspruchen durfte[9]. So ruft sich die Macht dieses traumatisierenden judenfeindlichen Ressentiments selbst noch nach mehr als 30 Jahren gleichsam selbst wieder enthüllend und entstellend in Erinnerung, wird dergestalt in einer dialogischen Beziehung »wieder-holt«. Freud sucht in einer Trauerarbeit über zahllose Interpretationen das Ausgeliefertsein an seinen zumindest partiellen Ausschluss aus dem gesellschaftlichen Raum zu integrieren. Auf diese Weise tritt er deutend in die Spuren seines Vaters, identifiziert sich mit dem jüdisch-väterlichen Herkommen *und* lehnt sich dagegen auf; macht den Vater für die bitteren Enttäuschungen und Desillusionierungen verantwortlich und sucht sein Selbstwertgefühl schließlich in einer Phantasie zu entschädigen: Die Rache Hannibals an Rom, das zugleich die katholische Kirche repräsentiert[10].

---

9 Was selbst noch ein Dogma der Französischen Revolution und der von ihr deklarierten bürgerlichen Rechte ist: »Man soll alles den Juden als Nation verweigern, und alles ihnen als Individuen gewähren; sie dürfen im Staate weder eine politische Körperschaft noch einen Orden bilden; sie sollen individuell Staatsbürger sein. Man behauptet, dass sie das nicht sein wollen. So mögen sie es [klar] sagen, und man verbanne sie dann; es darf keine Nation in der Nation geben« (zit. n. Bein, Bd. I., S. 197) – so der engagierteste Verfechter der Judenemanzipation, Graf Clermont-Tonnère, am 23.12. 1789 in der Französischen Nationalversammlung.

10 Man könnte angesichts der in der *Traumdeutung* entschlüsselten Traumarbeit geradezu pointiert behaupten, dass das psychoanalytische Denken sozusagen ein Denken in einer mehr oder minder (juden-)feindlichen Welt manifestiert; als ob das Trauma des Antisemitismus eine »Fixierung des Gemütslebens« hervorgebracht hat, die dem Zensierten, Diskrimi-

Diese innere Auseinandersetzung mit dem feindlichen Fremden, der die ersehnte Sicherheit in tragenden Beziehungen bedroht, erscheint tatsächlich als ein wesentlicher Schritt in der Herausbildung psychoanalytischen Denkens. Noch 1924 diskutiert Freud einige *Widerstände gegen die Psychoanalyse*, führt sie unmissverständlich auf eine narzisstische Kränkung zurück und schließt mit den Worten:

> »Endlich darf der Autor in aller Zurückhaltung die Frage aufwerfen, ob nicht seine eigene Persönlichkeit als Jude, der sein Judentum nie verbergen wollte, an der Antipathie der Umwelt gegen die Psychoanalyse Anteil gehabt hat. Ein Argument dieser Art ist nur selten laut geäußert worden, wir sind leider so argwöhnisch geworden, dass wir nicht umhin können, zu vermuten, der Umstand sei nicht ganz ohne Wirkung geblieben. Es ist vielleicht auch kein bloßer Zufall, dass der erste Vertreter der Psychoanalyse ein Jude war. Um sich zu ihr zu bekennen, brauchte es ein ziemliches Maß von Bereitwilligkeit, das Schicksal der Vereinsamung in der Opposition auf sich zu nehmen, ein Schicksal, das dem Juden vertrauter ist als einem anderen« (Freud 1925e, S. 110; Hervorh. Y. B.).[11]

Freud scheint geradezu die Fremdheit des psychoanalytischen Denkens mit der Repräsentanz des Juden als Fremden, der sich nicht zugehörig erlebt, zu identifizieren.

Die Psychoanalyse und die jüdische Tradition

Ja, Freud identifiziert sogar sein Schicksal und das der Psychoanalyse mit der rabbinischen Tradition – und wieder angesichts der Bedrohung durch Verfol-

---

nierten und Verfolgten Anerkennung zu verschaffen und dergestalt für eine Psychodynamik der Aufdeckung und Emanzipation das Wort zu ergreifen sucht. Aber dem in der inneren Welt Abgelehnten und Unterdrückten Geltung zu verschaffen, ist ein unermüdliches und unendliches Ringen, das schmerzhafte Kompromisse abverlangt, die sich als Rechtfertigung in der sekundären Bearbeitung, in der entstellenden Verdichtung und Verschiebung manifestieren und immer wieder als ein dramatisches Wechselspiel zwischen Enthüllung und Verhüllung sich erweisen.

11 »Durch Lesen populär-wissenschaftlicher Bücher kam ich bald zu der Überzeugung, dass vieles in den Erzählungen der Bibel nicht wahr sein konnte. Die Folge war eine geradezu fanatische Freigeisterei, verbunden mit dem Eindruck, dass die Jugend vom Staate mit Vorbedacht belogen wird; es war ein niederschmetternder Eindruck. *Das Misstrauen gegen jede Art Autorität erwuchs aus diesem Erlebnis, eine skeptische Einstellung gegen die Überzeugungen, welche in der jeweiligen sozialen Umwelt lebendig waren – eine Einstellung, die mich nicht wieder verlassen hat,* wenn sie auch später durch bessere Einsicht in die kausalen Zusammenhänge ihre ursprüngliche Schärfe verloren hat« (Einstein, zit. n. Einstein für Anfänger 1979, S. 33; Hervorh. Y. B.). Ganz ähnliche Worte findet Freud für seine Position der Vereinsamung.

»Der Jude ist selbst zur Frage geworden« (E. Jabés) oder: »die Annahme des Vaters« (S. Freud)

gung und Vernichtung. Einen Tag nach dem Einmarsch der Deutschen in Wien 1938 beschließt die *Wiener Psychoanalytische Vereinigung*, sich aufzulösen und, so Ernest Jones,

»dass jeder, dem es möglich sei, aus dem Lande fliehen sollte und der Sitz der Vereinigung dorthin zu verlegen sei, wo sich Freud niederlassen würde. Freud bemerkte hierzu auf dieser Sitzung: ›Unmittelbar nach der Zerstörung des Tempels in Jerusalem durch Titus erbat Rabbi Jochanan ben Sakkai die Erlaubnis, die erste Thoraschule in Jabne zu eröffnen[12]. Wir sind im Begriff, dasselbe zu tun. Schließlich sind wir durch unsere Geschichte, Tradition und manche auch durch persönliche Erfahrung an Verfolgung gewöhnt‹[13], und setzte lachend, auf Richard Sterba weisend, hinzu: ›Mit einer Ausnahme‹. Sterba aber beschloß, das Schicksal seiner jüdischen Kollegen zu teilen, und fuhr zwei Tage später in die Schweiz« (Jones 1953–57, Bd. III, S. 262f.; vgl. a. Lockot 1985, S. 294).

Es ist also das traumatische Geschehen der »Aussetzung« der Psychoanalytiker, ihre Ausstoßung aus ihrer Heimat Wien, des Verlustes und der Vertreibung aus Wien, dem sich Freud und die psychoanalytische Bewegung gegenübersehen und das Freud an jenes Trauma des katastrophalen Geschehen der Zerstörung Jerusalems vor 2000 Jahren erinnert. Damit aber erinnert sich Freud nicht nur an das traumatische Geschehen, sondern zugleich an die Geburtsstunde des Talmuds.

Im *Mann Moses und die monotheistische Religion* lesen wir von der wortgleichen Erinnerung an Jochanan ben Sakkai, die noch ergänzt wird von der Bemerkung: »Fortan war es die heilige Schrift und die geistige Bemühung um sie, die das versprengte Volk zusammenhielt« (Freud 1939, S. 223). Freud teilt uns also unmittelbar mit der Erinnerung an Jochanan ben Sakkai mit, dass es das unbedingte Festhalten am unsichtbaren und einzigen Gott ist, das die talmudische Tradition einleitet, hervorbringt und dergestalt die jüdische Tradition charakterisiert (vgl. ebd., S. 223).

Aber diese Erinnerung an Jochanan ben Sakkai wird im traumatischen Moment der Auflösung der *Wiener Psychoanalytischen Vereinigung* ausgesprochen, im Moment eines traumatisierenden Angriffs auf das Selbstgefühl –

---

12 In einer Fußnote zu dieser Passage fügt Jones hinzu, dass sich diese Bemerkung auch im *Der Mann Moses und die monotheistische Religion* findet.
13 In einem Brief an den Sohn Ernst Freud am 12.5.1938 schreibt Freud: »Zwei Aussichten erhalten sich in diesen trüben Zeiten, Euch alle beisammen zu sehen und – ›to die in freedom‹. *Ich vergleiche mich manchmal mit dem alten Jakob*, den seine Kinder auch im hohen Alter nach Ägypten mitgenommen haben. (…) Hoffentlich folgt nicht darauf wie dereinst ein Auszug aus Ägypten. Es ist Zeit, dass Ahasver irgendwo zur Ruhe kommt« (Freud 1968, S. 459; Hervorh. Y. B.) – ein identifizierender Rückgriff auf den namensgleichen »(Stamm-) Vater« und die biblische Erzählung.

angesichts der nationalsozialistischen Bedrohung und ohnmächtig einer Verfolgung und Vertreibung ausgeliefert zu sein. In diesem Moment identifiziert sich Freud mit der Gründungsgestalt des talmudischen Judentums, das seinerseits das verfolgte, vertriebene und »versprengte Volk zusammenhielt« (ebd., S. 223) – eine geradezu außerordentlich erhebende und den angegriffenen Narzissmus entschädigende und wiederherstellende Phantasie. Die Identifizierung mit dem radikalen Monotheismus, mit der liebevollen Beschäftigung mit dem Gesetz und mit der tragenden kollektiven Tradition erscheint gleichsam als eine Erinnerung, die das Selbstgefühl stabilisiert und sichert; eine Verankerung, die umso notwendiger erscheint angesichts eines das Gesetz geradezu zerstörenden nationalsozialistischen Götzendienstes, der den Juden als Fremden aus dem öffentlichen Raum auszustoßen, zu verfolgen und zu vernichten sucht. Nun aber ist es nicht mehr die Rache eines Hannibals, die hier phantasiert wird. Freud erinnert sich vielmehr an die tradierte Überlieferung, Aufrechterhaltung und Vertiefung der kollektiven jüdischen Identität über 2000 Jahre. Die Identifizierung mit Jochanan ben Sakkai erscheint in diesem Lichte als eine rettende Verankerung und Stabilisierung des Ichideals angesichts des drohenden narzisstischen Verlustes und des Ausgestoßenwerdens aus dem Raum, der Freud über 80 Jahre zu einem Heim geworden war. Stellt sich also Freud hier in seiner letzten Schrift gar bewusst in die Tradition des Judentums und seiner Träger (vgl. hierzu auch Blumenberg 1997)?

»Der Jude ist selbst zur Frage geworden« (E. Jabès)

Ich würde es mir zu leicht machen, antwortete ich mit einem klaren »Ja«. Ganz gewiss aber wäre es falsch, diese Frage umstandslos zu verneinen. Im Judentum, aber nicht nur da, gibt es eine zentrale Frage, um die sich die jüdische Tradition zentriert, nämlich die Thematik von Fremdheit und Zugehörigkeit. Und genau damit eröffnet Freud auch den Text *Der Mann Moses und die monotheistische Religion*: »Einem Volkstum den Mann abzusprechen, den es als den größten unter seinen Söhnen rühmt, ist nichts, was man gern oder leichthin unternehmen wird, zumal wenn man selbst diesem Volke angehört« (Freud 1939, S. 103).

Was für eine Eröffnung! Gleichsam entschuldigend distanziert sich Freud schon im ersten Satz von einer zentralen Repräsentanz seiner kollektiven Identität, indem er seinem Kollektiv, das er zunächst gar nicht benennt, dessen bedeutendsten Mann fremd macht. Freud erklärt jenen Mann – es ist bekanntlich Moses – gar zu einem (aus der Perspektive der jüdischen Tradition) feindselig besetzten Fremden, einem Ägypter, und schließt ihn aus dem jüdischen Kollektiv aus – damit aber schließt er sich selbst aus der Tradition seines »Volkstums« aus und macht sich zu einem Fremden. Auf diese Weise macht er sich jenem Mann gleich, identifiziert sich mit ihm und steht ihm zugleich als Fremder gegenüber; eine doppelte Identifizierung und oszillierende Bewegung zwischen einem Ausschluss, dem eine Zugehörigkeit vorausgesetzt ist, und einem Einschluss – eine schweigende und grenzüberschreitende Identifizierung mit dem Fremden.

Ich glaube, dass schon in dieser Eröffnung der Kernpunkt unserer Frage nach den jüdischen Wurzeln der Psychoanalyse berührt wird. Freud sucht in dem Text die Frage zu fokussieren: Was macht den Juden zum Juden? Damit aber befragt er zugleich auch den Juden Freud selbst. Und diese Frage, die seinem Text Richtung und Dynamik verleiht, erscheint als ein dynamischer Schnittpunkt, eine Oszillation zweier Fragen, die jeweils aufeinander verweisen: Freud fragt sich selbst gleichsam: »Wo gehöre ich hin?« und »Wer bin ich?«. In seinem solidarischen Angriff auf die jüdische Überlieferung, nämlich den Gesetzgeber Moses zu einem ausgestoßenen und entwurzelten Ägypter zu machen, schließt er sich selbst aus der Tradition aus, »exiliert« sich gleichsam selbst und behauptet zugleich seine Zugehörigkeit. Er befragt seine eigene Identifizierung und dergestalt seine individuelle *und* kollektive Identität. Und geht es nicht in der Psychoanalyse überhaupt um den Zusammenhang genau jener Fragen?

Freud wird nicht müde, diese Fragen zu bewegen. Man kann geradezu auf fast jeder Seite die umtriebige Antwort lesen, die sich beständig ihre Frage sucht[14], um schließlich – für den Leser erstaunlich – festzuhalten, dass keine Antwort auf die Frage gefunden wird, wie sich die jüdische Tradition erhalten hat und was den Juden zum Juden macht:

»Warum es den Juden unmöglich gewesen ist, den Fortschritt [des Christentums; Y. B.] mitzumachen (…), wäre Gegenstand einer besonderen Untersuchung (…) Unsere Untersuchung hat vielleicht einiges Licht auf die Frage geworfen, wie das jüdische Volk die Eigenschaften erworben hat, die es kennzeichnen. Weniger Aufklärung fand das Problem, wieso sie sich bis auf den heutigen Tag als Individualität erhalten konnten« (ebd., S. 245).

---

14 Was Grubrich-Simitis von der Schrift *Moses des Michelangelo* sagt, lässt sich recht gut auch von *Der Mann Moses und die monotheistische Religion* sagen: »Zwar charakterisieren den Moses-Essay nicht jene kompositorischen Brüche, die am Moses-Buch auffallen. Aber etwas Obsessives, Repetetives, Zirkulierendes kennzeichnet auch ihn. Immer wieder beschreibt Freud den von ihm postulierten Bewegungsablauf und würdigt in akribischer Detailtreue die Indizien, die für seine Hypothese zu sprechen scheinen. Mitunter bemüht er Beweise, die eigentlich keine sind (…)« (1991, S. 49).

Übersetzen wir: »Den Fortschritt des Christentums« nicht mitzumachen, heißt nichts anderes als weiterhin sich unterscheiden zu wollen und dies bedeutet: An der jüdischen Tradition festzuhalten. Aber dies wäre nun »Gegenstand einer besonderen Untersuchung« und fand in unserem Text »weniger Aufklärung«, wiewohl Freud genau dies uns erklären wollte. Und doch glaube ich, dass dieser Text – und genau dies macht seine Unlesbarkeit wie Größe aus – uns dazu provoziert, Antworten auf die Fragen Freuds zu entwerfen.

Schon im Beginn seiner Arbeit am *Mann Moses* können wir die zentrale Dynamik jener beiden Fragen ausmachen, die seinen späteren Text eröffnen werden. Auf seine ihm typisch lakonische Weise teilt Freud am 30.9.1934 Arnold Zweig mit: »Der Ausgangspunkt meiner Arbeit ist Ihnen vertraut; es war derselbe wie für Ihre ›Bilanz‹ [der deutschen Judenheit]. Angesichts der neuen Verfolgungen *fragt man sich wieder, wie der Jude geworden ist und warum er sich diesen unsterblichen Haß zugezogen hat*« (Freud 1984, S. 102). Ich glaube wir dürfen übersetzen: Freud selbst fragt sich, wie er zum Juden »geworden ist und warum er sich diesen unsterblichen Haß zugezogen hat«? Die traumatische Gegenwart der nationalsozialistischen Bedrohung lässt die Fragen »Wo gehöre ich hin?« und »Wer bin ich?« pulsieren und in der psychischen Realität nach einer stabilisierenden Dialektik zwischen einem nicht triebbestimmten Narzissmus und der Triebentwicklung suchen.

Denn dies ist es, was Freud in dieser seiner letzten Schrift umtreibt. Freud verzweifelt schier in dem Versuch, das Erhabene der jüdischen Religion, die stabile Selbstachtung und den offenkundigen Stolz, der sich in der Aufrechterhaltung der jüdischen Überlieferung manifestiert, auf ein neurotisches Schuldbewusstsein wegen einer abgewehrten Feindseligkeit zurückzuführen. Er sucht immer wieder den Anschluss an die in *Totem und Tabu* (1912–13) entfaltete Hypothese des Vater-Mordes zu finden und im Moses-Mord eben den »unabgeschlossenen und unabschließbaren Charakter zwangsneurotischer Reaktionsbildungen« (Freud 1939, S. 243f.) wiederzufinden. Zugleich muss er zur Kenntnis nehmen, dass der Vatermord nicht alles zu klären oder verständlich zu machen in der Lage ist[15]. Was also ist nun an der seit *Totem und Tabu* exklusiven konstitutiven Rolle des Vatermordes ungenügend?

---

15   »Aber nehmen wir an, es sei uns der volle Nachweis gelungen; es bliebe doch der Eindruck, dass wir bloß dem qualitativen Faktor der Anforderungen genügt haben, nicht auch dem quantitativen. Allem, was mit der Entstehung einer Religion, gewiß auch der jüdischen, zu tun hat, hängt etwa Großartiges an, das durch unsere bisherigen Erklärungen nicht gedeckt wird. Es müßte noch ein anderes Moment beteiligt sein, für das es wenig Analoges und nichts Gleichartiges gibt, etwas Einziges und etwas von der gleichen Größenordnung wie das, was daraus geworden ist, wie die Religion selbst« (Freud 1939, S. 236; vgl. a. 231); »Bewunderung, Ehrfurcht und Dankbarkeit dafür, dass man Gnade gefunden in seinen Augen – die Moses-Religion kennt keine anderen als diese positiven Gefühle gegen den Vatergott« (ebd., S. 242).

Die »Annahme des Vaters«

Freud sagt es selbst und vermag doch nicht die Konsequenzen seiner Worte zu würdigen. Die Antwort ist ebenso einfach wie paradox: Die Annahme des Vaters, seine Annahme in der inneren Welt, ist nicht weniger notwendig wie konstitutiv. Wenn der Fortschritt in der Geistigkeit ein wichtiges Moment in der »charakteristischen Entwicklung des jüdischen Wesens« (ebd., S. 223) darstellt, so ist es doch keineswegs spezifisch. Aber in der »Annahme der Vaterschaft«, die auch den Triumph der Geistigkeit über die Sinnlichkeit ausdrückt, liegt noch ein weiteres und wesentliches Moment: Die »Annahme des Vaters« ist gleichsam die gesuchte erste Hälfte des Ganzen, dessen zweite Hälfte im Vater-Mord zu suchen ist – als ob die beiden Tafeln des Gesetzes sich ineinander spiegeln würden[16].

Ich vermute, dass Freuds Schwierigkeit, diese Dimension der »Annahme des Vater« zu erkennen, auch in seinem Schuldgefühl zu suchen ist, das sozusagen einen Doppelcharakter aufweist: Angesichts der nationalsozialistischen Bedrohung muss er erkennen, dass es ihm nicht viel besser geht als seinem Vater, eher noch alles bedrohlicher erscheint. Auch Freud wird die Teilnahme am öffentlichen Leben bestritten und versagt. Die Überwindung der väterlichen Identifizierung wird erneut zu einer Frage. Zugleich sucht sich seine innere Welt im Schuldgefühl eine Wiederannäherung an das angegriffene väterliche Objekt, das sein Selbstgefühl zu stabilisieren vermag und das die Quelle des Ideals darstellt.

Wenn Freud also nach der Fertigstellung von *Totem und Tabu* den Narzissmus im psychoanalytischen Denkgebäude triebtheoretisch zu situieren sucht und noch 1939 offenkundig immer wieder vergeblich Anschluss an die Überlegungen aus *Totem und Tabu* sucht, dann ist dies eben nicht zufällig. Wir haben hier nicht den Raum, auf dieses auch für die klinische Praxis höchst bedeutsame Problem einzugehen. Für unsere Fragestellung genügt es, hier kurz auf die innere Problematik von *Totem und Tabu* zu verweisen, in der die Ursprünge von Religion und Kultur gesucht werden: In diesem Text wird zum einen alle Religion, also auch die jüdisch-väterliche Freuds, auf die ödipalen Konflikte im Vater-Mord und Inzesttabu zurückgeführt; zum anderen wird

---

16 Wann immer Freud in *Der Mann Moses* von der Liebe des Kindes oder Sohnes spricht, es ist immer eine bedingte Liebe, eine Liebe, die sich als Reaktion auf geleisteten Triebverzicht empfindet (vgl. z. B. 1939, S. 224f.); es ist immer wieder das Über-Ich, das als Erbe auftritt. Aber gibt es auch eine bedingungslose Liebe? Eine Liebe, die nicht befürchten muss, verloren zu gehen? Immer wieder (vgl. a. ebd., S. 187f.) erscheint als Gegenpol zum Hass die Identifizierung (allerdings auch: »Verehrung des Vorbildes«) – aber die ist zugleich eine doppelte: Abwehr der Triebregung und Schutz/Bewahrung des Ichideals (Narzissmus).

auch der enttäuschende und sich antisemitisch darstellende »Sohn« C. G. Jung angegriffen und sozusagen (theoretisch) »erledigt« – ein hoch komplizierter und schier unmöglicher Trennungsprozess, der auch den eigenen Narzissmus angreift: Zur einen Seite muss Freud – auch und gerade als Jude – sich vom antisemitisch gebärdenden »Sohn« abgrenzen. Zur anderen Seite will Freud sich von der partikularen Vater-Religion ablösen. Das Judentum angreifen und es zugleich bewahren; sich schützend davor stellen, unberechtigte Angriffe entschieden abwehren und zugleich einen Vater-Mord begehen. Freud sucht gleichsam eine eigene und erneuerte Identität als Sohn eines jüdischen Vaters zu entwickeln und zugleich ein Stamm-Vater zu werden, der ein universelles »Totem« hervorbringt. Die Schuldgefühle und der Sohnestrotz führen dazu, die besondere Religion seines jüdischen Vaters auf die allgemeinen Bedingungen jeder Religion und jegliche Gottesvorstellung auf die Beziehung zum Vater und die ödipalen Schuldgefühle zurückzuführen. Dergestalt sucht er den Horizont des Judentums durch die Psychoanalyse zu erhellen, zu überschreiten und es seiner Deutungsmacht zu unterwerfen. Nun sollte es nicht mehr der väterlichen Tradition bedürfen, um dem Geheimnis der Überlieferung und Offenbarung auf die Spur zu kommen. Dies ist der Triumph über den Vater. Aber indem er unausgesprochen die partikulare jüdische Tradition universalisiert, kehrt der Totem-Vater wieder. Nur – und dies ist der entscheidende Punkt –, dies ist nicht allein einem aggressiv-ödipalen Schuldgefühl geschuldet, sondern ebenso einem notwendigen Verinnerlichungsprozess einer Idealisierung und der Suche nach und der Aufrichtung eines stabilen Ichideals (vgl. Blumenberg 2002).

Denn es ist – ganz so wie im analytischen Prozess und wie wir es im Briefwechsel mit Fließ gesehen haben – die Idealisierung, die uns in die Lage versetzt, den langen und mühevollen Weg zu gehen, angsterfüllte Wünsche und ambivalente Identifizierungen anzuerkennen, die das Realitätsprinzip aufrichten und uns befähigen, der Sehnsucht nach der Restitution einer ungestörten und idealen Zweisamkeit standzuhalten, die kränkende Kluft zwischen unseren Fähigkeiten und unserem Ideal zu ertragen sowie Über-Ich und Ichideal schrittweise einander anzunähern.

Im Text *Der Mann Moses und die monotheistische Religion* – und dies ist eine zentrale Hypothese in meinen Überlegungen – entfaltet Freud den Raum des mosaischen Gesetzes, in dem er sich selbst positioniert und das seine Idealisierung bzw. sein vor sich hin projizierte Ideal ablöst. Als ob eine entscheidende Integration in der Identitätsentwicklung stattfindet: Psychoanalyse und jüdische Tradition dürfen sich annähern, berühren und durchdringen. Damit aber wird der Vater wie der Sohn wie auch deren Beziehung zueinander nicht nur vor einem narzisstischen Verlust angesichts einer tyrannischen Willkür

»Der Jude ist selbst zur Frage geworden« (E. Jabés) oder: »die Annahme des Vaters« (S. Freud)

und Vernichtung bewahrt, sondern anerkannt, bestätigt und erneuert. In der psychoanalytischen Überlieferung reflektiert sich dies in der Ablösung des grausamen Hordenvaters aus *Totem und Tabu* (1912–13) durch jenen Vater im *Mann Moses*, dessen »Vaterschaft eine Annahme ist« (Freud 1939, S. 221), wie Freud schreibt; ein »angenommener« Vater, der einen Raum der Überlieferung erst eröffnet. Denn erst das (Über-Leben des Sohnes, der den Vater aktiv »annimmt«, an ihn glaubt und dadurch handeln kann, konstituiert eine lebendige Tradition (vgl. J. Hassoun 1994/2000, S. 112f.).

Die jüdische Identität Freuds

In dieser Perspektive kann nun auch verständlich werden, in welchem Ausmaß es Freud gelungen ist, das Trauma der Verfolgung und Vertreibung in *Der Mann Moses und die monotheistische Religion* zu sublimieren. Es erscheint heute in der Literatur als unstrittig, *dass* Freud in diesem Text darum ringt, das Wesen des und seines Judentums zu beschreiben, er ein letztes Mal mit seiner eigenen jüdischen Identität sich auseinandersetzt. Aber in welcher Weise? Immer wieder werden in der Literatur hierbei Freuds Ansprache an seine Logen-Brüder anlässlich seines 70. Geburtstages[17] und seine *Vorrede zur hebräischen Ausgabe von Totem und Tabu* (vgl. Freud 1934a[1930], S. 569) bemüht. In diesen Passagen konstatiert Freud, dass er der »heiligen Sprache« nicht mächtig und der »väterlichen Religion entfremdet« sei, so dass nicht der Glaube, noch ein nationaler Stolz ihn ans Judentum binde. Er fühle sich zugehörig und wünsche sich dies auch gar nicht anders. Was also mache ihn noch zum Juden? Freuds Antwort: »Aber es blieb genug anderes übrig, *was die Anziehung des Judentums und der Juden unwiderstehlich machte, viele dunkle Gefühlsmächte, umso gewaltiger, je weniger sie sich in Worten erfassen ließen, ebenso wie die klare Bewusstheit der inneren Identität, die Heimlichkeit der gleichen seelischen Konstruktion*« (Freud 1941e[1926], S. 51f.; Hervorh. Y. B.).

---

17 »Dass Sie Juden sind, konnte mir nur erwünscht sein, denn ich war selbst Jude, und es war mir immer nicht nur unwürdig, sondern direkt unsinnig erschienen, es zu verleugnen.« (1941e[1926], S. 51f.). – »Keiner der Leser dieses Buches wird sich so leicht in die Gefühlslage des Autors versetzen können, der die heilige Sprache nicht versteht, der väterlichen Religion – wie jeder anderen – völlig entfremdet ist, an nationalistischen Idealen nicht teilnehmen kann und doch die Zugehörigkeit zu seinem Volk nie verleugnet hat, seine Eigenart als jüdisch empfindet und sie nicht anders wünscht. Fragte man ihn: Was ist an dir noch jüdisch, wenn du alle diese Gemeinsamkeiten mit deinen Volksgenossen aufgegeben hast?, so würde er antworten: Noch sehr viel, wahrscheinlich *die Hauptsache*. Aber dieses *Wesentliche könnte er gegenwärtig nicht in klare Worte fassen*« (1934a[1930], S. 569; Hervorh. Y. B.).

Wie können wir diese recht geheimnisvoll klingenden Worte verstehen, die ein Unsagbares zu benennen suchen, diese »*vielen dunkle Gefühlsmächte*«? Diese Worte verbinden sich *mir* mit Freuds Worten in dem Brief an Fließ anlässlich des Todes seines Vaters (am 23.10.1896):

> »*Auf irgendeinem der dunkeln Wege* hinter dem offiziellen Bewußtsein hat mich der Tod des Alten sehr ergriffen. Ich hatte ihn sehr geschätzt, sehr genau verstanden, und er hatte viel in meinem Leben gemacht, mit der ihm eigenen Mischung von tiefer Weisheit und phantastisch leichtem Sinn. Er war lange ausgelebt, als er starb, aber im Innern ist wohl alles Frühere bei diesem Anlaß aufgewacht. *Ich habe nun ein recht entwurzeltes Gefühl*« (Freud 1986, S. 213; Hervorh. Y. B.)[18].

Der Tod Jakob Freuds ruft in seinem Sohn Sigmund eine schmerzliche Ergriffenheit hervor. Freud erlebt erneut seine Identifizierung *und* den Verlust – ein tiefes Gefühl des Entwurzeltseins, das sich schließlich noch in *Die Traumdeutung* einschreibt:

> »Für mich hat dieses Buch nämlich noch eine andere subjektive Bedeutung, die ich erst nach seiner Beendigung verstehen konnte. Es erwies sich mir als ein Stück meiner Selbstanalyse, als meine Reaktion auf den Tod meines Vaters, also auf das bedeutsamste Ereignis, den einschneidendsten Verlust im Leben eines Mannes. Nachdem ich dies erkannt hatte, fühlte ich mich unfähig, die Spuren dieser Einwirkung zu verwischen« (Freud 1900, S. X).

Es scheint mir wichtig zu bemerken, dass die Spuren dieses »einschneidendsten Verlustes« anerkannt und damit auch die väterlichen Introjekte bestätigt und erneuert werden. Wir lesen also von einer Trauerarbeit, die sich in einem Gefühl der Entwurzelung *und* Anerkennung wie Erneuerung der Identifizierung mit dem Vater geltend macht, die »viel in [Freuds Leben] gemacht [hatte], mit der ihm eigenen Mischung von tiefer Weisheit und phantastisch leichtem Sinn«; eine Verinnerlichung des väterlichen Ideals, seine »Annahme«.

Dieser unwiederbringliche Verlust, die seelische Trennung vom Vater wie seine »Annahme« in der eigenen inneren Welt schreiben sich mithin als *differentia specifica* in die *Traumdeutung und* im *Mann Moses* ein. Die von einer tiefen Beziehung getragene Entwurzelung und das mit den jüdischen Wurzeln identifizierte Exil erscheinen als Ausgangs-, Dreh- und Angelpunkt der Psychoanalyse. So schreibt er scheinbar ganz unverfänglich im *Mann Moses*: »Aber wir wagen es, uns sonst unabhängig von den Autoren zu halten, selbst

---

[18] M. Schur (1973, S. 136f.) interpretiert diesen Brief als den eigentlichen Beginn der Selbstanalyse Freuds und ich glaube, wir können ihm zustimmen.

›einherzutreten auf der eigenen Spur‹. Der Auszug aus Ägypten bleibt unser Ausgangspunkt« (Freud 1939, S. 137). Es sind also die in der Entwurzelung aufscheinenden Spuren der jüdischen Überlieferung, die die *via regia* zum Unbewussten eröffnen und aus denen eine stabile Identität hervorzugehen vermag. So wird jüdisches Herkommen schließlich nicht mehr verhalten anerkannt, vielmehr mit Stolz ausgesprochen: »Ich weiß nicht, ob Ihr Urteil recht hat, welches in der Psychoanalyse ein direktes Erzeugnis des jüdischen Geistes erkennen will, aber wenn es so wäre, würde ich mich nicht beschämt fühlen« (Freud 1968, S. 380).

Eine Antwort auf die Frage, was Freud an das Judentum bindet und wie jene »viele dunklen Gefühlsmächte (...) ebenso wie die klare Bewusstheit der inneren Identität, die Heimlichkeit der gleichen seelischen Konstruktion« zu verstehen sind, kann mithin in der Position einer Entwurzelung gesucht werden, die sich zugleich in einer kollektiven Beziehung geborgen weiß. Denn in seiner *Ansprache an die Bnai-Brith,* den »Söhnen des Bundes«, verweist er nicht nur auf seine recht einsame Situation aus den Anfangsjahren der Psychoanalyse und seiner »Sehnsucht nach einem Kreis von auserlesenen, hochgestimmten Männern, die [ihn] ungeachtet [s]einer Verwegenheit freundschaftlich aufnehmen sollten« (Freud 1941e, S. 51). Die Aufnahme in den »Bund der Söhne« – genau ein Jahr nach dem Tod des Vaters – erscheint wie eine kollektive Erneuerung der tragenden Beziehung zu Fließ, Freuds »erstes Publikum«: Dieser »Bund der Söhne«, so Freud, »schenkte mir eine wohlwollende Aufmerksamkeit. Sie waren *mein erstes Auditorium*« (ebd., S. 52; Hervorh. Y. B.). Das entwurzelte Gefühl wird von einer Erneuerung der kollektiven Identität getragen, indem die individuelle »wohlwollend« anerkannt und bestätigt wird.

Das Judentum als das Wissen um das eigene Fremdsein

Die Grundposition des Judentums besteht überhaupt aus genau diesem Doppelcharakter des Verlustes einer Ursprünglichkeit, wenn man so will, des ersten Gesetzes, einer Entwurzelung einerseits *und* – dies ist geradezu die *differentia specifica,* die oft nicht wahrgenommen wird – dem tiefen Gefühl einer Selbstachtung und dem Wissen von einem Getragensein von einem stabilen Ideal andererseits. Abraham, nicht Moses, wie Freud meint, ist der eigentliche Begründer des Monotheismus. Er muss an sich selbst den Verlust erleben und wird zugleich zum Vater der vielen Welten erhöht, indem seine Verinnerlichung des Ideals – der angenommene Vater – zu einem integralen Teil der eigenen Individualität aufgerichtet wird und zu einem stabilen Selbstgefühl führt, das ihn selbst vor destruktiver Willkür und Tyrannei bewahrt.

Den radikalen Monotheismus anzuerkennen erscheint daher in dieser Perspektive als etwas völlig Anderes als das, was Assmann in seiner Vorstellung von der »mosaischen Unterscheidung« formuliert; dass sie nämlich eine »Welt (...) voller Konflikt, Intoleranz und Gewalt ist« (Assmann 2000, S. 17), eine »Gegenreligion«, die diskriminiert und »ausgrenzt« (ebd., S. 20). Assmann reproduziert in diesem Kontext das Stereotyp des störenden sowie Hass und Zwietracht säenden Juden, der partout halsstarrig und uneinsichtig auftritt – ein Vorurteil, in dem die europäische Aufklärung den christlichen Antijudaismus tradiert[19]. Psychoanalytisch ausgedrückt: Aus Assmanns Überlegungen scheint mir eher ein rigides und externalisiertes Über-Ich zu sprechen, das den eigenen Zweifel an dem Anspruch, die Wahrheit und das Heil zu besitzen, projektiv identifikatorisch aus sich heraus treibt und im Juden bekämpft. Man könnte den Eindruck gewinnen, dass hier die christliche Tradition der unaufhörlichen Bewegung einer Missionierung nur in dem säkularen Gewand der Aufklärung auftritt. Als ob Assmanns christlicher Blick geradezu das Entscheidende nicht sehen darf: In der Anerkennung der Unsichtbarkeit Gottes im radikalen Monotheismus wird die Unüberbrückbarkeit der Differenz zu Gott ausgesprochen. Gott nimmt keine Menschengestalt an, und der Mensch vermag nicht göttlich zu werden. Dieser Anerkennung des absolut Anderen korrespondiert das soziale Verhalten zum Fremden: »Wenn ein Gastsasse bei dir in eurem Lande gastet, plackt ihn nicht, wie ein Sproß von euch sei euch der Gastsasse, der bei euch gastet, *halte lieb ihn, dir gleich, denn Gastsassen wart ihr im Land Ägypten*« (Lev 19,34; vgl. a. Deut 10,19). In dieser Würdigung des Fremden ist das Wissen um das eigene Fremdsein ausgesprochen. Damit aber ist gesagt, dass die Position der Wahrheit sich nicht in der eigenen Existenz befinden kann, und daher wird ein Festhalten an der Spannung und Kluft zum Anderen eingefordert.

Man könnte nämlich sagen, dass die innere Natur des Judentums überhaupt darin besteht, sich in einer lebendigen Weise im Laufe der vergangenen 3000 Jahre mit nicht-jüdischem Denken, dem Anderen und Fremden auseinanderzusetzen. Wenn wir denn wollen, können wir lesen, dass schon in biblischen Zeiten sich das jüdische religiöse Selbstverständnis mit kanaanitischen Kulten

---

19   Assmann kann sich, was nicht verwundern muss, auf den Aufklärer Lessing berufen, der »Nathan, der Weise« im gleichnamigen Stück, nämlich in der viel beschworenen Ringparabel sagen lässt: »So glaube jeder sicher seinen Ring den echten. Möglich, dass der Vater nun die *Tyrannei* des einen Rings nicht länger in seinem Hause dulden wollen!« (3. Aufz, 7. Auftr.; Hervorh. Y. B.) – die Vaterreligion, aus der Christentum und Islam hervorgegangen, ist eine tyrannische; daher liegen sich die christlichen und islamischen Personen im Happy End als Geschwister und Verwandte in den Armen und der Jude Nathan als Vater bleibt der ausgeschlossene Fremde.

»Der Jude ist selbst zur Frage geworden« (E. Jabés) oder: »die Annahme des Vaters« (S. Freud)

streitet. Hernach beschäftigt es sich zutiefst mit der persischen Kultur und verwickelt sich schließlich mit dem hellenistischen Denken, was sich in den Werken des Philon von Alexandrien und im pharisäischen Denken eines »Saulus« von Tarsos, bekannter als Paulus, reflektiert. Die schriftliche Fixierung des jüdischen Gesetzes und dessen Diskussion im Talmud dürfen wir gewissermaßen auch als eine mehr oder weniger schweigende dialogische Abgrenzung zum sich ausbreitenden Christentum ansehen. Saadja Gaon, *die* rabbinische Autorität im 9./10. Jahrhundert, übersetzt die Bibel ins Arabische und eröffnet jenen überaus produktiven und kreativen Kulturraum, in dem sich die durch den Eroberungszug der Araber vermittelten Kulturen mit dem jüdischen Denken zu assimilieren beginnen. 200 Jahre später gipfelt die von Saadja Gaon umrissene Vernunftreligion in dem Werk R. Moses von Maimon, bekannter als Maimonides, der eine Synthese zwischen dem aristotelischen wissenschaftlichen und dem jüdischen Denken zu konstituieren sucht. In diesem Sinne, zumal das Judentum keine dogmatische Theologie entwickelt, besteht für das Judentum kein innerer Grund im 18. Jahrhundert in der Begegnung mit der europäischen Aufklärung sich von der Religion aufzuklären bzw. zu emanzipieren.

Aber vielleicht darf man einen wichtigen Unterschied, wenn nicht gar einen Gegensatz zum Christentum und dem späteren Islam hierbei festhalten: Das Christentum scheint mit der Vergöttlichung Jesus' eine externalisierte Position zur Wahrheit eingenommen zu haben und sucht sich Schritt für Schritt durch eine Missionierung zu behaupten und zu sichern, d.h. durch eine Bewegung der Externalisierung. Die Ausbreitung des Islam erfolgt in einem gewaltigen Eroberungszug, mithin gleichermaßen in einer externalisierten Bewegung. Dagegen wird das Ideal im Judentum verinnerlicht und in der unmöglich abschließend zu interpretieren aufgegebenen Thora gesucht, nicht im Bekämpfen der eigenen Zweifel im Anderen. Mit der Zerstörung des ersten und zweiten Tempels wird eine Dynamik der Trauer und Internalisierung eingeleitet, die die Erinnerung ins Zentrum rückt, dass die traumatische Zerstörung des Heiligtums in den Streitigkeiten und der Zerrissenheit Israels selbst zu suchen ist. Nicht der Fremde ist anzugreifen, sondern die im eigenen Handeln sich reflektierende Missachtung und Vernachlässigung des Gesetzes, das den Bund konstituiert (vgl. z. B bShabbat 33a, 118b, 119b). Die Erlösung, so der Talmud, liegt allein in der Erinnerung, denn am Tage, da der Tempel zerstört worden ist, wurde der Erlöser geboren (jBerakhot II, 4). Die Restitution des zerstörten externalisierten und materiellen Heiligtums kann nunmehr nur über die erinnernde Aneignung des Gesetzes erfolgen. Das Spezifische an der jüdischen Tradition scheint mir die Art und Weise zu sein, sich gerade auch durch die Assimilation fremden Denkens, vielleicht sollten wir besser sagen: Akkultura-

83

tion, als ein selbständiges und unterschiedenes Bewusstsein zu positionieren und sich trotz der Aufnahme nichtjüdischer Identifizierungen über die Jahrhunderte als eine stabile kollektive Identität zu behaupten. Freuds »klare Bewußtheit der inneren Identität« (Freud 1941e, S. 52) und deren Stabilität wäre möglicherweise gerade darin zu finden, dass sie immer schon das Fremde und die darin ausgesprochene Beziehung zum Anderen zu integrieren sucht – eben weil sie selbst das Fremde im Eigenen erkennt und diese Paradoxie nicht nur nicht zu externalisieren sucht, sondern gar nährt und lebendig erhält[20]. Die Wahrheit geht für die jüdische Überlieferung immer vom Anderen aus. Das begrenzende und behütende Gesetz steht zwischen mir und dem Anderen. Eindeutigkeit und unbezweifelbare Gewissheiten, Dogma und eine nicht befragbare Objektivität verlangen eine Unmittelbarkeit, die Lebendigkeit und Hoffnung in der Beziehung zerstört. Das Gesetz, an das sich zu halten gefordert wird, verlangt meine interpretierende Haltung, mein Fragen, Zweifeln und Wissen – und genau dies reflektiert sich in Freuds Texten, insbesondere in *Der Mann Moses und die monotheistische Religion*.

Literatur

Assmann, Jan (2000): Moses der Ägypter – Entzifferung einer Gedächtnisspur. Frankfurt/M. (Fischer).
Bein, Alex (1980): Die Judenfrage – Biographie eines Weltproblems, 2 Bde. Stuttgart (DVA).
Blumenberg, Yigal (1996): Psychoanalyse – eine jüdische Wissenschaft? Von den jüdischen Wurzeln der Psychoanalyse und der Abwehr von Tradition und Fremdsein. Forum Psychoanalyse 12, 156–178.
Blumenberg, Yigal (1997): Freud – ein »gottloser Jude«? Zur Frage der jüdischen Wurzeln der Psychoanalyse. Luzifer-Amor 19, 33–80.
Blumenberg, Yigal (2002): »Vatersehnsucht« und »Sohnestrotz« – ein Kommentar zu Freuds *Totem und Tabu*. In: Psyche – Z Psychoanal 56, 97–136.
Bruckstein, Almut Sh. (2001): Die Maske des Moses – Studien zur jüdischen Hermeneutik. Berlin Wien (Philo).
Einstein für Anfänger (1979). Reinbek bei Hamburg (rororo Sachbuch).
Freud, Sigmund (1900): Die Traumdeutung. GW II/III.
Freud, Sigmund (1901): Über den Traum. GW II/III, 643–700.
Freud, Sigmund (1912–13): Totem und Tabu. GW IX.
Freud, Sigmund (1925e[1924]): Die Widerstände gegen die Psychoanalyse. GW XIV, 99–110.
Freud, Sigmund (1934b[1930]): Vorrede zur hebräischen Ausgabe von *Totem und Tabu*. GW XIV, 569.
Freud, Sigmund (1939): Der Mann Moses und die monotheistische Religion. GW XVI, 103–246.

---

20 Selbst noch das messianische Denken im Judentum beruft sich auf die fremde Moabiterin Ruth, die Stammmutter Davids, aus dessen Haus der Messias erwartet wird.

»Der Jude ist selbst zur Frage geworden« (E. Jabés) oder: »die Annahme des Vaters« (S. Freud)

Freud, Sigmund (1941e[1926]): Ansprache an die Mitglieder der Vereins *B'nai Brith.* GW XVII, 51–53.
Freud, Sigmund (1968): Briefe 1873–1939; Frankfurt/M. 1980 (Fischer).
Freud, Sigmund; Zweig, Arnold (1984): Briefwechsel. Frankfurt/M. (Fischer).
Freud, Sigmund (1986): Briefe an Wilhelm Fliess 1887–1904. Hrsg. von Jeffrey M. Masson. Frankfurt/M. (Fischer).
Grubrich-Simitis, Ilse (1991): Freuds Moses-Studie als Tagtraum. Weinheim (Verlag Internationale Psychoanalyse).
Grunberger, Béla (1985): Über die Monade. In: Narziß und Anubis, Bd. 2. München, Wien 1988 (Verlag Internationale Psychoanalyse).
Hassoun, Jacques (2003): Schmuggelpfade der Erinnerung. Frankfurt/M. Basel (Stroemfeld).
Lockot, Regine (1985): Erinnern und Durcharbeiten. Zur Geschichte der Psychoanalyse und Psychotherapie im Nationalsozialismus. Frankfurt/M. (Fischer).
Jones, Ernest (1953–57): Das Leben und Werk von Sigmund Freud, 3 Bde. Bern, Stuttgart, Wien (Huber).
Ouaknin, Marc-Alain (1990): Das verbrannte Buch – Den Talmud lesen. Weinheim, Berlin (Quadriga).
Piaget, Jean (1950): Die Entwicklung des Erkennens III. Stuttgart 1975 (Klett).
Raschi (1975): Pentateuchkommentar. Basel (V. Goldschmidt Verlag).
Schur, Max (1977): Sigmund Freud – Leben und Sterben. Frankfurt/M. (Suhrkamp).
Talmud (babylonischer) in 12 Bde. n. d. Ü. von L. Goldschmidt. Frankfurt/M. 1929–36 (Jüdischer Verlag).

Jenseits des Judentums?
Freuds bürgerliches Bildungsideal
und die Entdeckung der Psychoanalyse

Paola Traverso

Paradoxien des Jüdischen

Über das Verhältnis Freuds zu seinem Judentum ebenso wie über die wirklichen oder vermeintlichen »jüdischen Wurzeln« der Psychoanalyse ist viel spekuliert und viel geschrieben worden.[1] Wie so oft, wenn man der Versuchung nicht widerstehen kann, den Begründer der Psychoanalyse selbst auf die Couch zu legen und hinter der Fassade seiner Texte nach latenten Motiven zu fahnden, sind die Ergebnisse recht widersprüchlich: Einem Bild der Psychoanalyse, die aus dem Geist des Talmuds und der Kabbala entstanden sei, gesellt sich ein in die gegensätzliche Richtung weisendes Portrait Freuds als eines Menschen zu, der dem Judentum gänzlich fremd sei, ja ihm sogar ablehnend gegenüberstehe. Die erste Hypothese, welche sich auf die Suche nach den mystischen Grundlagen der psychoanalytischen Theorie begibt, erscheint nicht zuletzt deshalb problematisch, weil es keinen Beleg dafür gibt, dass Freud jemals den Talmud oder kabbalistische Werke gelesen hat. Es fragt sich nämlich, auf welchem geheimnisvollen Wege jemandem ein Wissen zuteil geworden sein könnte, dem nach eigener wiederholter Aussage jeder Mystizismus zuwider war, der zudem fern der Religion erzogen wurde und bei dem keinerlei Spur von religiöser Bildung zu erkennen war. So schreibt er einem seiner religiösen Vergangenheit nachspürenden Briefpartner 1930:

> »Es wird Sie interessieren zu hören, dass mein Vater tatsächlich aus chassidischem Milieu stammte. Er war einundvierzig Jahre alt, als ich geboren wurde, und seinen heimatlichen Beziehungen seit fast zwanzig Jahren entfremdet. Ich wurde so unjüdisch erzogen, dass ich heute nicht einmal imstande bin, Ihre offenbar in jüdischer Schrift gehaltene Widmung zu lesen. In späteren Jahren habe ich dieses Stück meiner Unbildung oft bedauert« (Freud 1960a, S. 411).

---

1 Stellvertretend für eine beträchtliche Literatur zu dem Thema seien hier nur die zwei prominentesten Vertreter recht unterschiedlicher Positionen genannt: Gay (1988) und Yerushalmi (1992).

Freilich liegt in dieser drastischen Aussage, die alles religiös Jüdische, sogar die Schrift, von sich fern halten will, vielleicht ein Stück Verstellung. Ob Freud tatsächlich *Bar-Mizwa* wurde, wissen wir nicht; wir wissen aber, dass ihm während seiner Schulzeit Hebräischunterricht erteilt wurde, dass er seinem damaligen Lehrer Samuel Hammerschlag jahrelang freundschaftlich verbunden blieb und dass sein Vater Jakob ihm, Freud, zum 35. Geburtstag eine gebundene Ausgabe jener (philippsonschen) illustrierten Bibel schenkte, in der der Knabe Freud das Lesen gelernt hatte (vgl. dazu Niederland 1988). Darin hatte Jakob Freud dem Sohn eine lange, liebevolle Widmung auf Hebräisch eingetragen, ein Geschenk, das, hätte das Geburtstagskind die Zueignung nicht zu entziffern vermocht, wenig Sinn gemacht hätte. Auch ist die Bibel eine häufige literarische Referenz im Freuds Werk, was aber beim näheren Hinsehen kein spezifisch jüdisches, sondern ein durchaus allgemeines Merkmal der deutschen Kultur ist, von Goethe bis Thomas Mann. Andererseits fehlt es auch nicht an Indizien einer verblüffenden Unwissenheit. So, wenn Freud im September 1907 in einem Brief an seine Frau Martha von seinem Besuch der römischen Katakomben und den dort zu sehenden Darstellungen des siebenarmigen Leuchters erzählt und hinzufügt: »Menora(h), glaube ich, heißt er« (Freud 1960a, S. 278). Aber wahrscheinlich war diese Ignoranz auch nur vorgetäuscht, eine kleine scherzhafte Provokation an die Adresse seiner Frau, die sich zwar dem Willen des gottlosen Patriarchen gefügt hatte, einen gänzlich unjüdischen weltlichen Hausalt zu führen, die aber keine freitagabendliche Gelegenheit ausließ, diesen Verzicht zu beklagen (Appignanesi; Forrester 2000, S. 65).

Wie auch immer, Freud war aus eigenem Selbstverständnis ein überzeugter Rationalist, der sich – wie er es nannte – dem »Gott Logos« verschrieben hatte und jeder Form von Religion, der jüdischen wie auch jeder anderen, zutiefst ablehnend gegenüberstand. Sich auf die Suche nach den mystischen, religiösen Wurzeln seiner Theorien zu begeben, bedeutet, sich über alles hinwegzusetzen, was Freud je zu Wissenschaft, Philosophie, Weltanschauung und Religion gesagt und geschrieben hat.

So bedingungslos auch die ablehnende Haltung Freuds in religiösen Angelegenheiten war, so uneingeschränkt hielt er seiner »jüdischen Zugehörigkeit« die Treue, eine Zugehörigkeit freilich, die er weder religiös noch national definierte. Nie wäre ihm in den Sinn gekommen, sein Judesein zu verleugnen; ja, gerade in den Zeiten, wo seine Herkunft besonders unbequem zu tragen war, bekräftigte Freud seine Zugehörigkeit zum »jüdischen Volk«. Ebenso wenig versuchte er, seinem jüdischen Milieu zu entkommen. Jüdisch waren seine Freunde aus der Studentenzeit; aus einer orthodoxen Familie jüdischer Gelehrten stammte seine Frau, jüdisch die Kollegen und Freunde, die seine ersten Schritte in die neue Welt der Psychoanalyse begleiteten, Josef Breuer und Wilhelm Fließ, beinahe ausschließlich jüdisch bis in die Hälfte der ersten Dekade des 20. Jahrhunderts der Kreis der Patienten und Kollegen, die sich der neuen Lehre angeschlossen hatten. Ein tiefes Gefühl von Solidarität und gemeinsamer geistiger Haltung scheint Freud mit der jüdischen Welt zu verbinden, selbst wenn er zugestehen muss, dass ihm das Wesen eines solchen der Tradition und der Religion der Väter entfremdeten Judentums rätselhaft bleibt. Von einer seelischen Konstruktion ist manchmal bei ihm die Rede, bisweilen von einem intellektuellen Habitus oder von einer nicht näher definierten Erbschaft. Karl Abraham, der versucht hatte, ihn vor der Illoyalität und dem »schlechten Charakter« des »Christen C. G. Jung« – wie er genannt wurde – zu warnen, gemahnte Freud 1908 zu Nachsicht und Toleranz: der Christ und Pastorsohn könne nur gegen große innere Widerstände den Weg zu Psychoanalyse finden, während Abraham »durch intellektuelle Konstitution und Rassenverwandtschaft« (Freud; Abraham 1965, S. 47) ihm, Freud, gleichsam natürlich nahe stehe.

Nimmt jedoch Freud »öffentlich« zu seinem Judentum Stellung, so scheint er vor allem dessen sozialbedingte Anteile zu betonen. Diesen Anteilen habe er sein trotziges Auftreten zu verdanken und den selbstverständlichen Hang, sich auf die Seite der Opposition zu schlagen. Bezeichnend seine Antwort an Max Graf, den Vater jenes jungen Patienten, der in die Geschichte der Psychoanalyse als »Kleiner Hans« eingegangen ist. Um die Zukunft des Sohnes angesichts des immer virulenter aufkommenden Antisemitismus besorgt, dachte der Vater daran, ihn taufen zu lassen, um ihm dadurch ein leichteres Leben zu bescheren: »Wenn Sie Ihren Sohn nicht als Juden aufwachsen lassen« – so die Antwort Freuds –, »werden Sie ihn von Energiequellen abschneiden, die durch nichts anderes zu ersetzen sind. Er wird sich als ein Jude zu schlagen haben und Sie müssen in ihm alle Energien entwickeln, deren er für diesen Kampf bedürfen wird. Berauben Sie ihn nicht dieses Vorteils« (zit. n. Flem 1986, S. 68). Was dieser »Vorteil« bedeutet, wird noch expliziter in seinem Dankbrief an die *B'nai B'rith*, die aufgeklärte jüdische Vereinigung, der er in den 90er Jahren beigetreten war und bis zu seinem Tode angehörte: Darin bringt Freud beide Gesichter seines Judentums zu Sprache, das intime, familiäre, rätselhafte gewisse jüdische Etwas und die der Außenwelt geltende Fassade des ungehorsamen geistigen Einzelgängers. Was ihn an den Juden verbinde, seien nicht die Religion und nicht das nationale Band, sondern: »Viele dunkle Gefühlsmächte, umso gewaltiger, je weniger sie sich in Worten erfassen ließen, ebenso wie die klare Bewusstheit der inneren Identität, die Heimlichkeit der gleichen seelischen Konstruktion« (1941e[1926]), S. 52). Zudem – führt Freud weiter aus – verdanke er einzig und allein seiner jüdischen Natur zwei ihm unerlässlich gewordene Eigenschaften: »Weil ich Jude war, fand ich mich frei von vielen Vorurteilen, die andere im Gebrauch ihres Intellekts beschränkten, als Jude war ich dafür vorbereitet, in die Opposition zu gehen und auf das Einvernehmen mit der ›kompakten Majorität‹ zu verzichten« (Freud 1960a, S. 381f.).

Bezeichnend für seine Zugehörigkeit ist eine Episode, die sich während seines Forschungsaufenthalt in Paris 1886 zugetragen hatte und von der er in einem Brief an seine Verlobte Martha berichtet. In einer Tischrunde angesprochen auf die Revanche, die die Franzosen bald an den Deutschen nehmen würden, beteuert Freud gelassene Gleichgültigkeit: »Ich gab mich gleich als juif, der weder Deutscher noch Österreicher sei, zu erkennen« (ebd., S. 209). Eine übermittelte Aussage aus späteren Jahren benennt noch deutlicher das ganze Problem: »Meine Sprache ist deutsch. Meine Kultur, meine Errungenschaften sind deutsch. Ich betrachtete mich geistig als Deutschen, bis ich das Heranwachsen antisemitischer Vorurteile in Deutschland und in Deutsch-Österreich bemerkte. Seit dieser Zeit betrachte ich mich nicht mehr als Deutschen. Ich ziehe es vor, mich als Juden zu betrachten«[2].

Judesein scheint für Freud bisweilen zu einer Chiffre der Aufklärung und des Universalismus geworden zu sein, zu einer Schule der Skepsis gegenüber jeder etablierten Meinung der »kompakten Majorität«. Was hier mit der Bezeichnung »Jude« zum Ausdruck gebracht wird, ist also nicht so sehr die Zugehörigkeit zu einem anderen Kollektiv als dem der deutschen Kulturgemeinschaft, sondern das Zeichen, die Markierung einer im gewissen Sinne individuell definierten Andersartigkeit. Und diese Andersartigkeit dient als Korrektiv seiner unleugbaren Teilhabe an der deutschen Kultur jenseits des Nationalen. Das ganz und gar Partikuläre, Jude zu sein, verkehrt sich so zu einem Merkmal des Universalen.

Klassische Antike und Wiener Moderne

Dass diese doppelte Zugehörigkeit, einerseits zu deutscher Sprache und Kultur, andererseits zu einem wie auch immer definierten nicht-nationalen, gottlosen, doch niemals verleugneten Judentum, bei Freud nicht in jenen unlösbaren Konflikt einmündete, der das Leben und das Werk vieler jüdischer Intellektueller seiner Generation geprägt hat, ist nicht zuletzt jener geistigen Wahlheimat zu verdanken, die es ihm erlaubt hat, weder Deutscher noch Jude zu sein, oder beides zugleich: die polytheistische Welt der römisch-griechischen Klassik. Im Folgenden wird es darum gehen, die Übertragung des biographisch-kulturellen

---

2 So Freud im Jahre 1926 im Interview mit George Sylvester Viereck; zit. n. Gay 1989, S. 504.

Hintergrund Freuds – sein Weg zwischen kulturellem Deutschtum und geistigem Judentum – in sein theoretisches Werk nachvollziehbar zu machen, die Metaphern und die antiken Bilder, die für Freuds Psychoanalyse von so grundlegender Bedeutung wurden, mit ebenjenem Konflikt der Zugehörigkeit in Verbindung zu bringen.

Die Wurzeln von Freuds leidenschaftlichem Interesse für die Kultur der Antike gehen weit zurück. Sie verweisen auf die Jahre des österreichischen Liberalismus. Es war jene kurze goldene Zeit der Assimilation, die den Juden – so schien es jedenfalls – ermöglichte, akzeptiert und anerkannt, ihre Zukunft zu meistern. Eine Zeit, in der, um es mit den Worten Freuds auszudrücken: »jeder fleißige Judenknabe das Ministerportefeuille in der Schultasche [trug]« (Freud 1900a, S. 198). Freud, dessen Vater der galizischen Ghettowelt entkommen war und es als kleiner Kaufmann und Oberhaupt einer kinderreichen Familie weder zu materiellem Wohlstand noch zu gesellschaftlicher Anerkennung gebracht hatte, sollte es besser haben und den Weg der akademischen Bildung einschlagen. Er besuchte das Realgymnasium in der Leopoldstadt, dessen Lehrplan zu mehr als einem Drittel die altphilologischen Fächer – Latein und Griechisch – ausmachten. Freud – wen wundert's – war durchgehend Klassenprimus. In den Briefen, die Freud zwischen 1872–1874 an Emil Fluß schrieb, einem Freund aus seiner Freiberger Kindheit, begegnen wir ihm oft versunken in »horazischen Oden« und »erhabenen Lektüren«, darunter *König Ödipus* und Vergil, die auch Gegenstand seiner schriftlichen Maturaprüfung wurden (1969a, S. 114). Homer kannte er so gut, dass er bis zum späten Alter die *Ilias* im griechischen Original auswendig zu rezitieren wusste (vgl. M. Freud 1999).

All das würde uns freilich kaum überraschen, würden wir nicht denselben Autoren Jahrzehnte später, nach den positivistischen Wehen des Medizinstudiums und der neurologischen Forschung, im Kontext der Psychoanalyse wieder begegnen: König Ödipus wird 1900 die Bühne der Traumdeutung betreten, um zehn Jahre später jenem Komplex seinen Namen zu leihen, der inzwischen fast zu einem Synonym für die Lehre der Psychoanalyse geworden ist. Der *Äneis* wiederum entstammen einige Versen (*Flectere si nequeo superos, acheronta movebo*)[3], die dem Traumbuch als Motto voranstehen. Das *carpe*

---

3 Erstmals zitiert Freud die der *Traumdeutung* vorangestellten Vergil-Verse *Flectere si nequeo superos, Acheronta movebo* in einem Brief an Fließ vom 4. Dezember 1896 (Freud 1985c, S. 217), worin er ankündigt, dass er diese Stelle aus der *Äneis* zur Einleitung eines Kapitels über die Symptombildung in einem (nie erschienenen) Werk zur Analyse und Behandlung der Hysterie heranziehen will. Drei Jahre später, im Juli 1899, taucht das Motto kurz vor Fertigstellung der *Traumdeutung* in einem weiteren Brief an Fließ wieder auf: »Motto für den Traum hat sich nicht ergeben, seitdem Du das Goethesche sentimentale umgebracht. Es wird

diem von Horaz schließlich taucht in Freuds Werk immer wieder als Verbildlichung des Lustprinzips auf und wird im Witzbuch gar zum Kernmotiv eines leidenschaftlichen Plädoyers gegen »die Moral der Reichen und Mächtigen« (1905c, S. 120f.). Die begründende Bedeutung der antiken Literatur scheint also tief in der Prähistorie der Psychoanalyse eingeschrieben zu sein. In der Tat, als Freud Jahre später die Grundbegriffe der psychoanalytischen Lehre formuliert, wird er aus dem fernen Fundus seiner Gymnasiallektüren schöpfen, um in der Form der Metapher das sagbar zu machen, was in den Worten überprüfbarer Wissenschaft noch nicht ausgedrückt werden kann.

Was machte also aus dem jüdischen Knaben einen deutschsprachigen Kosmopoliten im altgriechischen Gewand? Der Weg führt uns auf die Pfade der Assimilationsbestrebungen der Wiener Juden. Die in den 60er Jahren des 19. Jahrhunderts eingeleitete liberale Wende führte zu einem tiefgehenden Wandel im Bereich von Kultur und Bildung. Hauptmerkmal dieses Wandels war die Hinwendung zur Kultur der Antike. Die Antike sollte nämlich als einendes Substrat der verschiedenen ethnischen und kulturellen Komponenten des Imperiums dienen. Das griechisch-römische Erbe lieferte in der Tat eine von konfessionellen und nationalen Konnotationen freie Grundlage für die Etablierung einer säkularen, liberalen Kultur. Die Gymnasialreform schrieb der Klassik eine herausragende Bedeutung für die Erziehung der neuen bürgerlichen Eliten zu. Dieser Aspekt der habsburgischen Kulturpolitik sollte sich für die Juden, die gerade in jenen Jahren ihre volle staatsbürgerliche Gleichstellung erlangt hatten, als ebenso positiv wie folgenreich erweisen. Dank des Rekurses auf die klassische antike Tradition war eine kulturelle Annäherung zwischen Juden und Christen leichter geworden. Sie konnten sich im Studium einer zwar paganen, jedoch die unterschiedlichen religiösen Zugehörigkeiten überwindenden gemeinsamen Kultur treffen. Damit eröffnete sich den Juden ein Zugang zur kulturellen Assimilation, die im Unterschied zu einer Anpassung an das Christentum und an die christliche Kultur doch relativ frei war von den Gefährdungen der Häresie oder Apostasie.[4]

---

beim Hinweis auf die Verdrängung bleiben. Flectere si nequeo superos / Acheronta movebo« (ebd., S. 396). Der Passus, der dem siebten Buch der *Äneis* entstammt, ist in Büchmanns Sammlung *Geflügelte Worte,* dem »Brevier« der Zitate und gelehrten Sprichwörter jedes gutbürgerlichen deutschen Haushaltes jener Zeit, enthalten, der ihn folgendermaßen übersetzt: »Kann ich die Götter mir nicht erweichen, so lock' ich die Hölle«. Diejenige, die diese drohenden Worte spricht, ist Juno, die olympische Widersacherin des Trojaner-Geschlechtes, die sich gezwungen sieht, die Mächte der Unterwelt anzurufen, nachdem ihr Versuch fehlgeschlagen ist, Jupiter durch Überredungs- und Verführungskünste zur Hilfe zu bewegen, um Äneas an der Landung im Latium und an der Gründung Roms zu hindern.

4 Vgl. dazu vor allem Schorske (1998), darin insbesondere den Aufsatz »To the Egyptian Dig: Freud's Psycho-Archeology of Cultures« (ebd. S. 191–215).

Die kulturelle Entwicklung in der österreichischen Monarchie stellte auf diese Weise einen kosmopolitischen »Sonderweg« dar. Hatte in Deutschland der Umgang mit der Antike nationale Züge angenommen, die eine unmittelbare, enge Verbindung zwischen dem hellenischen und dem germanischen Geist etablierte, so war das in Wien vorherrschende Bild der Antike während des ganzen 19. Jahrhundert noch weitgehend römisch geprägt. Das habsburgische, traditionell römisch-katholische, barocke und imperiale Österreich kam verspätet, erst in den letzten Dekaden des 19. Jahrhunderts zu einer kulturellen »Hellenisierung«. War in Deutschland das Konzept der Bildung zumindest in seinen Ursprüngen protestantisch geprägt, so war in Wien das Phänomen des Bildungsbürgertums eng mit dem Aufkommen der assimilierten jüdischen Schichten verbunden (vgl. dazu Le Rider 2004, S. 13ff.).

Die Antike als Universalmetapher

Ist dieser in der Habsburger Monarchie von Deutschen wie Juden geteilte Kult der Antike der neutrale (überhistorische) Ort, in dem der Jude nicht als Jude, sondern als »Kulturweltbürger«, ja schließlich als Mensch den ebenso wenig christlich wie germanisch auftretenden Deutschen begegnen kann, so nimmt es nicht Wunder, dass die Welt der römisch-griechischen Antike weniger in ihrer spezifisch historischen Dimension, denn in ihrer Wirkung als Trägerin universal geltender Werte und Symbole wahrgenommen und anthropologisch gedeutet wird. Dies trifft für Freud im höchsten Maße zu. Nicht zufällig – und das führen klassische Philologen bis heute gegen Freud ins Feld[5] – gilt die Freudsche Interpretation des berühmtesten aller Anleihen der Psychoanalyse aus dem antiken Erbe, des tragischen Helden Ödipus, nicht etwa dem König von Theben, nicht dem historischen Drama der Selbstzerstörung einer königlichen Familie, nicht dem im Athen des 5. Jahrhunderts v. C. entstandenen Konflikt zwischen den traditionellen religiösen Werten und einem sich neu konstituierenden juristischen Schuldbegriff. Freuds Ödipus ist vielmehr der »Menschensohn«, der »schuldlos Schuldige«, der gegen seinen Willen zu etwas getrieben wird, das er sich bei Kenntnis der realen Umstände strikt verboten hätte. Ödipus ist die universelle Matrix des psychischen Konfliktes des modernen wie des antiken, des jüdischen wie des nicht-jüdischen Menschen. Ödipus ist das Drama eines jeden von uns, der sich als souveränes Subjekt der

---

5 Die überzeugendste Kritik der Freudschen Auslegung der Tragödie des Sophokles aus einer historisch-philologischen Perspektive stammt m. E. aus der Feder von Vernant (1974); ferner siehe auch: Bollak (1993).

eigenen Handlung wähnt, sich dem Schein der Wahrnehmung anvertraut und sich so der Erkenntnis verweigert, dass sein Schicksal an einem Ort eingeschrieben ist, der ihm zwar zugehört, von dem er aber keine Kenntnis hat. Sophokles' Tragödie ist in der Freudschen Auslegung einfach die Übersetzung eines Traumstoffes, in der ein universell vorausgesetzter, unbewusst wirkender Wunsch sowie die progressive Enthüllung einer verdrängten Schuld – einem psychoanalytischen Verfahren ähnlich – thematisiert werden.

Freuds *enthistorisierte* Lektüre des Ödipus-Stoffes kann als paradigmatisch für seinen Umgang mit den Werken und den Mythen der antiken Literatur gelten. Verbindet der rhetorische Rückgriff auf das klassische Kulturerbe Freud mit einem Grossteil der zeitgenössischen Gelehrten, so unterscheidet ihn doch der durchaus eigentümliche Gebrauch, den Freud von diesem Erbe macht. Dies gilt umso mehr für die Jahre der großen Entdeckung, in denen die psychoanalytische Theorie ihre ersten Schritte tut. In ihren Anfängen ist die Psychoanalyse eine ausschließliche, eine eigenständige Entdeckung Freuds. Als theoretische Disziplin hat sie gewissermaßen noch nicht das Licht der Welt erblickt, und als Therapieform wird sie nur an wenigen Personen erprobt, die häufig nicht einmal wissen, dass sie sich einer »analytischen Behandlung« unterziehen. Sie ist eines jeden Rechtfertigungszwanges enthoben und schert sich wenig um die Auseinandersetzung mit ihrer wissenschaftlichen Umgebung. Die *Traumdeutung* entsteht am Schreibtisch, in jener *Splendid Isolation*, in die die akademische Welt Freud gezwungen hatte. In dieser besonderen Situation relativer Abgeschiedenheit gestattet sich Freud, frei mit den unterschiedlichen Quellen und Materialien zu experimentieren – mit seinen eigenen Träumen, den Tagträumen der Dichter, den mittelalterlichen Teufelstheorien, den Märchen der Antike. Er zögert nicht, sich auf riskante Intuitionen einzulassen und den Traumbüchern der Alten mehr Glauben zu schenken als den – im Übrigen, wie er meinte, todlangweiligen – wissenschaftlichen Abhandlungen seiner Kollegen der Medizin. Die Verbindung zwischen klassischer Kultur und Freuds Denken bleibt in den früheren Schriften noch verborgen in verstreuten Zitaten, Metaphern und Referenzen. Diese Metaphern erscheinen aber umso bedeutsamer, wenn man sie in ihrer Funktion als Vorboten dessen ansieht, was später der Psychoanalyse als signifikant eingeschrieben sein wird.

Anders ist es in den Jahren nach der Abfassung der *Traumdeutung*, als sich die Psychoanalyse als Lehre zunehmend etabliert hatte und dem direkten Vergleich mit anderen Wissenschaften standzuhalten suchte. In seinem späteren Werk greift Freud immer gezielter auf die Antike und vor allem auf die großen Denker der antiken Philosophie zurück. Schließlich wird auch der Mythos zum Schauplatz der metapsychologischen Konstruktionen. Und doch scheinen hier diese Referenzen wie gesucht, wie im Nachhinein konstruiert, und dies als die Theorie bereits ausformuliert war und es nun darum ging, sie durch das Anrufen eines unangreifbaren, illustren Zeugen – Plato z.B. für den Eros-Begriff, oder Empedokles für den Todestrieb[6] – vor dem Tribunal der Kritik zu verteidigen. Zudem gestattete der Rekurs auf die großen Denker der Antike, die Psychoanalyse in eine philosophische Tradition universaler und überzeitlicher Geltung zu stellen. Nimmt sich also die Antike in den Anfängen der Psychoanalyse als eine Art von Arbeitshypothese aus, als eine methodologische Intuition, ja allgemein ausgedrückt als Inspirationsquelle, als ein freies Spiel mit zerstreuten Bildern und Metaphern, so wird sie im Laufe der Jahre zu einem regelrechten Untersuchungsobjekt und gewinnt zunehmend die Züge einer legitimierenden Funktion. Die unverhüllte Präsenz der Antike in den späteren Schriften Freuds ist damit nicht so sehr als Zeichen ihrer zunehmenden Bedeutung zu werten, sondern vielmehr als Bekräftigung oder als eine Art Resonanzkörper dessen, was ihre Spuren zu Beginn der Psychoanalyse schon angekündigt hatten.

Die Literatur als Ersatzepistemologie

Die herausragende Rolle, die die Literatur – insbesondere die antike Literatur – in der Begründung der Freudschen Theorie annimmt, hängt mit dem ambivalenten wissenschaftlichen Status der Psychoanalyse zusammen. Freuds Theorie siedelt sich an der Schwelle zwischen Natur- und Geisteswissenschaften an. Von den Naturwissenschaften übernimmt sie die Form und die Untersuchungsmethoden, mit den Geisteswissenschaften hat sie den Inhalt, den

---

6 Explizit behauptet Freud die Übereinstimmung seines Libido-Begriffes mit Platos Eroskonzeptes erstmals im Jahre 1920 in der vierten Ausgabe der *Drei Abhandlungen zur Sexualtheorie* (1905d, S. 32). In *Massenpsychologie und Ich-Analyse* ist die Bezugnahme noch deutlicher. Dort heißt es: »Der ›Eros‹ des Philosophen Plato zeigt in seiner Herkunft, Leistung und Beziehung zur Geschlechtsliebe eine vollkommene Deckung mit der Liebeskraft, der Libido der Psychoanalyse« (1921c, S. 99). Schließlich steht der von Aristophanes im *Symposion* erzählte Mythos im Mittelpunkt von *Jenseits des Lustprinzips* (1920g, S. 62). In *Der Widerstand gegen die Psychoanalyse* (1925e, S. 105) bekräftigt Freud nochmals, dass sein Sexualitätsbegriff dem in Platos *Symposion* entfalteten Erosbegriff gleiche, welcher jede Gefühlsäußerung einschließt und nach dem Erhalt des Lebens strebt; sein Widerpart ist *Thanatos*, der andere Trieb mythischen Ursprungs, der auf die Wiederherstellung des Ursprungszustands der Bewegungslosigkeit der Materie zielt. Die Bezugnahme auf die Lehre des Empedokles (die Formulierung der beiden Prinzipien des seelischen Werdens *philia* und *neikos*) findet sich im 6. Kapitel von *Die endliche und die unendliche Analyse* (1937c, S. 59–99). Für einen systematischen Vergleich zwischen Freuds und Platos Theorie der Liebe vgl. die Studie von Gerasimos Santas (1988).

Untersuchungsgegenstand gemein. Das Schlüsselmoment des Übergangs, in dem die neurophysiologischen Grundlagen von Freuds Psychologie brüchig werden und die Ungewissheit ihres wissenschaftlichen Status deutlich wird, stellt die *Traumdeutung* (1900a) dar. Konnte Freuds Vorgehen in den *Studien über Hysterie* (1895d) noch darauf setzen, den induktiv-experimentellen Wissenschaften zugerechnet zu werden, so wagt sich seine Studie über den Traum nunmehr auf das ungesicherte Terrain kaum überprüfbarer Hypothesenbildung vor. Schon die Hysterie wies die Merkmale eines doppelten Textes auf: zum einen die Symptome, die hysterische Körpersprache, zum anderen die traumatische Erinnerung. Auch die verborgene Bedeutung des hysterischen Textes hatte sich allein durch den Rückgriff auf ein hermeneutisches Interpretationsverfahren erschließen lassen. Der manifeste Ausdruck der Hysterie aber (die Symptomatik) war allemal »konkret«, war augenscheinlich erkennbar und konnte zu Beweiszwecken öffentlich dargelegt und sogar vorgeführt werden. Die Auslegung des Traums dagegen, dessen latenter Inhalt dank der freien Assoziationsketten des Träumenden rekonstruiert wird, zwingt Freud zu einem (alles andere als willkommenen) definitiven Verzicht auf jede Form objektiver Überprüfbarkeit. Dergestalt eines unmittelbar analysierbaren Gegenstands »an sich« beraubt, setzt sich die Psychoanalyse von nun an den Unwägbarkeiten der Vermittlung über Sprache aus: Um psychische Vorgänge zu beschreiben, ist sie gehalten, sich allein der Mittel der (erzählenden) Sprache und mithin der Metapher zu bedienen. Und diese psychischen Vorgänge werden selbst ihrerseits allein durch Sprache manifest, wahrnehmbar und somit der Analyse zugänglich gemacht. In der Psychoanalyse bestimmt die Sprache nicht allein die Ausdrucksformen der Vermittlung von Erkenntnis, auf die eine jede auch noch so konkrete und exakte Wissenschaft angewiesen ist, um sich mitzuteilen. Vielmehr ist die Sprache zugleich Heilmittel und Gegenstand der Untersuchung, und zwar der einzige, über den die Psychoanalyse verfügt. Es ist ein Gegenstand dem aber – anders als der Anatomie des Nervensystems – , die exakten Methoden der Naturwissenschaften schwer gerecht werden können.

Mit der Abkehr von der Hypnose und der Einführung der Methode der freien Assoziation bei der Traumdeutung büßen Untersuchungsmethode und Therapieverfahren jenen letzten Rest an Beweisbarkeit ein, der im Falle der Hysterie noch reklamiert werden konnte. Von da an ist die von Freud niemals aufgegebene Überzeugung, es existiere eine Verbindung zwischen Anatomie und psychischen Vorgängen, auf die *Konstruktion* von Hypothesen angewiesen. Diese können zwar ständig modifiziert, revidiert und neu formuliert werden, nie aber treten sie aus dem Bannkreis der Annäherung heraus, um in einem realen Nachweis konkret zu werden.

In einem wissenschaftlichen Verfahren kommt der Metapher die rhetorische oder didaktische Aufgabe zu, die formale Sprache, die in abstrakten Begriffen etwas dennoch real Gegebenes ausdrückt, verständlich und konkret zu machen oder durch Analogiebildung zu »übersetzen«. In Freuds Theorie aber ist die Metapher nicht nur rhetorisches Mittel der Darlegung, vielmehr ist sie auch eine theorieimmanente Notwendigkeit. *Sie ist nicht Ausdruck des Realen, sondern tritt vielmehr an seine Stelle.* Der von Freud postulierte psychische Apparat, aus dessen tieferen Schichten unsere Triebe und Träume den Ausgang nehmen, ist eine Konstruktion, eine Metapher, eine vorläufige freilich; denn Freud ist davon überzeugt, dass sie eines Tages durch neue neurophysiologische Erkenntnisse bestätigt werden wird. Noch kann er aber ihren Beweis nicht antreten und muss ihn dem künftigen wissenschaftlichen Fortschritt überlassen. Was Freud vorläufig kennt, ist die äußere Hülle dieses Apparates, seine Erscheinungsformen, die Symptome und die Träume, die er bildet. Der Status der Psychoanalyse als »exakte« Naturwissenschaft wäre demnach eine Realität, eine Realität jedoch, die der Zukunft angehört. Unterdessen muss sich die Psychoanalyse mit einem »als ob« begnügen: (wie es in einem frühren Aufsatz heißt) »als ob es die Anatomie nicht gäbe« (1893c, S. 50) bzw. stellvertretend mittels ihres sichtbaren psychischen Überbaus dargestellt werden könnte.

Ist der Begriff der Psyche also als etwas Vorläufiges aufzufassen, als Metapher für das, was noch nicht gesagt werden kann, so entsteht die Psychoanalyse an einem problematischen Übergang, an dem Übergang zwischen dem, was real überprüfbar ist und dem, was als real angenommen, aber noch nicht beweisbar ist. In dieses Zwischenreich, in den leeren Raum zwischen dem gegenwärtig nur hypothetisch Sagbaren und dem zukünftig überprüfbar Sagbaren, schleicht sich die Literatur ein und erlangt ihre produktive Erkenntnisbedeutung. Die Aufgabe, die so der Literatur übertragen wird, besteht nicht allein in der Bereitstellung eines Arsenals an Metaphern; aufgrund ihrer textuellen Konkretheit und, im Falle des klassischen Altertums, aufgrund ihrer die Zeiten überdauernden Wirkung, ist die Literatur selbst ein »Symptom« oder so etwas wie ein »Ersatzbeweis« für die Objektivität dessen, was (natur-) wissenschaftlich noch nicht nachvollziehbar ist.

Das der *Traumdeutung* vorangestellte Vergil-Motto (»Kann ich die Götter droben nicht beugen, so locke ich die acherontische Macht«), worin rhetorisch die Vergilsche und hintergründig die griechisch-homerische antike Vision der Unterwelt evoziert wird, nimmt beispielsweise eine tiefer gehende grundsätzliche Entsprechung zwischen der griechisch-römischen Kosmologie und der von Freud angenommenen Struktur des psychischen Apparats vorweg; eine Verknüpfung im Übrigen, die von Freud 20 Jahre später in den metapsychologischen Schriften bekräftigt wird. Verhüllt im rhetorischen Gewand des gelehrten Zitats tritt in dem Motto das dreigeteilte Universum der griechischen Mythologie in Erscheinung, worin die menschliche Realität zwischen Olymp und Unterwelt eingeschlossen ist. Und diese Metapher setzt sich an die Stelle der Hypothese vom Konflikt zwischen den drei Instanzen, aus denen der psychische Apparat besteht: dem Es, dem Ich und dem Über-Ich. Ebenso wird in der *Traumdeutung* die Gestalt des Ödipus zu einer in den Worten der Dichtung ausgedrückten Vorwegnahme dessen, was später die gesamte Theorie Freuds zum Sexualleben begründen wird: des Konfliktes zwischen Schuld und Begierde.

Antike Traumtheorien und Paradigmen der Moderne

Schließlich wird die Rezeption der klassischen Antike in der *Traumdeutung* zum Vehikel jener Synthese, die vielleicht den späten, aber durchschlagenden und dauerhaften Erfolg von Freuds Traum(theorie) begründet: der Synthese zwischen Positivismus und Neo-Romantik. Zwei antike Quellen der Literatur über den Traum tauchen in Freuds Werk immer wieder auf. Die eine, vertreten durch den Traumdeuter Artemidor aus Daldis (1881), gehört der hellenistischen Tradition des Griechischen Denkens an, die andere – vertreten durch keinen geringeren als Aristoteles (1994) – der klassischen. Beide Quellen widersprechen sich und scheinen unvereinbar zu sein. Nach der rationalistischen Auffassung des Aristoteles hat der Traum keinerlei Bedeutung und ist noch weniger göttlichen Ursprungs; er ist ein rein physiologisch erklärbares Phänomen, das sich aus der besonderen Situation des Organismus im Schlafzustand erklärt. Für den professionellen Traumdeuter Artemidor hingegen ist der Traum Botschaft der Dämonen oder Götter, welcher die Zukunft vorauszusehen erlaubt, wenn er gemäß präzisen Regeln ausgelegt und entschlüsselt wird. Die eine, rationalistische Position sucht mit einer induktiv-experimentellen Methode nach den Ursachen des Traums, die andere setzt diese Ursachen als dämonisch voraus und widmet sich dessen narrativem und sprachlichem Gewebe.

Freuds *Traumdeutung* beruft sich in aller Freiheit auf beide Quellen: auf Aristoteles, um das Phänomen des Traumes zu erklären, auf Artemidor, um seine Bedeutung zu begründen. Beiläufig und fast zufällig erwähnt Freud die zwei antiken Traumtheorien, wiederum in Form des rhetorischen, des gelehrten Zitats. Doch ist die Präsenz dieser Texte konstant und durchgängig, und sie wird von Auflage zu Auflage und auch in späteren Schriften bekräftigt und vertieft. Was auf den ersten Blick wie eine unzulässige Vermischung anmuten mag, ja wie eine Art Missbrauch der Quellen ohne Berücksichtigung des

Unterschieds zwischen klassischem Rationalismus und hellenistischem Irrationalismus – und die ersten Rezensenten der *Traumdeutung* haben es sich nicht nehmen lassen, den Finger auf die Wunde einer derartigen »philologischen Ignoranz« zu legen (siehe etwa Burckhard 1900) –, stellt sich letztendlich als ein durchaus produktives Vorgehen dar, ein Vorgehen, das einen in der zeitgenössischen Kultur immanenten Konflikt zu überwinden vermag: den Konflikt zwischen dem noch dominanten Positivismus und der sich ankündigenden neoromantischen Wende. In der Tat nimmt Freud mit Aristoteles und Artemidor zwei Traditionslinien auf, die sich in einem ähnlichen Verhältnis zueinander befinden wie die zwei wesentlichen, aber im Prinzip gegenläufigen Strömungen des 19. wie auch noch des 20. Jahrhunderts: (rationalistischer) Positivismus und (irrationalistische) (neo-)romantische Tiefendimensionalität. Diese zwei Strömungen finden sich schließlich in der Psychoanalyse zu einer produktiven Synthese vereint.

Es soll nicht etwa der Eindruck erweckt werden, Freud sei ein Interpret und ein Kommentator der antiken Literatur und Philosophie. Sein Werk ist zwar durchdrungen mit griechischen oder lateinischen Referenzen, aber oftmals handelt es sich dabei um nicht mehr als verstreute Spuren der Klassik, Anspielungen auf Werke und Autoren, die sicherlich auch dazu dienen, rhetorisch eine gemeinsame Sprache zu schaffen mit seinem damaligen, dem humanistischen Bildungsideal verschriebenen Publikum. Häufig tritt die antike Welt auch nur in Form von lateinischen Redewendungen in Erscheinung. Deren beharrliche Wiederkehr jedoch lässt vermuten, dass sie viel mehr bedeuten, als bloßes Ornament einer Prosa zu sein, die sich klassisch geben will.

Freud hatte sich eine regelrechte Spruchsammlung angelegt – und ihrer bediente er sich, ähnlich wie er sich auch der Gegenstände seiner Antiken-Sammlung bediente. Freuds Welt war von archäologischen Fundstücken bevölkert, kleinen Statuen, die antike Gottheiten darstellten, von denen er sich inspirieren ließ und die ihm »unerwartete Parallelen« (Freud) zur Geschichte und Gestalt von Neurosen nahe legten. In ihrer Anwesenheit schrieb er seine Texte, auf sie rekurrierte er, um einem Patienten den Symbolgehalt eines Traumes, eines Symptoms oder einer Erinnerung zu erläutern. Ebenso war Freuds Welt mit »Sprüchen« gefüllt, vor allem mit lateinischen.

Beinahe eine jede neue Entdeckung ist von einer literarischen Formel, einem Zitat, einer einprägsamen Redewendung begleitet, in denen sich der Kern oder der »Sinn« einer neuen Wahrheit konzentriert. Zunächst erscheinen sie, wie beiläufig erwähnt, in dem Briefwechsel. Begibt man sich aber an eine abermalige Lektüre der Werke, die Jahre später entstanden sind, und begegnet man ebenjenen Formulierungen wieder, so sind sie jetzt geradezu beweiskräftig, wissenschaftlich, bisweilen – wie im Falle der Mottos – mit einer fast feierlichen Autorität versehen.

Fast scheint es, als sei die Theorie auf die Suche nach der wissenschaftlichen Form und Demonstrierung dessen gegangen, was diese literarischen Zitate oder Sprichwörter intuitiv zur Sprache brachten. Ein »beiläufiges« *Carpe diem* wird dann zum »Lustprinzip«, das den Traum und Witz bestimmenden unbewussten Wunsch zu schildern erlaubt; ein Satz von Vergil, der zunächst zur Illustration des Hysteriesymptoms herangezogen wurde, kehrt fast vier Jahre später wieder, um die Verdrängung im Traum zu erklären, zumal festgestellt wurde, dass Traum und Symptom dieselbigen »Mächte der Unterwelt« zu Hilfe rufen.

Die Wege der Erkenntnis sind seltsam und gewunden: Sie verweilen bei einem Satz, gehen von ihm ab, und kommen – in einen anderen Kontext übertragen – wieder auf ihn zurück. Erst dann, wenn die Theorie in der Lage ist, den Wahrheitskern zu verdeutlichen, den Freud auf intuitivem Wege in ihm erkannt hatte, wird dieser Satz dem Leser im Mantel der Rhetorik erneut vorgebracht. Die Formen der Mitteilung imitieren die Formen der Entdeckung. Oder anders gesagt: Freud brauchte die Worte der Literatur, um dem Publikum seine Erkenntnisse zu erläutern, wie, oder gerade weil er die Worte der Literatur brauchte, um zu diesen Erkenntnissen zu gelangen. Das »Wort«, dem Freud die beinahe magische Kraft zuwies, einen verdrängten Wunsch oder eine Triebregung wieder ans Licht zu bringen und so das Verschwinden des Symptoms zu bewirken, übte seinen »Zauber« nicht nur auf den Patienten, sondern auch auf denjenigen aus, der sich seiner zu therapeutischen Zwecken bediente.

Noch ehe Freud den Inhalt seiner Werke festlegte, dachte er bereits an die Motti, die ihnen vorangestellt werden sollten.[7] Er diskutiert sie mit Fließ und geht mit ihm einen wahren »Tauschhandel mit Sätzen« ein: »Wie gern möchte ich hier über ein Werk, das mir nahe geht, schreiben: Introite et hic dii sunt. Oder habe ich Dir dies nicht abgetreten?« (Freud 1985c, S. 384).

Die Kultur, der Freud zugehörte, hatte sich von lateinischen und griechischen Klassikern genährt und berief sich auch des weiteren auf sie; Freud benutzte sie, wie er ihre Sprüche zu nutzen wusste, indem er mal ihre ursprüngliche Bedeutung verkehrte, mal sie widerspruchsvoll und irritierend nebeneinander stellte, wie im Falle der wenig orthodoxen Begegnung zwischen Aristoteles und Artemidor.

---

[7] »Von meinen Arbeiten am ehesten verraten kann ich dir die Mottos« (Freud, 1985c, S. 384).

Heidentum und Judentum

Vielleicht – um zu dem Juden Freud zurückzukehren – war die Flucht vor der Tradition der Väter in die heidnische Welt der Antike mit Schuldgefühlen behaftet. In diesem Sinne interpretieren viele Forscher das Gefühl des Befremdens, das Freud angesichts der Akropolis überkam und von dem er in einem Brief an Romain Rolland berichtet. Während einer Athenreise in Begleitung seines Bruders hatte er nämlich kurz an der Wirklichkeit der antiken Welt gezweifelt: »Also existiert das alles wirklich so, wie wir es auf der Schule gelernt haben?!« (Freud 1936a, S. 251). In dieser Frage verbirgt sich – so Freud – der weit zurückliegende Unglaube des Knaben aus einer armen jüdischen Familie, es eines Tages »so weit zu bringen«, faktisch und symbolisch bis Athen, viel weiter als der Vater je gekonnt und vielleicht je gewollt hätte:

> »In dem Thema Athen und Akropolis [ist] an und für sich ein Hinweis auf die Überlegenheit der Söhne enthalten. Unser Vater war Kaufmann gewesen, er besaß keine Gymnasialbildung, Athen konnte ihm nicht viel bedeuten. Was uns im Genuß der Reise nach Athen störte, war also eine Regung der Pietät« (ebd., S. 257).

Ebenso als Schuldsymptom, ja als Selbstbezichtigung des Verrates könnte auch eine Stelle aus der kleinen Schrift zu der Mosesstatue des Michelangelo gelesen werden. Hier identifiziert sich Freud mit dem Götzenvolk, das den einzig wahren, undarstellbaren Gott vergessen hat und nun ein goldenes Kalb anbetet:

> »Wie oft (...) habe [ich] immer wieder versucht, dem verächtlich-zürnenden Blick des Heros standzuhalten, als gehörte ich selbst dem Gesindel, auf das sein Auge gerichtet ist, das keine Überzeugung festhalten kann, das nicht warten und nicht vertrauen will und jubelt, wenn es die Illusion des Götzengebildes wieder bekommen hat« (Freud 1914b, S. 175).

Wer weiß, wie unsere Welt aussehen würde, wäre nicht die Psychoanalyse von einem assimilationsbestrebten Juden entdeckt worden, und wäre der Urkomplex, der angeblich uns Menschen quält, wohlgemerkt auch uns Frauen, nicht die unbewusste Liebe eines Sohnes zu seiner griechischen Mamele, sondern – wie im Märchen Schneewittchen – möglicherweise der unbewusste Mordwunsch einer alternden Mutter an ihrer schönen, jungen Tochter.

Freud hatte bestimmt, nach seinem Tod verbrannt zu werden. Seinem Beispiel folgte seine Frau. Ihre Asche wurde mit der seinen vereint: die Asche von Martha Freud, geb. Bernays, der Enkelin des geistigen Oberhaupts der Judengemeinde in Hamburg, die über 50 Jahre aus Liebe zu ihrem Ehemann nicht hatte die Sabbatkerzen anzünden dürfen, eine Tradition, die sie aber schon am ersten Freitag nach seinem Tode wieder aufgenommen hatte. Und somit hat sie, die vielleicht doch noch eine leise Hoffnung auf die Auferstehung hegen konnte, auch ihre letzte Chance endgültig verspielt.

In einer antiken griechischen Urne, einem der letzten Geschenke seiner geliebten Schülerin Marie Bonaparte, ruht die Asche von Freud, dem gottlosen jüdischen Patriarchen im Altgriechischen Gewand.

Literatur

Appignanesi, Lisa; Forrester, John (2000): Die Frauen Sigmund Freuds. München (List).
Aristoteles (1994): *De insomniis* und *De divinatione per somnum*. Übersetzt und eingeleitet von Philip J. van der Eijk. In: Werke in deutscher Übersetzung, begründet von Ernst Grumach und herausgegeben von Hellmut Flashar, Bd. 14, Teil III: Parva naturalia. Berlin (Akademie Verlag).
Artemidoros aus Daldis (1881): Symbolik der Träume. Übersetzt von Friedrich S. Krauss. Leipzig / Pest / Wien (Franz Deuticke).
Bollack, Jean (1993): Der Menschensohn. Freuds Ödipusmythos. Psyche – Z Psychoanal 47, 647–683.
Burckhard, Max (1900): Ein modernes Traumbuch. Die Zeit, Nr. 257, 6.1. 1900, S. 9–11; Nr. 276, 13.1. 1900, S. 25–27. Jetzt in Kimmerle, Gerd (Hg.): Freuds Traumdeutung. Frühe Rezensionen 1899–1903, Tübingen 1986 (edition diskord), 27–46.
Flem, Lisa (1986): La vie quotidienne de Freud et de ses patients. Paris (Editions du Seuil).
Freud, Martin (1999): Mein Vater Sigmund Freud. Heidelberg (Mattes Verlag).
Freud, Sigmund (1893c): Quelques considérations pour une étude comparative des paralysies motrices organiques et hystériques. GW I, 39–55.
Freud, Sigmund (1895d) (zusammen mit Breuer, Josef): Studien über Hysterie. GW I, 75–312.
Freud, Sigmund (1900): Die Traumdeutung. GW II/III.
Freud, Sigmund (1905c), Der Witz und seine Beziehung zum Unbewußten. GW VI.
Freud, Sigmund (1905d): Drei Abhandlungen zur Sexualtheorie. GW V, 33–145.
Freud, Sigmund (1914b): Der Moses des Michelangelo. GW X, 172–201.
Freud, Sigmund (1920g): Jenseits des Lustprinzips. GW XIII, 1–69.
Freud, Sigmund (1921c): Massenpsychologie und Ich-Analyse. GW XIII, 71–161.
Freud, Sigmund (1925e): Die Widerstände gegen die Psychoanalyse. GW XIV, 31–96.
Freud, Sigmund (1936a): Brief an Romain Rolland. Eine Erinnerungsstörung auf der Akropolis. GW XVI, 250–257.
Freud, Sigmund (1937c): Die endliche und die unendliche Analyse. GW XVI, 59–99.
Freud, Sigmund (1941e[1926]): Ansprache an die Mitglieder des Vereins *B'nai Brith*. GW XVII, 51–53.
Freud, Sigmund (1960a): Briefe 1873–1939. Frankfurt/M. (Fischer).
Freud, Sigmund; Abraham, Karl (1965): Briefe 1907–1926. Frankfurt/M. (Fischer).
Freud, Sigmund (1969a [1872–74]): Sieben Briefe und zwei Postkarten an Emil Fluß. In: »Selbstdarstellung«. Schriften zur Geschichte der Psychoanalyse. Hrsg. und eingeleitet von Ilse Grubrich-Simitis. Frankfurt/M. 1971 (Fischer), 107–126.

Freud, Sigmund (1985c): Briefe an Wilhelm Fließ 1887–1904. Frankfurt/M. (Fischer).
Gay, Peter (1988): Ein gottloser Jude. Sigmund Freuds Atheismus und die Entwicklung der Psychoanalyse. Frankfurt/M. (Fischer).
Gay, Peter (1989): Freud. Eine Biographie für unsere Zeit. Frankfurt/M. (Fischer).
Le Rider, Jacques (2004): Freud – von der Akropolis zum Sinai. Die Rückwendung zur Antike in der Wiener Moderne. Wien (Passagen Verlag).
Niederland, William G. (1988): Die Philippsonsche Bibel und Freuds Faszination für die Archäologie. Psyche – Z Psychoanal 42, 465–470.
Santas, Gerasimos (1988): Plato and Freud. Two Theories of Love. New York / Oxford (Blackwell).
Schorske, Carl E. (1998): Thinking with History. Explorations in the Passage to Modernism. Princeton (Princeton University Press).
Vernant, Jean-Pierre (1974): Oedipe sans complexe. In: Vernant, Jean-Pierre; Vidal-Naquet, Pierre: Mythe et tragédie en Grèce ancienne. Paris (Maspero), 75–98.
Yerushalmi, Yosef H. (1999): Freuds Moses. Endliches und unendliches Judentum. Frankfurt/M. (Fischer).

»Erst wenn der Text widerspricht, redet die Geschichte.« Psychoanalyse der Kultur und die Kunst der Ent-Stellung

Stefan Etgeton

Dass die Psychoanalyse religionsphänomenologisch betrachtet zwischen Judentum und Protestantismus steht, gilt nicht nur für sie als klinische Praxis, sondern auch als universale Kulturtheorie. Im Folgenden soll die These entfaltet werden, dass die psychoanalytische Interpretation heiliger Texte unter dem hermeneutischen Primat eines von ihr zuvor postulierten Sinns die Kreditlast ihres hohen Wahrheitsanspruchs gerade deshalb nicht einlösen kann, weil sie weder historisch-kritisch genug noch konsequent talmudistisch-dialektisch vorgeht. Dabei hätte – unter den methodischen Voraussetzungen – ein anderes Vorgehen, nämlich die psychoanalytische Dekonstruktion von Texten, durchaus nahe gelegen; so nahe, dass das Festhalten am hermeneutischen Paradigma Verdacht auslöst. Die Parallelen der Freudschen Deutungsstrategie zum rabbinischen Lehrhaus legen die Vermutung nahe, es könne dem alten Freud in seinem Traktat zum »Mann Moses« um die Hinterlassenschaft eines kulturtheoretischen Testaments gegangen sein, das der Bildung eines eigenen Lehrhauses, zumindest einer Schule als Fundament hat dienen sollen. Wer so fragt, blickt von außen; es geht nicht um eine Einordnung der Schrift in das Werk Freuds, sondern um die Deutung seiner methodischen Inkonsistenzen als Symptom für die Entwicklung jener sozialen Formation, die wir heute als »Psychoanalyse« kennen.

> »Ziemlich sicher scheint mir soviel zu sein: ohne das im jüdischen Glauben verankerte Bildnisverbot und die dadurch auf die Textinterpretation verschobene Auslegungslehre und Auslegungskunst, ohne die jüdische Tradition der extensiven Detailinterpretation, ohne ihre Erfahrung im Umgang mit Symbolen, ohne ihre Parabolik und ohne die talmudisch-dialektische Methode der Sinninterpretation durch Sinnfortschreibung ist auch das aus eben jener jüdischen Tradition hervorgegangene Paradigma der Psychoanalyse kaum erklärbar. Ebenso sicher ist, dass die Psychoanalyse – was die Erinnerungs-, Erzähl- und Sinnstiftungskunst ihrer Phantasie angeht – ohne die aus der christlichen Beichttradition und insbesondere ihrer Verfeinerung durch das Luthertum kaum so erfolgreich arbeiten könnte« (Soeffner 1988, S. 140).

Stefan Etgeton

In den kulturtheoretischen Schriften Freuds und seiner unmittelbaren Nachfolger schieben sich Mythologie und Universalhistorie scheinbar mühelos ineinander – noch die *Dialektik der Aufklärung* ist nicht frei von der unvermittelten Übertragung klinisch generierter Kategorien auf ganze Kollektive und Epochen. Die Freudsche Theorie der »Massenpsychologie« wird von diesem Vorwurf noch nicht getroffen, weil hier, wie Adorno betont, »bekannte Beobachtungen über Massenpsychologie aus der individuellen Triebdynamik« abgeleitet werden.

> »Dadurch hat er den Begriff der Massenpsychologie *entzaubert*: ihre Symptome sind ihm nicht geheimnisvoll kollektive Eigenwesen, sondern beruhen auf Vorgängen, die sich in jedem einzelnen Mitglied einer Masse abspielen, nämlich auf Identifikationen mit Vaterfiguren. (...) Freuds Theorie hat durch diese Wendung einer gesellschaftlichen Situation Ausdruck verliehen, in der gerade die Massenbildung Atomisierung und Entfremdung der Menschen zur Voraussetzung hat« (Adorno 1971, S. 87f.).

Die weiter gehenden Spekulationen Freuds jedoch über Urhorden und Urszenen stellen, gerade weil sie sich auf die Geschichte nicht nur des Einzelnen, sondern die der Gattung beziehen, ihrerseits *Mythologeme* dar, die zwar *narrative* Plausibilität mit sich führen, methodisch aber auf äußerst dünnem Eis wandeln. Wie die Übertragung und Gegenübertragung zwischen Mythos und Geschichte vonstatten gehen soll, bleibt in der psychoanalytischen Kulturtheorie weitgehend im Dunkeln, weil sie die Vererbung des Verdrängten, die verschlungenen Wege unbewusster Inhalte gerade noch von einer Generation auf die nächste, aber kaum über Epochen hinweg schlüssig rekonstruieren kann. Stattdessen imponiert die Theorie mit Helden wie Ödipus, Narziss, Moses und Hamlet oder, in der *Dialektik der Aufklärung*, mit Odysseus, in denen das Kollektive sich mythisch repräsentiere: als personifiziertes Resultat einer Überlieferung, dessen Figürlichkeit den eigenen Entstehungs*prozess* verschleiert. Wie die Figur des Jesus Christus laborieren auch diese Gestalten an ihrem ambivalenten Verhältnis zum eigenen Werden – die unbefleckte Empfängnis des Gottessohnes ist selbst ein mythologisches Interpretament für den Hieroglyphen- bzw. *Fetisch*charakter solcher Urgestalten. Diese mythologischen Figuren im Herzen der psychoanalytischen Kulturtheorie erweisen sich analytisch gesprochen als *Deckerinnerungen*, mit Hilfe derer die historische Genese eines kollektiven Musters gerade verdunkelt wird. Im besten Falle können sie, als »dialektische Bilder« im Sinne Walter Benjamins, gegen den Strich gebürstet wieder etwas von den Prozessen preisgeben, welche sie einmal zudecken sollten. Ohne solche *Dekonstruktion* bliebe die Psychoanalyse, was sie im Zuge ihrer Eingliederung in den Therapie- und Kulturbetrieb des 20. Jahrhunderts geworden ist: eine mehr oder weniger triftige Theorie des Seelenlebens, die neben gelegentlichen klinischen Erfolgen auch noch den geheimen Schlüssel zur Lösung aller Welträtsel in Händen hält.

> »Freuds wissenschaftsstrategischer Erfolg beruht nicht zum letzten darauf, dass in ihm zu der psychologischen Einsicht ein systematischer Zug sich gesellte, der mit Ausschließlichkeit und Herrschaftsdrang verfilzt war. Während genau die Intention, seine Funde ins Totale zu treiben, das Moment der Unwahrheit an der Psychoanalyse zeitigte, dankt sie ihre Suggestivkraft eben diesem Totalitären. Sie wird rezipiert als Zauberformel, die alles zu lösen verspricht. (...) Es gehört zur Ohnmacht der Wahrheit im Bestehenden, dass sie, um Wahrheit zu sein, eben dieses Zwangsmoments sich entschlagen muß« (Adorno 1972, S. 51).

Der »Mann Moses« – Paradigma oder Text

Freud stößt auf das Problem des Brückenschlages zwischen »Individual- und Massenpsychologie« nicht zuletzt in der Auseinandersetzung mit seinem eigenen religiösen Erbe. Sein in mehreren Schüben verfasstes und 1939 veröffentlichtes Buch *Der Mann Moses und die monotheistische Religion* stellt die Deutung des Pentateuch in das Spannungsfeld eines theoretischen Kurzschlusses, einer kühnen Analogie zwischen »Zwangshandlungen und Religionsübungen«, die, 1907 noch im Konjunktiv gehalten, durchaus als Provokation gemeint gewesen sein dürfte:

> »Nach diesen Übereinstimmungen und Analogien könnte man sich getrauen, die Zwangsneurose als pathologisches Gegenstück zur Religionsbildung aufzufassen, die Neurose als eine individuelle Religiosität, die Religion als eine universelle Zwangsneurose zu bezeichnen. Die wesentlichste Übereinstimmung läge in dem zugrunde liegenden Verzicht auf die Betätigung von konstitutionell gegebenen Trieben; der entscheidendste Unterschied in der Natur dieser Triebe, die bei der Neurose ausschließlich sexueller, bei der Religion egoistischer Herkunft sind« (Freud 1939, S. 14).

Von hieraus ließe die Analogie sich weiter treiben: Hatte die Figur des Ödipus als Protagonist eines paradigmatischen psychosexuellen Dramas im Seelenleben des Einzelnen fungiert, so rückt nun der *Mann Moses* in die Rolle seines kollektivgeschichtlichen Pendants. Da es »unmöglich (...) ist, den persönlichen Einfluß einzelner großer Männer auf die Weltgeschichte zu leugnen« (ebd., S. 63), erscheint Mose als dieser große Mann, ohne den die Geschichte es zur Ausbildung des Monotheismus nicht gebracht hätte. Tatsächlich behandelt

Freud Mose wie Ödipus als Paradigma einer allgemeinen psychischen Struktur. Er beruft sich dabei jedoch – und darum soll es hier vor allem gehen – auf einen Text, der als heiliger eine Geschichte durchgemacht hat, über deren Besonderheiten Freud sich durchaus im Klaren ist:

> »Der Text aber, wie er uns heute vorliegt, erzählt uns genug über seine eigenen Schicksale. Zwei einander entgegengesetzte Behandlungen haben ihre Spuren an ihm zurückgelassen. Einerseits haben sich Bearbeitungen seiner bemächtigt, die ihn im Sinn ihrer geheimen Absichten verfälscht, verstümmelt und erweitert, bis in sein Gegenteil verkehrt haben, andererseits hat eine schonungsvolle Pietät über ihm gewaltet, die alles erhalten wollte, wie sie es vorfand, gleichgültig, ob es zusammenstimmte oder sich selbst aufhob. So sind fast in allen Teilen auffällige Lücken, störende Wiederholungen, greifbare Widersprüche zustande gekommen, Anzeichen, die uns Dinge verraten, deren Mitteilung nicht beabsichtigt war. Es ist bei der Entstellung eines Textes ähnlich wie bei einem Mord. Die Schwierigkeit liegt nicht in der Ausführung der Tat, sondern in der Beseitigung ihrer Spuren« (ebd., S. 55).

Freud beschreibt dabei recht präzise das gegensätzliche Wirken jener Praktiken, die einen Text allererst zum Kanon werden lassen: die *Sicherung des Textes* in der schriftlichen Materialität seiner Buchstaben (*Textpflege*) auf der einen und die *Regelung seiner Be/Deutung* (*Sinnpflege*) auf der anderen Seite. Der kanonische Text ist mit seinen Rissen und Brüchen in sich schon Signatur eines Konfliktes divergierender Interessen aus weit auseinander liegenden Epochen. Er wird von Freud indes weniger als *historische Spur* seines Werdens, als fragmentarisches Gebilde aus Lücken, Resten und Umschriften *gelesen*, sondern als *Symptom* einer grausamen *Vorvergangenheit* mythologisch *gedeutet*.

> »Man möchte dem Worte ›Entstellung‹ den Doppelsinn verleihen, auf den es Anspruch hat, obwohl es heute keinen Gebrauch davon macht. Es sollte nicht nur bedeuten: in seiner Erscheinung verändern, sondern auch: an eine andere Stelle bringen, anderswohin verschieben. Somit dürfen wir in vielen Fällen von Textentstellung darauf rechnen, das Unterdrückte und Verleugnete doch irgendwo versteckt zu finden, wenn auch abgeändert und aus dem Zusammenhang gerissen. Es wird nur nicht immer leicht sein, es zu erkennen« (ebd., S. 55f.).

Die aus dieser Schwierigkeit erwachsende detektivische Methode ist sich jedoch ihres Beweiszieles schon im Vorhinein allzu sicher; die Lektüre wird gelenkt durch ein eindeutiges *hermeneutisches* Vor-Urteil: Freud will ein bestimmtes zum Ödipus analoges unbewusstes, aber kollektives Drama hinter der manifesten Ebene des Textes erschließen: »Nach diesen Erörterungen trage ich kein Bedenken auszusprechen, die Menschen haben es (…) immer gewußt, dass sie einmal einen Urvater besessen und erschlagen haben« (ebd.,

»Erst wenn der Text widerspricht, redet die Geschichte.«

S. 105). Den biblischen Text zieht Freud soweit heran, wie er diese These untermauert; man treffe darin »auf die Tatsache, dass die jüdische Berichterstattung und Geschichtsschreibung selbst uns den Weg zeigt, indem sie, diesmal ohne sich selbst zu widersprechen, mit größter Entschiedenheit behauptet, die Idee eines einzigen Gottes sei dem Volk von Moses gebracht worden« (ebd., S. 74). Widerspricht der Text indes der eigenen These, so wird dieser Teil kurzerhand zur »Entstellung« erklärt – eine Willkür, derer sich Freud durchaus bewusst ist:

> »Wenn wir mit der biblischen Tradition so selbstherrlich und willkürlich verfahren, sie zur Bestätigung heranziehen, wo sie uns taugt, und sie unbedenklich verwerfen, wo sie uns widerspricht, so wissen wir sehr wohl, dass wir uns dadurch ernster methodischer Kritik aussetzen und die Beweiskraft unserer Ausführungen abschwächen. Aber es ist die einzige Art, wie man ein Material behandeln kann, von dem man mit Bestimmtheit weiß, dass seine Zuverlässigkeit durch den Einfluß entstellender Tendenzen schwer geschädigt worden ist« (ebd., S. 41).

Der Zirkelschluss liegt auf der Hand – die Schwäche der Methode wird an den Gegenstand delegiert, der derselben Deutungsbedürftigkeit unterworfen wird wie die Aussagen des Neurotikers. Freud *behandelt* den Widerspruch des Textes gegen das Beweisziel genauso wie den Widerstand eines Klienten gegen das Therapieziel, ohne allerdings, wie im therapeutischen *setting*, damit weiterzuarbeiten. Vielmehr wird der Widerspruch des Textes, mal elegant mal rabiat, beseitigt und damit Geschichte selbst zum Verstummen gebracht. Freud sichert den Anspruch seiner ›Methode‹, indem er, wie er selbst zugestehen muss, ihre Geltung, »die Strenge der Anforderungen an eine historisch-psychologische Untersuchung weit mildert« (ebd., S. 107). Die Berechtigung einer solchen Kooperation von psychologischen und historischen Disziplinen steht für ihn außer Frage: ob man also Texte wie Klienten *behandeln*, ob man umgekehrt soziale und kulturelle Sachverhalte auf paradigmatische Ereignisse und Personen in der Vergangenheit reduzieren kann, wird nur sehr fadenscheinig problematisiert. Letztlich erscheint der biblische Text so, wie es die Hermeneutik der protestantischen Philologie bis hin zu Rudolf Bultmann postuliert: als Träger einer geheimen zeitlosen Mitteilung, einer existenzialen Verkündigung oder eines ewigen Sinns, der im Laufe der Zeit verdrängt und überschrieben wurde. Hinter dem Text steht jedoch nicht das Signifikat einer einzigen Erzählung, die es gleichsam von Entstellungen zu reinigen gälte, vielmehr kondensiert jeder Text, der biblische zumal, in seinen Schichtungen Geschichte als Sediment von Erinnerungsspuren – so wie das Unbewusste. Die *Heilige Schrift* ist selbst ein geschichtlicher Prozess, ein Gebilde Jahrhunderte langen Werdens und zugleich das Dokument dieses Werdens – als solches ist es zwar kaum ohne Zirkelschlüsse, aber eben nur historisch-kritisch zu rekonstruieren. Die Einheit des *Pentateuch* als Text ist seit dem Ende des 19. Jahrhunderts durch die moderne Quellentheorie von Julius Wellhausen zerbrochen. Auch die strukturalistisch-neofundamentalistischen Versuche 100 Jahre später, den Text wieder »als Text«, rein immanent zu lesen, können die verloren gegangene Einheit nicht wiederherstellen. Zu eklatant sind die inhaltlichen und formalen Brüche, die Freud durchaus wahrgenommen hat. Die Konstruktion dreier »Quellen« (»Jahwist«, »Elohist« und »Priesterschrift«) trägt jedoch der historisch verwickelten Entstehung der hebräischen Bibel noch zu wenig Rechnung. Berechtigt ist daher die Kritik an dieser »Urkundenhypothese«, sofern sie von der Theorie dreier ineinander gewobener Stränge in sich konsistenter Quellenschriften zumindest für den sogenannten »Jahwisten« und »Elohisten« Abschied nimmt und diese selbst in einzelne Texte oder Textkomplexe zerfallen lässt. Selbst für die späteste der drei »Urkunden«, die so genannte *Priesterschrift*, deren Diktion terminologisch am konsistentesten erscheint, kann gelten, was von der späteren *deuteronomistischen* Bearbeitung des Pentateuch immer schon behauptet wurde: sie ist im wesentlichen *Redaktion vorhandener Texte*, nicht Produktion eines in sich geschlossenen Corpus. Die jüngere überlieferungsgeschichtliche Entstehungstheorie des Pentateuch (R. Rendtorff; E. Blum) stellt »Erzählkomplexe« in den Mittelpunkt, um die herum sich weitere Textschichten lagern und die miteinander zu noch größeren Einheiten verbunden wurden: das Einschreiben mehrerer Texte in- und ihre Koppelung aneinander. Redaktion und Produktion von Texten verschmelzen in der kanonischen Literatur – zumindest solange kein personaler Autor auftritt. Indem diese Theorie der Offenheit von Textsystemen Rechnung trägt, gewährt sie ihrerseits einen kontinuierlichen Übergang von mündlicher zu schriftlicher Textüberlieferung. In solcher Perspektive ist der Wachstumsprozess des bei Freud in Rede stehenden Textkomplexes mit dem des Unbewussten durchaus vergleichbar – ein weiteres Argument dafür, den Text als extrakorporale Erinnerung, eben als »kollektives Unbewusstes« zu lesen.

Gerade das aber will Freud offenbar auf gar keinen Fall. Er scheut davor zurück, was doch seinem methodischen Programm, die »Entstellungen« des Textes aufzuspüren, eigentlich entspräche: sich der *Textstruktur des »kollektiven Unbewussten«* und damit den Abgründigkeiten eines sich über Jahrhunderte gleichsam selbst produzierenden Textes auszusetzen. Freud will um jeden Preis verhindern, dass seine große Urerzählung in viele kleine zerfällt und sich auf keinen hermeneutischen Nenner mehr bringen lässt: Methodisch siegt im *Mann Moses* gewissermaßen der Protestantismus über das Judentum. Freud liest mit den Augen, aber er hört nur auf *einen Sinn*, den sein Ohr vernimmt

und der sich ihm jenseits der Schrift erschließt. Aus ersichtlichen Gründen misstraut er dem schriftlich fixierten, seinen Beweiszielen gegenüber widerspenstigen Text und greift auf einen mündlich tradierten zurück, der den ›wahren‹ Ablauf der Geschichte im Sinn seiner paradigmatischen Erzählung besser soll bewahrt haben.
Denn

> »die Leute aus Ägypten hatten die Schrift und die Lust zur Geschichtsschreibung mitgebracht, aber es sollte noch lange dauern, bis die Geschichtsschreibung erkannte, dass sie zur unerbittlichen Wahrhaftigkeit verpflichtet sei. Zunächst machte sie sich kein Gewissen daraus, ihre Berichte nach ihren jeweiligen Bedürfnissen und Tendenzen zu gestalten, als wäre ihr der Begriff der Verfälschung noch nicht aufgegangen. Infolge dieser Verhältnisse konnte sich ein Gegensatz herausbilden zwischen der schriftlichen Fixierung und der mündlichen Überlieferung desselben Stoffes, der *Tradition*. Was in der Niederschrift ausgelassen oder abgeändert worden war, konnte sehr wohl in der Tradition unversehrt erhalten geblieben sein. Die Tradition war die Ergänzung und zugleich der Widerspruch zur Geschichtsschreibung. Sie war dem Einfluß der entstellenden Tendenzen weniger unterworfen, vielleicht in manchen Stücken ganz entzogen, und konnte darum wahrhaftiger sein als der schriftliche Bericht« (ebd., S. 77f.).

Das hermeneutische Sinnmonopol oder die Lehre von der doppelten Torah

Das Modell für diesen hermeneutischen Schachzug, den Text Matt zu setzen und der zweifelhaften schriftlichen Überlieferung eine verlässliche mündliche an die Seite zu stellen, dürfte Freud nicht der katholischen Lehre des Nebeneinanders von *Heiliger Schrift* und kirchlicher Tradition entnommen haben. Vielmehr reproduziert der Gründungsvater des psychoanalytischen Lehrhauses exakt die rabbinische Theorie von der »doppelten Torah«. Danach habe Gott am Sinai dem Mose nicht nur die Tafeln mit den schriftlich fixierten Geboten übergeben, sondern auch eine mündliche Überlieferung anvertraut: die »mündliche Torah«. Diese Lehre ist entstanden im Zuge der Bildung des hebräischen Kanons sowie der institutionellen Festigung des jüdischen Rabbinats im ersten nachchristlichen Jahrhundert – also 1000 Jahre nachdem der erste biblische Text geschrieben worden war. Als bedeutendste Institution der »Sinnpflege« hatte sich im Blick auf den hebräischen Kanon das Lehrhaus der Rabbinen durchgesetzt. Der Sinn des hebräischen Kanons konstituierte sich hier indes nicht hermeneutisch, gleichsam hinterm Rücken des Textes, sondern durch die Kombination von Textstellen, die Verknüpfung von Worten, Buchstaben und – später vor allem dann in der Kabbala – auch von Zahlen. Dieses Lektüreverfahren, das zwischen zwei ökonomischen Polen, rigider Begrenzung nach außen und hemmungsloser Verausgabung nach innen, oszilliert, wandelt stets auf der Grenze zur Häresie. Assoziativ werden einzelne Fetzen aus der Schrift herausgelöst und neu zusammengesetzt; sie zerfällt gleichsam in ihre Elemente. Noch heute konstituiert sich die Identität des Judentums nicht aufgrund einer dogmatisch fixierten Lehre, sondern anhand einer bestimmten *Praxis* im Alltag, im Ritual oder beim Studium der Schrift. Die in der Logik eines jeden Kanons liegende *Dekontextualisierung des Textes* wendet sich dabei gewissermaßen nach innen, sprengt diesen auf, erfasst seine Fragmente und greift so in den kanonisch streng gesicherten Text ein, ohne ihn materiell zu verändern. Nur in einem solchen eng begrenzten Überlieferungsraum ist Mnemotechnik dieser Art, eigentlich ein Verfahren oraler Überlieferung, überhaupt möglich. Erstreckte sich die freie Assoziation auf jede Schrift, wären die Bezüge uferlos und mit dem Verlust der Grenze diejenige zum Wahnsinn überschritten. Innerhalb des kanonischen Zaunes aber bleibt die unbegrenzte Vielfalt möglicher Kombinationen und Beziehungen beherrschbar. Der Talmud, das zügellose Weiterschreiben am sakrosankten Text, ist daher auch als latente Rache theologischer Kreativität am Kanonprinzip, als subtile Übertretung des Schreibverbots zu deuten. Indem sie die strenge Fixierung des Textes nach außen respektiert, überschreitet die Auslegung souverän dessen Sinn, ja jeglichen Sinn, bis an die Grenze der Beliebigkeit. »Die Kanonisierung der Schrift weckte keineswegs das Bedürfnis zur Monosemierung: Nur das Zeichen selbst mußte durch Tradition gesichert werden, seine Bedeutung wurde dagegen ganz offen für eine ständig neue Erschließung« (Goldberg 1987, S. 204). Das umzäunte Gehege des Kanons bildet nach innen einen Raum der Schwerelosigkeit, ein gleichsam gebändigtes Irresein: semantischer Beziehungswahn, innerhalb dessen jede Assoziation erlaubt ist, soweit sie sich dem Spiel der Buchstaben überlässt, so wie Gott es tat, als er sich am Sinai, gefragt durch Mose, in die vier Konsonanten seines Namens einließ.

Diese wilde, ja anarchistische Lektüre des nach außen streng fixierten Textes, wird indes nicht nur kanonisch, sondern auch sozial, durch das rabbinische Lehrhaus als Institution reguliert. Der dem Pharisäismus entstammenden theologischen Tradition gelang es, mit der Quasikanonisierung ihres Kommentars der Bibel, des babylonischen Talmud und der *Mischna*, ein Definitionsmonopol über das Judentum zu errichten. Auch die Schaffung solcher Sekundärkanons ist auf die Vernichtung des äußeren Kontextes angewiesen: »Es gibt einen inneren Kontext, und das sind die darin genannten Lehrer. Aber (…) die Lehrer sind im Text – sie werden viel mehr durch den Text legitimiert, als dass sie den Text legitimieren würden« (ebd., S. 205). Die Entstehungsbedingungen der dann im Weiteren ebenfalls kanonisierten Kommentare des Kanons liegen jedoch unter der im Vergleich zum ersten Kanon noch totaleren Zensur einer oralen Tradition. Ihre Exklusivität erlangt diese Auslegungstradition eben durch die Lehre von der »mündlichen Torah«. An ihr lässt sich exemplarisch zeigen, wie das *Wort* als Instanz einer *oralen* Überlieferungspraxis die Schrift zu begrenzen vermag. »Die Lehre, dass die mündliche Überlieferung ebenso wie die schriftliche Torah auf die eine Offenbarung an Sinai zurückgeht, darf als Allgemeingut der rabbinischen Theologie von quasi dogmatischer Valenz bezeichnet werden« (Schäfer 1978, S.155). Insofern der Kanon nach außen geschlossen und darin von den Rabbinen nicht die Rede ist, muss ihre Autorität und die Kontinuität ihrer Offenbarung vom Sinaiereignis, ja von Mose selbst her durch eine andere Quelle gesichert werden. Die Diskussion über diesen Offenbarungsträger ist indes selbst Teil der im Talmud dann verschriftlichten mündlichen Torah:

> »R. Levi b. Hama sagte im Namen des R. Simon b. Laqish: Was bedeutet dies, das geschrieben steht: Ich will dir die Tafeln von Stein geben, die Torah und die Gebote, die ich aufgeschrieben habe, dass man sie lehre (Ex 24,12)? Tafeln: das sind die zehn Gebote; Torah: das ist die Schrift; und die Gebote: das ist die Mishnah; die ich aufgeschrieben habe: das sind die Propheten und Schriften; dass man sie lehre: das ist die Gemara. Dies lehrt, dass dies alles dem Mose am Sinai gegeben wurde.« (b Ber 5a) – Dazu tritt zusätzlich noch das Moment der Abstammung, so dass »der Heilige, er sei gepriesen«, seinem Knecht Mose verheißt: »ein Gerechter wird einst in meiner Welt erstehen und den Abschnitt von der [Roten] Kuh auslegen (…). Da sagte [Mose] vor ihm: Herr der Welt, möge es dein Wille sein, dass er von mir abstamme! [Gott] antwortete ihm: Bei deinem Leben, er wird von dir abstammen!« (PesK S. 73; PesR S. 64).

Die mündliche Tradition webt gleichsam den roten Faden zwischen Lehre und Erbe nachträglich in die Überlieferung ein, um den Lehrer, hier Rabbi Eliezer, rückwirkend zu legitimieren, und zwar durch mündliche Tradierung ebenso wie durch genetische Abstammung. Ein Motiv für die Ausbildung der Lehre von der mündlichen Torah bestand darin, die Rabbinen als Lehrautorität auszuweisen und gegen Widerspruch zu immunisieren, denn sie allein verfügten ja über die oral tradierte Lehre.

Die stille Ironie, das geheime Lachen Gottes über die verschleierte Nachträglichkeit solcher Re/Konstruktionen tritt manchmal spielerisch selbstkritisch zutage:

> »R. Yehuda sagte im Namen Ravs: In der Stunde, da Mose in die Höhe stieg, fand er den Heiligen, er sei gepriesen, wie er saß und Kronen für die Buchstaben [der Torah] knüpfte. Da sagte er vor ihm: Herr der Welt, wer wartet darauf? Er antwortete ihm: Ein Mensch wird dereinst am Ende einiger Generationen erstehen – Aqiva b. Yosef ist sein Name –, der über jedes einzelne Häkchen [der Torah] Berge von Halakhot auslegen wird. Er sagte vor ihm: Herr der Welt, zeig ihn mir! [Gott] antwortete ihm: Dreh dich um! Da ging er, setzte sich am Ende der acht Reihen [im Lehrhaus] hin, verstand aber nicht, was sie sagten und begann schon zu verzweifeln. Als [Aqiva] zu einem [bestimmten] Thema kam, sagten seine Schüler zu ihm: Meister, woher hast du dies? Er antwortete ihnen: Es ist eine Halakhah des Mose vom Sinai! Da wurde [Mose] beruhigt. Er ging zum Heiligen, er sei gepriesen, zurück und sagte zu ihm: Herr der Welt, du hast einen Menschen wie diesen und gibst die Torah durch mich?! [Gott] antwortete ihm: Schweig, so ist es mir in den Sinn gekommen!« (b Men 29b.).

Der Sinai wird als gemeinsamer Herkunftsort beider Torot vorgestellt, und von ihm her datiert jede schriftliche und mündliche Weisung, auch die der Propheten:

> »Und so sagt auch Jesaja: Seit ihrem Entstehen war ich dort (Jes 48,16). Damit meint Jesaja: Seit dem Tage, da die Torah am Sinai gegeben wurde, war ich dort und empfing diese Prophetie (...). Und nicht nur alle Propheten empfingen vom Sinai ihre Prophetie, sondern auch die Weisen [damit sind hier die Rabbinen selbst gemeint; S. E.], die in allen Generationen erstehen, empfingen alle das ihre vom Sinai« (ShemR 28,6).

Die mündliche Torah legitimiert sich mit der Formel: »eine Halakhah des Mose vom Sinai«, also nicht durch die Schrift – wiewohl es ja inhaltlich stets um Schriftauslegung geht –, sondern durch das offenbarungsrelevante Ereignis schlechthin, aus der Zeit der nomadischen Wanderschaft. Getragen wird dieser offenbarungs- und heilsgeschichtliche Bogen nicht mehr durch den einen und ein für alle Mal *geschriebenen Namen*, sondern durch die eine und zugleich polyphone, die einmal ergangene und immer wieder ergehende *Stimme* Gottes.

> »Insgesamt haben wir hier das sehr geschlossene Bild einer kontinuierlichen Weitergabe und Entfaltung der Offenbarung von Gott über Mose, die Propheten bis hin zu den Rabbinen vor uns. Zwar wurde Mose am Sinai die ganze Torah gegeben, doch entfaltet sich diese Torah in ihrer ganzen Fülle und Bedeutung erst in dem lebendigen Traditionsprozeß der mündlichen Überlieferung« (Schäfer 1978, S. 161).

Die Entwicklung dieser mündlichen Tradition geht mit den Prozessen der Kanonisierung der hebräischen Bibel Hand in Hand – beide Vorgänge lassen

»Erst wenn der Text widerspricht, redet die Geschichte.«

sich als arbeitsteilige Kooperation der beiden für den Kanon spezifischen Instanzen von Text- und Sinnpflege verstehen. Durch die gemeinsame Herkunft vom Sinai war zudem die mündliche der schriftlichen Überlieferung, was ihre Entstehung und ihr Alter, d. h. ihre Würde anbelangte, gleichgestellt. Die *theologische* Rangfolge beider Torot blieb jedoch lange umstritten:

> »R. Elazar sagte: Die Torah ist zum größten Teil schriftlich und zum kleinsten Teil mündlich, wie es heißt: Ich will ihm das meiste meiner Torah aufschreiben, wie ein Fremder sind sie geachtet (Hos 8,12). Und R. Yohanan sagte: Der größte Teil mündlich und der kleinste schriftlich, wie es heißt: Denn auf den Mund dieser Worte hin (Ex 34,27)«. Yohanan leitet darüber hinaus aus derselben Stelle auch einen heilsgeschichtlichen Primat der mündlichen Torah ab: »Der Heilige, er sei gepriesen, schloß mit Israel einen Bund nur wegen der Dinge, die mündlich sind« (b Git 60b). Die »mündliche Torah ist zahlreich, die schriftliche Torah wenig«, weil »die schriftliche Torah ... das Allgemeine und die mündliche Torah das Besondere« enthalte« (Tan Noah § 3). Mit Rabbi Zeira glauben die meisten Rabbinen: »Geliebter sind die Dinge, die von der mündlichen Tradition [wörtl.: »vom Mündlichen«] ausgelegt werden, als die Dinge, die von der schriftlichen Tradition [»vom Schriftlichen«] ausgelegt werden« (y Peah 2,6 fol. 17a).

Je mehr es in der Auseinandersetzung mit heterodoxen Gruppen, u.a. den Christen, auf das spezifisch *Eigene* des Judentums ankam, desto bedeutender wurde die *mündliche* Überlieferung. Während sie fast nach Art einer Geheimlehre gepflegt wurde, galt die Schrift als promisk, da sie sich von vielen nutzen, wegtragen oder sogar übersetzen ließ:

> »R. Yehuda b. R. Shalom sagte: Mose bat darum, dass [auch] die Mishnah schriftlich sein solle. Doch der Heilige, er sei gepriesen, sah voraus, dass die Völker dereinst die Torah übersetzen und in ihr Griechisch lesen und sagen würden: Sie sind nicht Israel! Da sagte der Heilige, er sei gepriesen, zu ihm: Mose, einst werden die Völker sagen: Wir sind Israel, wir sind die Kinder Gottes, und Israel behauptet: Wir sind die Kinder Gottes – jetzt ist die Waage ausgeglichen! Da sagte der Heilige, er sei gepriesen, zu den Völkern: Was sagt ihr, dass ihr meine Kinder seid? Ich weiß nur, dass der, in dessen Hand mein Geheimnis ist, mein Kind ist! Sie antworteten ihm: Und was ist dein Geheimnis? Er gab ihnen zur Antwort: Das ist die Mishnah!« (PesR 5,1 S. 14af).

»Die Schrift gebe ich ihnen schriftlich, doch die Mishnah, den Talmud und die Haggadah gebe ich ihnen mündlich, so dass sie, wenn die Götzendiener kommen und sie unter ihnen verknechtet werden, von ihnen unterschieden seien« (Shem R 47,1).

Wahre und verlässliche Identität wird durch ein Geheimnis gestiftet, das von Mund zu Mund geht, dessen Substanz Stimme und Erinnerung sind oder das genetisch vererbt wird. Die Schrift hingegen taugt nicht zur Identität, bleibt der Differenz verpflichtet und gibt sich leichthin den *Gojim* preis, womit hier offenbar schon die Christen gemeint sind.

»Inhaltlich sind fast alle Texte darin einig, dass der Anspruch der Heidenvölker, das wahre Israel darzustellen, nur mit der mündlichen Torah abgewehrt werden kann (...). Die Mishnah [= mündliche Überlieferung] ist als Mysterium Gottes das Kriterium zur Unterscheidung der echten von der angemaßten Gotteskindschaft. Es kann kein Zweifel daran bestehen, dass dieser ganze Traditionsstrang in der Auseinandersetzung des Judentums mit dem Christentum beheimatet (...) ist« (Schäfer 1978, S. 177f.).

Zum Spezifikum des Judentums wird die besondere Auslegungspraxis der Rabbinen daher vor allem durch die Notwendigkeit, sich von der jüdischheidnischen Sekte der Christen, die ja ebenfalls Anspruch auf die hebräische Bibel erhob, abzusetzen. Die Lehre von der mündlichen Torah ist somit nicht nur ein Instrument der religiösen, sondern auch der sozialen Abgrenzung. Die Überbietungsgeste der Christensekte, die dem orthodoxen Judentum noch so nah stand, dass sogar die Heidenchristen mit den Juden gemeinsam die griechische Bibel lasen, bringt aus der Enge dieser Verwandtschaft ein neues, noch feineres Unterscheidungsmerkmal hervor: die Teilhabe an der mündlichen Überlieferung, die zugleich nach innen die Definitionsmacht der Rabbinen über das Judentum konstituiert. Im selben Zeitraum, da das Christentum die Bibel zum »Alten Testament« degradiert, sich fast nur noch seiner griechischen Übersetzung bedient und einen eigenen Kanon entwickelt, setzt sich im innerjüdischen Diskurs der babylonische Talmud als Regelungsinstanz für die Auslegung des Kanons und damit das kanonische Prinzip selbst durch. Bildet dieser sich erst als funktionale Einheit von Text- und Sinnpflege heraus, so kann die Absetzung des rabbinischen Judentums von der jüdischen Sekte der Christen und die dafür entwickelte Lehre von der mündlichen Torah als eigentliche Genese des jüdischen Kanonkomplexes (Bibel, Talmud, Mischna) bezeichnet werden. Es fällt schwer, beide Entwicklungen nicht auch als komplementär zu begreifen. Die Zersetzung des Abstammungsprinzips in der exklusiven Erwählung des Volkes durch die Judenchristen und schließlich seine Abschaffung durch die heidenchristliche Mission des Paulus, der Abstammung, Beschneidung und Ritualerfüllung für nebensächlich erklärte, riss eine Differenz im Innern auf, die sich nur durch Abschiebung nach außen überwinden ließ. Diese Frontstellung führte umgekehrt zur einer Aufwertung und verstärkten Sicherung der eigenen, d. h. vor allem der unverfügbaren, weil *geheimen* Tradition: »Auch die Pharisäer verstärken ja für ihre ›väterliche Überlieferung‹ den Autoritätsanspruch stetig – bis zur These von der doppelten Tora nach 70 n. Chr.« (Maier 1988, S. 145). Die mündliche Torah sichert die eigene Auslegung der schriftlichen vom Sinai her heilsgeschichtlich ab und fädelt gleichsam von hinten einen rabbinischen Strang in die Anfänge der Überlieferung hinein. Da der heilige Text selbst, in dem weder Pharisäer noch das Rabbinat vorkommen, sich nicht mehr verändern lässt, ergreift das Lehrhaus die Macht über seine Auslegung und bildet mit der mündlichen Torah ein pharisäisch-rabbinischen Definitionsmonopol über das, was »Judentum« fortan, also nach der endgültigen Zerstörung des Tempels, sein solle. Dabei wird in polemischer Abgrenzung gegen die jede Herkunft herabsetzende Völkermission der Christen ein generatives Moment der Abstammung des Rabbinats von Mose selbst hinzugefügt.

Das ewige Wort und die gefährliche Schrift

Im Streit über die Rangfolge von schriftlicher und mündlicher Torah gelangen die Rabbinen in ihrer Mehrheit zum selben Schluss wie Freud: die mündliche ist zuverlässiger, dem göttlichen Wort näher als die schriftliche, sie enthält mehr und Wichtigeres als diese – ist »geliebter«. Sie fungiert als Instrument einer *Sinnpflege*, die ihre Wut gegen den heiligen Text unter Ehrfurcht zu verbergen versucht. Freilich wurde auch hier das Wort zur Schrift: Im Talmud gerinnt der Sinn zum Text und es beginnt die Dialektik sich wechselseitig erläuternder Zitate, die Rabulistik der heiligen Texte. Bei Freud obsiegt indes die Hermeneutik in Gestalt einer den Text regulierenden psychoanalytischen Erzählung: einer Urszene, welche der mündlichen Überlieferung zugrunde liege. Dabei möchte Freud uns glauben machen, sein methodischer Rettungsanker im uferlosen Meer aus Texten und Geschichte sei leichtgewichtig: »Am ehesten sollten wir erwarten, dass sie [die mündliche Überlieferung; S. E.] von der Niederschrift erschlagen wird, sich neben ihr nicht zu behaupten vermag, immer schattenhafter wird und schließlich in Vergessenheit gerät« (Freud 1939, S. 78). Das Gegenteil ist der Fall: Die mündliche Tradition hat den schriftlichen Text mit ihrem Sinn »erschlagen«; ihre Macht, Widerstreitendes vergessen zu machen, besteht gerade im Vergessen eben dieser Macht. Sie manifestiert sich nicht zuletzt in der Tatsache, dass der methodische Kunstgriff, die widerspenstige Quelle zu diskreditieren und sich stattdessen auf ein geheimes Überlieferungswissen zu berufen, von Freud bedenkenlos angewandt wird. Er entschlägt sich dadurch der Mühe wie der Chance, die Schichtungen des Textes als Sedimentierungsetappen in der Bildung eines »kollektiven Unbewussten« zu entschlüsseln. Die These Freuds freilich, wonach der Monotheismus aus der Verdrängung des Mordes an seinem Erfinder hervorgegangen sei, fiele in sich zusammen; aber die Psychoanalyse hätte zugleich den Gegenstands- und Untersuchungsbereich ihrer Kulturanalyse erheblich erweitert und vertieft.

Stefan Etgeton

Allein, Freud scheint viel zu verliebt in seine Idee zu sein, als dass er sich von einer derart skrupulösen Methodenreflexion lange davon ablenken ließe. Der Frage immerhin, welche Gestalt das Unbewusste im kollektiven Maßstab annehme, auf welche Weise die nicht-schriftliche Tradition des einen Sinns tradiert worden sei, weicht Freud nicht aus; aber sie wirft erhebliche theoretische Probleme auf:

>»Es stellt sich die Frage, in welcher Form ist die wirksame Tradition im Leben der Völker vorhanden, eine Frage, die es beim Individuum nicht gibt, denn hier ist sie durch die Existenz der Erinnerungsspuren des Vergangenen im Unbewußten erledigt (...). Nach unserer Annahme stützte sich eine solche Tradition auf bewußte Erinnerung an mündliche Mitteilungen, die die damals Lebenden von ihren Vorfahren, nur zwei oder drei Generationen zurück, empfangen hatten (...). Ich meine, die Übereinstimmung zwischen dem Individuum und der Masse ist in diesem Punkt eine fast vollkommene, auch in den Massen bleibt der Eindruck der Vergangenheit in unbewußten Erinnerungsspuren erhalten« (ebd., S. 98f.).
>
> »Eine neue Komplikation tritt aber hinzu, wenn wir auf die Wahrscheinlichkeit aufmerksam werden, dass im psychischen Leben des Individuums nicht nur selbsterlebte, sondern auch bei der Geburt mitgebrachte Inhalte wirksam sein mögen, Stücke von phylogenetischer Herkunft, eine *archaische Erbschaft*. Es entstehen dann die Fragen, worin besteht diese, was enthält sie, was sind ihre Beweise?« (ebd., S. 102).

Aus den kollektiv prädisponierten Verhaltensmustern im neurotischen Konflikt schließt Freud auf das »Vorbild eines phylogenetischen Ereignisses«:

> »Das Verhalten des neurotischen Kindes zu seinen Eltern im Ödipus- und Kastrationskomplex ist überreich an solchen Reaktionen, die individuell ungerechtfertigt erscheinen und erst phylogenetisch, durch die Beziehung auf das Erleben früherer Geschlechter, begreiflich werden (...). Seine Beweiskraft erscheint mir stark genug, um den weiteren Schritt zu wagen und die Behauptung aufzustellen, dass die archaische Erbschaft des Menschen nicht nur Dispositionen, sondern auch Inhalte umfaßt, Erinnerungsspuren an das Erleben früherer Generationen. Damit wären Umfang wie Bedeutung der archaischen Erbschaft in bedeutungsvoller Weise gesteigert (...). Wenn wir von dem Fortbestand einer alten Tradition in einem Volk, von der Bildung eines Volkscharakters sprechen, hatten wir meist eine solche ererbte Tradition und nicht eine durch Mitteilung fortgepflanzte im Sinn (...). Unsere Sachlage wird allerdings durch die gegenwärtige Einstellung der biologischen Wissenschaft erschwert, die von der Vererbung erworbener Eigenschaften auf die Nachkommen nichts wissen will. Aber wir gestehen in aller Bescheidenheit, dass wir trotzdem diesen Faktor in der biologischen Entwicklung nicht entbehren können (...). Wenn wir den Fortbestand solcher Er-

innerungsspuren in der archaischen Erbschaft annehmen, haben wir die Kluft zwischen Individual- und Massenpsychologie überbrückt, können die Völker behandeln wie den einzelnen Neurotiker (...). Es ist eine unvermeidliche Kühnheit« (ebd., S. 103f.).

Freud reklamiert, im Gegensatz zum damaligen Stand der biologischen Forschung, für diese Erinnerungsspuren eine genetische Basis, und er legt sofort die Karten auf den Tisch, wenn er bekennt, was diese Form des kollektiven Unbewussten leisten soll: die Errichtung einer phylogenetischen Brücke zwischen Individual- und Kollektivpsyche. Will Freud die »Völker behandeln« wie den »Neurotiker«, ohne methodische Differenz, muss er das kollektive Unbewusste der individuellen körperlichen Grundausstattung im wahrsten Sinne des Wortes *einverleiben*. Das geht nicht durch mündliche Tradierung allein, sondern nur durch genetische Veranlagung. Auch damit reproduziert er ein Element der Lehre von der doppelten Torah, die ja neben der oralen Tradition eine Abstammungslinie der Rabbinen von Mose her behauptet hat.

Die kulturellen Formen der schriftlichen Tradierung sowie deren Übertragung auf die dem Unbewussten eingeschriebenen Texte interessieren Freud nicht. Wäre indes das, worin das Vergangene und Verdrängte unbewusst gespeichert ist, im kanonischen Text selbst zu finden, dann ließe sich das kollektive Unbewusste wieder exkorporieren und *geschichtlich*, d.h. historisch-kritisch begreifen. Die *Heilige Schrift*, ihre permanente Lektüre, ist ein extra-korporaler Überlieferungsträger par excellence, und zwar für bewusste wie unbewusste Inhalte. Ginge es Freud um die Tradierung des kollektiv Verdrängten, hätte er mit dem Text des Pentateuch, seinen verschiedenen historischen und semantischen Schichten sorgfältiger umgehen müssen, anstatt daraus nach hermeneutischem Gusto eine paradigmatische Erzählung zu extrahieren, deren Inhalt die Menschen angeblich »immer gewusst haben«. Schließlich wären dann die »Entstellungen« viel sorgfältiger eben als »Widerstände« zu behandeln, d.h. als Spuren jenes unbewussten Sedimentierungsprozesses im Text selbst zu deuten gewesen, der im eigentlichen Sinn die *Geschichte des kollektiven Unbewussten* markiert. Die Relevanz der Psychoanalyse als kulturwissenschaftliche Disziplin hängt daher von ihrer Fähigkeit ab, das Unbewusste selbst als geschichtlich zu begreifen.

Einschreibung und Lektüre

Wie aber kehrt das Vergangene wieder in die Gegenwart zurück? Wie wirkt der Text auf kommende Texte ein? Wie funktioniert die Einschreibung? – Folgt man dem Vorbehalt der biologischen Wissenschaft zu Zeiten Freuds und leugnet, dass Inhalte genetisch fixierbar seien, so bleibt kein anderer Weg als die über Generationen währende und immer wieder neue Lektüre selbst, um Texte, heilige und profane, ineinander zu arbeiten. Das Lesen ist dabei freilich zugleich ein Schreibakt: es trägt den Text, bewusst und unbewusst, in die Matrix der eigenen Textur ein, und jener wird nach bestimmten Selektionsparametern von dieser eingelassen. Freud hat dafür das Bild vom »Wunderblock« herangezogen. Entscheidend ist dabei, was auf der Wachsfläche des Wunderblocks gespeichert wurde, ohne manifest erkennbar zu sein. – Für das Ineinanderschreiben kollektiver und individueller Texte liefert Freud selbst mit seiner »Erfindung« des »Ödipuskomplexes« ein aufschlussreiches Modell. Sie erscheint in seinem Bewusstsein als Erleuchtung, als Einfall, der sich wie von selbst aufdrängt. Freuds Text korrigiert diesen Eindruck der Einfachheit, denn der Name des neuen Phänomens entspringt nicht nur aus seinem Bewusstsein, sondern aus seinem eignen und einem kollektiven Unbewussten, das in Gestalt eines Textes hinzutritt:

Am 15. Oktober 1897 schreibt Freud an Fließ:

> »Ein einziger Gedanke von allgemeinem Wert ist mir aufgegangen. Ich habe die Verliebtheit in die Mutter und die Eifersucht gegen den Vater auch bei mir gefunden und halte sie jetzt für ein allgemeines Ereignis früher Kindheit, wenn auch nicht immer so früh wie bei den hysterisch gemachten Kindern. Wenn das so ist, so versteht man die packende Macht des Königs Ödipus trotz aller Einwendungen, die der Verstand gegen die Fatumsvoraussetzung erhebt, und versteht, warum das spätere Schicksalsdrama so elend scheitern mußte. Gegen jeden willkürlichen Einzelzwang wie er in der Ahnfrau etc. Voraussetzung ist, bäumt sich unsere Empfindung, aber die griechische Sage greift einen Zwang auf, den jeder anerkennt, weil er dessen Existenz in sich verspürt hat. Jeder der Hörer war einmal im Keime und in der Phantasie ein solcher Ödipus und vor der hier in die Realität gezogenen Traumerfüllung schaudert jeder zurück mit dem ganzen Betrag der Verdrängung, der seinen infantilen Zustand von seinem heutigen trennt« (Freud 1950, S. 193).

Lorenzer kommentiert diese Stelle:

> »Bemerkenswert ist an dieser Namensgebung nicht nur die spontane Verknüpfung seelischer Erfahrung mit einer literarischen Figur, sondern auch die wie selbstverständlich unterstellte Gleichsetzung von unbewußtem Erleben und literarischer Wirkung. Freud geht davon aus, diese Wirkung beruhe darauf, jenen unbewußten Erlebniskomplex anzurühren« (Lorenzer 1986, S. 20).

Darin liegt freilich ein Gutteil Projektion, denn die »packende Macht« schreibt Freud in ihrer Exklusivität selbst erst diesem Drama zu. Er wählt den Ödipus, weil dieser Text mit seinem unbewussten und dem seiner Klienten im

»Erst wenn der Text widerspricht, redet die Geschichte.«

Prozess des Schreibens sich kurzschließt; nicht in der Weise, dass etwa ein Gedanke sich ein Beispiel suchte, um dem Vorgang einen Namen zu verleihen, sondern so, dass beide Texte den Gedanken in eins mit dem Namen erst nachträglich aus sich heraussetzen. Wie in einer chemischen Reaktion koinzidieren mehrere Texte im Namen »Ödipus-Komplex«, der sich so selbst als Effekt mehrerer konvergierender Ursachen darstellt. In einem solchen System lässt sich die Reihe von Ursache und Wirkung immer auch rückwärts lesen: Nicht nur zitiert der unbewusste Komplex einen Beispieltext herbei, sondern dieser produziert zugleich den Text des verdrängten Inhalts.

»Diese merkwürdige ›Selbstverständlichkeit‹, mit der Freud Psychoanalyse und literarische Eindrücke in eins setzt, die spontane Unbefangenheit der Identifizierung dieser mit jenen – legt sie nicht die Vermutung nahe, Freuds Vertrautheit mit dem Sophokleischen Drama habe das Verständnis des ›Seelenkomplexes‹ ermöglicht? Oder habe wenn schon nicht das Verstehen, so doch das Zusammenfassen des Verstandenen – von Mutterliebe und Vaterhaß –, das Begreifen also, auf den Weg gebracht? Gleichgültig, wie Erlebnisdeutung und Literaturinterpretation zueinanderkamen, Tatsache jedenfalls ist, dass in der Wissenschaftsgeschichte der Psychoanalyse beide im gleichen Moment das Licht der Welt erblicken. Die Geburt der psychoanalytischen Literaturinterpretation fällt mit dem erstmaligen Auftauchen des Ödipus-Komplexes zusammen, wobei die Bedeutung dieser merkwürdigen Zwillingsgeburt noch unterstrichen wird dadurch, dass Freud es nicht bei dem Seitenblick auf König Ödipus beläßt, sondern sofort zur Deutung eines anderen Dramas weitergeht: Hamlet« (Lorenzer 1986, S. 20f.).

Der Prozess der Einschreibung ist daher nicht nur so vorzustellen, dass einem bestehenden ein neuer, kommentierender Text eingetragen würde. Die Inschrift entsteht vielmehr immer auch als Koinzidenz mehrerer Texte in einem neuen: hier des unbewussten Textes Freuds, seiner Klienten, des Ödipus und schließlich des Hamlet im Brief an Fließ. Dieser dechiffriert das psychoanalytische Verfahren als Schriftgelehrsamkeit und legt so eine seiner kulturellen Wurzeln bloß.

Das psychoanalytische Arrangement ist, religionsphänomenologisch betrachtet, doppelt kodiert und folgt dabei auch sich widersprechenden Logiken der Textinterpretation: schwebt frei zwischen protestantischer Sinn- und rabbinischer Zeichenzentrierung, zwischen Hermeneutik und Kabbalistik. Der *Mann Moses* lässt sich von daher auch als Effekt einer kulturgeschichtlichen Spannung interpretieren zwischen assimiliertem Judentum, säkularer Religiosität und postuliertem Atheismus. Einerseits wird die rabbinische Tradition mit ihrer assoziativen Hermeneutik des Gehörs unbewusst, d.h. der Form nach, beerbt: sie hat die Methodik der Psychoanalyse, die »freie Assoziation«, offenbar mitbestimmt; andererseits muss ihr Eigensinn inhaltlich abgewehrt werden, nicht nur weil es sich um den Habitus einer angeblichen Kollektivneurose handele, sondern weil dieser keinen kompakten oder komplexen Sinn hinter dem Text mehr zuließe. Freud erweist sich als Schriftgelehrter wider Willen, ohne jedoch auf diesem talmudisch-dialektischen Weg, dem seine Methode ihre Entstehung mitverdankt, konsequent voranzuschreiten. Stattdessen verhärten sich die assoziativen Befunde zu klinischen Komplexen und diagnostischen Paradigmata. Die Figur des Mose gerinnt dabei, wie die des Ödipus, zur Formel für das Schicksal in der Geschichte des erwählten Volkes, die sich so auf eine Urszene reduzieren und als kollektive Zwangshandlung abwehren lässt. Ähnlich wie der Pharisäer Paulus versucht Freud das jüdische Erbe mit dem eigenen geheimen Wissen um das eine entscheidende Ereignis zu überbieten. Indem der *Mann Moses* die in sich verwickelten Geschichten auf *eine* Geschichte, *einen* Sinn zentriert, folgt er einer hermeneutischen, d. h. letztlich christologischen Struktur.

Literatur

Adorno, Theodor W. (1971): Kritik. Kleine Schriften zu Gesellschaft. Frankfurt/M. (Suhrkamp).
Adorno, Theodor W. (1972): Soziologische Schriften I, Ges. Schriften Bd. 8. Frankfurt/M. (Suhrkamp).
Freud, Sigmund (1950): Aus den Anfängen der Psychoanalyse, Briefe an Wilhelm Fließ, Abhandlungen und Notizen aus den Jahren 1887–1902. Frankfurt/M. (Fischer).
Freud, Sigmund (1939): Der Mann Moses und die monotheistische Religion. Schriften über die Religion; Frankfurt/M. (Fischer) 1974.
Goldberg, Arnold (1987): Die Zerstörung von Kontext als Voraussetzung für die Kanonisierung religiöser Texte im rabbinischen Judentum, in: Assmann, Aleida; Assmann, Jan (Hg.): Kanon und Zensur. Beiträge zur Archäologie literarischer Kommunikation II. München (Fink).
Lorenzer, Alfred (1986): Tiefenhermeneutische Kulturanalyse. In: Lorenzer, Alfred (Hg.): Kultur-Analysen. Frankfurt/M. (Fischer).
Maier, Johann (1988): Zur Frage des biblischen Kanons im Frühjudentum im Licht der Qumranfunde. In: Zum Problem des biblischen Kanons. Jahrbuch für Biblische Theologie Bd. 3. Neukirchen-Vlyn (Neukirchner Verlag).
Schäfer, Peter (1978): Studien zur Geschichte und Theologie des rabbinischen Judentums. Leiden (Brill).
Soeffner, Hans-Georg (1988): Luther – Der Weg von der Kollektivität des Glaubens zu einem lutherisch-protestantischen Individualitätstyp. In: Brose, Hanns-Georg; Hildebrandt, Bruno (Hg.): Vom Ende des Individuums zur Individualität ohne Ende. Opladen (Leske & Budrich).

»Ader gegen Ader, Schenkel gegen Schenkel.« Zum innersemitischen Antisemitismus und dem Streit um die Gunst des Vaters

Jean Clam

Im Streit zwischen semitischen Stämmen geht es nicht um *talio*, um Vergeltung und Vergeltungsmaß, sondern präzise um das, was die Vergeltung, ihr Maß, ihr gerechtes Gesetz einsetzt, nämlich die Spaltung zweier Hälften und die Vererbung ihres Streites in strikter Symmetrie über die Generationen. Am Anfang liegt die Spaltung der Ader und der Schenkel. Beide Wörter bedeuten semitisch gelesen[1]: Abstammungslinie. Ich möchte im Folgenden in die psychische Welt einer Vergemeinschaftung einführen, die über solche Spaltungen strukturiert ist.

Zur Methode: Massenpsychologie und Individualpsychologie

Die Gesellschaft und die Psyche haben viele verschiedene Weisen, strukturelle Kristallisierungen hervorzubringen und sie als tragend oder vorbildlich-bestimmend für alle ihre weiteren Aspekte funktionieren zu lassen. Wir interessieren uns hier für die Eigenart einiger semitischer Gesellschaften, sich entlang genealogischer Spaltungs- und Enterbungslinien zu organisieren, und wollen versuchen, diese Eigenart psychoanalytisch zu deuten. Wenn die Urscheidungen im Psychischen und Sozialen uns auf die Spur einer Genese der Kategorie der Zahl führen, und wenn wir hier den Ursprung der später kristallisierten Dualität von Bruder und Bruder sehen, so heißt dies noch lange nicht, dass alle Gesellschaften dualistisch, um

---

1 Auf Arabisch. Ich verweise auf Lane's Ausführungen bei den Einträgen: 'RQ (V, 2017f.) und FKHDH (VI, S. 2348f.) in seinem Arabic-English Lexicon, London 1863–1893. Das *fakhidh* z. B. ist eine »small sub-tribe, or portion of a tribe, consisting in the nearest of the kinsfolk of a man« (Lane VI, S. 2349). Andere Unterteilungen des Verwandtschaftsverbandes sind *batn* (Bauch), *fasîla* (Abspaltung), *sa'b* (Volk).

brüderliche Rivalität strukturiert sind. Dazu gehören noch andere Voraussetzungen.

Es ist generell problematisch, Strukturierungen der Psyche als bestimmend für solche der Gesellschaft anzusehen und umgekehrt. Dies wirft die Problematik der Spekulativität all solcher Versuche der Übertragung von psychologischen Beobachtungsweisen auf soziologische und von diesen auf jene auf[2]. Freud ist sich des Prekären jeglicher Vermengung von Ich- und Massenpsychologie bewusst. Er sieht hierin ein »Problem prinzipieller Natur« (Freud 1939, S. 541) und nennt dessen Hauptschwierigkeiten (ebd., S. 540). Stets mahnt er, insbesondere im *Mann Moses* (ebd., S. 516), aber auch schon im *Unbehagen* (Freud 1930, S. 269), zur Vorsicht bei jeder »Übertragung der Psychoanalyse auf die Kulturgemeinschaft«, d.h. bei jeglicher Übertragung der Psychoanalyse des Einzelnen auf die Massenpsychologie. Er unterstreicht die »Unsicherheiten unserer Voraussetzungen« und der »Schwierigkeiten unserer Resultate« (Freud 1912–13, S. 440). Es ist manchmal die »Annahme [selbst] einer Massenpsyche« (ebd., S. 440), die ihm problematisch erscheint. Der Zusammenhang zwischen Neurose und Charakterbildung, der sich im Bereich der Individualpsychologie leicht bewährt, ja grundlegend ist, kann nicht einfach auf die soziologischen Verhältnisse der Massenpsychologie übertragen werden (Freud verweist auf den Zusammenhang, vgl. Freud 1939, S. 524).

Wir gehen auf diese uferlose Problematik nicht eigens ein und wollen unsere Ausführungen zunächst auf derselben Stufe der methodologischen Naivität belassen, auf der Freuds *Mann Moses* fast willentlich selber steht. Mit einem Hintergedanken jedoch: Der gemeinsame Bezug des Gesellschaftlichen und des Psychischen in unserem thematischen Bereich auf das Religiöse und seine imaginären Bildungen rechtfertigen in meinen Augen das, äußerlich gesehen, spekulative Vorgehen. Es ist diese gemeinsame Verwurzelung der psychischen und gesellschaftlichen Tiefstrukturierungen in der »Urzeit« einer Uraffiziertheit durch die Welt, welche der religiösen Sage des Ursprungs des Begehrens eine fundamentale Bedeutung verleiht.

Freud hält eine Reihe von Hypothesen zusammen, die auf den Konvergenzbereich der drei Dimensionen des Psychologischen, Sozialen und Religiösen deuten. Indem er Darwins Hypothese über den Urzustand in all den drei genannten Dimensionen beansprucht, »ergibt sich die Möglichkeit eines tieferen Verständnisses, der Ausblick auf eine Hypothese« (Freud 1912–13, S. 425).

---

2 Versuche dieser Art waren gängig in der amerikanischen Anthropologie und Psychoanalyse der 40er und 50er Jahre. Am bekanntesten auf diesem Gebiet sind Forscher wie Kardiner, Linton, Benedict, Erik Erickson. Siehe dazu: Kardiner 1939 und 1945; Erikson 1950, Benedict 1989. Eine kritische Neubesinnung zu diesen Ansätzen findet sich bei Du Bois 1960, insbes. im Vorwort »Two Decades later«.

Aus dem Zusammenhalten von anderen Hypothesen ergibt sich jene *Heuresis* des Ausblicks auf eine Hypothese, die daraus wie »poietisch« ersteht. Durch ein Zusammenwirken gleichsam von *historiê* und *phantasia* erschließt sich eine Vision, die das Wort des Rätsels errät. Freuds Darstellung der Frage, der er nachgeht, die Art wie er seine Untersuchung in die Ursprünge führt, wie er sein Nachfragen gestaltet, entwirft ein materiales Rätsel vor ihm. Wie ein Archäologe muss er aus dem Zusammenhalten verschiedener Hypothesen versuchen, die Losung, wenn es sein muss, auch spekulativ zu erraten, die den ganzen Knoten löst. Damit liegt er heuristisch in der Nähe von Althistorikern oder Indogermanisten, die aus spärlichem und weit gestreutem Material eine wesentliche Ursprungsfrage beantworten wollen.

Entscheidend ist hier die Spezifik der *Heuresis* solcher Rätsel: Die Überzeugungskraft der Lösung liegt nur in ihrer Fähigkeit, ihre eigene Evidenz sozusagen immanent zu steigern. Die heuristische Kraft der Hypothese ist sich selbst Beweis der eigenen Triftigkeit. Nichts kann durchgreifend die Lösung belegen, wenn nicht diese selbst durch ihr Treffen auf den Kern des problematischen Knotens: indem sie dies tut, entfaltet sie ein Potential der Auflösung aller damit zusammenhängenden Schwierigkeiten und Fragen. Das leistet zweifellos die Freudsche Hypothese. Insofern ist sie streng spekulativ, wobei deren Spekulativität sie solange nicht entkräftet, als einerseits keine Teillösungen aus anderen, nicht spekulativen Ansätzen in ihrer Summierung Vergleichbares beitragen; als auch andererseits das Spekulative seiner in »Ausblick« gestellten Hypothese nachträglich durch die stets an sich selbst wachsende Evidenz der Hypothese selbst reduziert wird. Freud verfährt auf alle Fälle so, als ob er beide bestärkenden Tatsachen bedacht hätte[3].

---

3 Freud ist seit der *Traumdeutung* (1900) grundsätzlich ein poetischer Hermeneut, ein kühner Deuter, der die Spekulativität seines Deutens einfach und entschieden in Kauf nimmt. Er wagt so zu deuten, kann nicht anders als so deuten, ist sich bewusst, dass er seine Deutungen nicht wissenschaftlich begründen kann, flankiert sie jedoch mit einer streng wissenschaftlichen Theorie des Triebes und seiner Ökonomie. Er verleiht ihnen, indem er dies tut, ein gewisses Maß an Plausibilität. Dies darf jedoch nicht zu dem Schluss verleiten, den einige Kommentatoren Freuds – darunter Yigal Blumenberg in seinem in diesem Band veröffentlichten Beitrag – daraus ziehen, Freud habe seine Hermeneutik in der jüdischen, insbesondere Talmudischen Tradition der Schriftauslegung vorgefunden, bewusst oder unbewusst entlehnt und weiterentwickelt; der wissenschaftliche Aufbau, den er um diese Deutkunst betreibt, habe oft eine bloß legitimatorische Funktion. Ich würde sagen, dass Freuds Hermeneutik sehr viel gemeinsam hat mit der Heuristik der Archäologie und der spekulativen Sprach- und Religionswissenschaft. Hier ist die heuristische Kraft der Hypothese sich selbst Beweis, unbeschadet dessen, was andererseits wissenschaftlich und metawissenschaftlich zu ihrer Grundlegung geleistet werden kann. Die Metapsychologie Freuds ist nicht bloß legitimierend oder plausibilisierend. Es ist der Versuch, jene spekulative Hermeneutik des Unbewussten in einer Theorie der unbewussten Prozesse einzubetten, die sie denkbar macht.

Wir wollen zunächst einmal Freuds Hypothese in ihren soziologischen Vorfeldern situieren. Wir konzentrieren uns auf einen Aspekt, der in der besagten Hypothese jedoch wenig entwickelt ist, nämlich die Brüderrivalität. Die Brücke zum Vatermord und zur Vatergunst wird später geschlagen.

Die soziologische Problematik des Bruderzwistes

Die Soziologie hat sich für die Differenzierung von Vergesellschaftungstypen interessiert und immer wieder betreffende Typologien entworfen. Bei aller Unschärfe solcher Typologisierungen bildet eine Reihe von Gesellschaften einen robusten Typ, der sich durch die durchgehende Strukturierung der Gesellschaft um Abstammungs- und Nachfolgeproblematiken charakterisiert. Das Prinzip einer binären, brüderlichen Spaltung beherrscht alle sozialen Institutionen und organisiert sie um diese Rivalität und diesen Konflikt herum. Hierher gehören insbesondere die arabisch-islamischen Gesellschaften in Geschichte und Gegenwart. Die Faktionsbildung – das, was die soziale Anthropologie *Faktionalismus* genannt hat – ist der Hauptfaktor der Identitätsbildung sowie der Erhaltung einer ständigen, gewalttätigen Entzweiungsbereitschaft (siehe Simonse 1992). Die Konfrontation der Brüder und ihr Streit um die Legitimität von Erbe und Nachfolge (*khilâfa*) ist in diesen Gesellschaften das Strukturierungsprinzip. Ein passender Begriff dafür ist innerhalb der islamischen Wissenschaft von Ibn Khaldûn geprägt worden[4].

Im Laufe unserer psychologischen Deutungen des arabischen und semitischen »Faktionalismus« werden sich die Momente dieser Strukturierungsart in den

---

4 Siehe Achcar (1999). Hier finden sich nützliche Klarstellungen zum Begriff der *'asabiyya* als *iltihâm bin'nasab* (fleischliche Verbindung durch Verwandtschaft). Man muss bedenken, dass solche rivalitäre Systeme zweierlei voraussetzen: einen sehr starken inneren Zusammenhalt der Gruppe, der sich in der Erklärung der Unbedingtheit – d.h. der unbedingten Unberührbarkeit – ihrer Berührungsstellen mit anderen niederschlägt; eine affektuell sehr intensive Bereitschaft zur Mobilisierung aller aggressiven Potentiale zur Abwehr und Bestrafung der geringsten Verletzung dieser Stellen. Rivalitäre Systeme dieser Art sind also vindikatorische Systeme, die von affektueller Aufwallung und Bereitschaft zu disproportionierter Rächung und Vergeltung jeglicher Kränkung leben. Dies drückt sich in der Solidarität zweier entgegengesetzter Züge des Nationalcharakters solcher Stämme aus, nämlich »ferocity« und »fraternity« (oder friendship) wie es bei Wolff (1998–99) heißt, der von frühen (aus der Aufklärungszeit stammenden) Beschreibungen eines solchen Charakters berichtet. In der Bibel steht die Gestalt des *Lamech* (Gen, 4, 23ff.) für die den vindikatorischen Systemen meistens eigentümliche Unverhältnismäßigkeit zwischen Affront und wütender, gewalttrunkener Vergeltung. Zu einer Komparatistik des vindikatorischen Zuges in unterschiedlichen Gesellschaften siehe Verdier 1986; in Gesellschaften des vorderen Orients (des Libanon insbes.), siehe Chevallier 1971 (Kap. VI).

Vordergrund drängen, deren Prägnanz verführen könnte, sie als universal anzunehmen. Während sie allgemeine Strukturprinzipien von Gesellschaft und Psyche darstellen, müssen sie in einen Verbund mit anderen historischen Momenten treten, damit sie zu eindeutiger Bestimmung und Konkretion kommen. Dafür fehlt es in der historischen Situation oft an den – mit Weber zu reden – »wahlverwandten«, affinen sekundären Strukturen[5].

So sind nicht alle primitiven oder traditionalen Gesellschaften nach binären Spaltungen von Abstammungslinien strukturiert, sondern nur einige partikulare – genau so wie nicht alle primitiven Gesellschaften totemistisch organisiert sind oder alle Kastensysteme entwickeln oder alle eine Doppelung der Herrschaft in eine priesterliche und eine kriegerische kennen. Das Kastensystem Indiens z. B. hat nichts von einer universalen Lösung – noch auch von einer empirisch belegbaren allgemeinen Verbreitung. Es ist vielmehr gerade – und so liest es eine vom Konzeptualismus abgerückte, nach Weberschen Theoriegrundsätzen geführte Soziologie – eine »Lösung« für und eine Antwort auf ganz bestimmte faktisch-historische, sowohl materielle als auch ideelle Verhältnisse und Bedingungen[6].

Soziologisch und psychoanalytisch muss man jedoch an einer These strikt festhalten: Die Differenzierung der Gesellschaft in abzählbare Teile ist nichts Willkürliches noch Folgenloses. Sie spiegelt die Kategorien des Denkens und Handelns wider[7], die allem in der sozialen Kommunikation entworfenen Sinn zugrunde liegen und seiner Artikulation Struktur geben.

---

5 Max Weber hat einen soziologischen Begriff der »Wahlverwandtschaft« geprägt, der die Emergenz von letztlich unwahrscheinlichen sozialen Strukturen verständlich macht. Diesen Begriff kommentiert Michael Löwy (2004). Dies heißt, dass es nicht damit getan ist, von »den wilden Semiten« (Freud 1939, S. 497) – im Gegensatz zu den urbanen Ägyptern – zu sprechen. Die »Wildheit« der Rasse kann nicht ihren faktionalistischen Charakter erklären.
6 Im Sinne eines soziologischen »Lösungsgedankens« siehe Baechler (1988).
7 Dies ist Durkheims Sichtweise, die nach ihm von Mauss explizit und generalisiert wird. Durkheims Texte dazu sind in seinem Werk verstreut. Es sei hier auf die einprägsamen Stellen in *Les formes élémentaires de la vie religieuse* (Durkheim 1960, insb. S. 12ff. u. 621ff.): »il existe, à la racine de nos jugements un certain nombre de notions essentielles qui dominent toute notre vie intellectuelle; ce sont ce que les philosophes appellent (...) les catégories de l'entendement: notions de temps, d'espace, de genre, de cause, de substance, de personnalité (S. 12–13), (...) Elles sont comme les cadres solides qui enserrent la pensée, (...) l'ossature de l'intelligence (...) elles sont nées dans la religion et de la religion, (...) sont des représentations collectives, (...) des choses sociales (S. 13–14). (...) L'organisation sociale a été le modèle de l'organisation spatiale (S. 17) (...) notre logique actuelle (...) dépend de facteurs (...) sociaux (S. 18) (...) origine sociale des catégories (S. 21), représentations essentiellement collectives, elles traduisent avant tout des états de la collectivité (S. 22) (...) la société est aussi représentée en nous, elle s'oppose du dedans de nous-mêmes (...) (S. 24)«. Solche Annahmen führen zu einer erneuerten »théorie sociologique de la connaissance«. Deren

Die frühen Formen der Differenzierung einer Gesellschaft mögen, wie wir es unterstreichen, variieren, jedoch sind sie prinzipiell und regelmäßig Abwandlungen von klassifikatorischen Entwürfen, welche die Gesellschaft intern strukturieren und Sinn machen aus ihrer Vorgabe. Ohne Klassifikation kann sich eine Gesellschaft nicht als irgendwie geordnet verstehen[8]. Sie muss irgendwie zunächst einmal ihre Ganzheit und ihre (interne) Unterschiedenheit zusammenhalten[9]. Sobald sie dies tut, hat sie sich gezählt: Sie zählt sich selber als Einheit und alles andere als nicht zu dieser Einheit gehörig, als das Zweite zu ihrer Eins; dann zählt sie ihre Teile, indem sie sie unterscheidet und einen nach dem anderen in eine geordnete Folge setzt, welche Ursprung der Zahl und des Zählens in ihr ist. Klassifizieren heißt Eines setzen und dann noch ein anderes außerhalb dieses Einen hinzusetzen und wiederum noch eine Drittes ... Dieses Sich-zählen ist für Durkheim das, wodurch die – kulturell stets getönte – Verstandeskategorie Zahl zustande kommt und alle Zähl- und Rechenoperationen möglich macht[10].

Eine ähnliche Ansicht findet sich in der psychoanalytischen Lehre Lacans zur Identifikation. Lacan bemüht hier Freges Theorie der Zahl, Peirces logisches Quadrat sowie die modern-mathematische Mengenlehre, um zu der Einsicht durchzudringen, dass die Zahl und das Zählen aus einem uranfänglichen Sichzählen mit oder ohne die A/anderen emergiert[11]. Das Zählen von Eins und

---

wichtigster Grundsatz ist sozusagen die Präterität, die Vorgängigkeit des Sozialen in allem Individuellen. Dies sieht man am besten am Beispiel der Sprache: »Dans le mot, se trouve donc condensée toute une science à laquelle je n'ai pas collaboré, une science plus qu'individuelle; et elle me déborde« (S. 621). Die »représentations collectives«, Begriffe (concepts) wie Verstandeskategorien (catégories), sind »des choses sociales«, welche die »conditions fondamentales de l'entente entre les esprits« (ebd.) ausdrücken. Sie sind sogar »sociales (...) au second degré« (S. 628), denn »ce sont des aspects différents de l'être social qui leur servent de contenu« (ebd.), d.h., dass sie eine Art »Abzüge« (décalque) der sozialen Organisation darstellen. Dies ist die Stelle, an der unsere Ableitung der Zahl und des Zählens aus den Urscheidungen des Sozialen ansetzt.

8   Das, was eine Gesellschaft zu einer Gesellschaft macht, ist, dass sie sich selbst als ein irgendwie verfasstes Ganzes wahrnimmt und nicht einfach als eine vollkommen kontingente Szenerie wie durchzogene Landschaften oder den Wechsel der Zeiten. Selbst eine ungestaltete Urhorde unterscheidet im unscharf konturierten Haufen, den sie ausmacht, ein Innen und ein Außen, Frauen von Männern, Kinder von Erwachsenen, Führerindividuen von Folgerindividuen ...

9   Die Urentwürfe, die Gesellschaft sinnvoll machen, sind klassifikatorischer Natur. Die Logik der Klassifikation ist die eines Unterscheidens, eines Zählens des jeweils Unterschiedenen und eines Ordnens der unterschiedenen, abgezählten Teile in Bezüge, die vielfältiger Metaphorik sein können.

10 Wenn mehr Raum für eine Auseinandersetzung mit Durkheims Thesen verfügbar wäre, hätte ich dann genau nachweisen können, wie die Idee der Ganzheit (*totalité*), die für Durkheim nicht nur unbedingt sozialen Ursprungs ist, sondern auch erst von deren Verwirklichungen in der sozialen Organisation her denkbar ist, sich teilt und zählt.

Zwei, das ist das (Ab)Zählen von sich (Ich) und / mit dem Anderen, ganz analog zu dem (Ab)Zählen zweier primitiver Klane ist. Es ist beides Mal die Art, wie man sich (ab)zählt, welche die Reihe der Zahlen entwirft und abrollen lässt. Wie bei Durkheim haben die Kategorien von Zahl und Folge ihren Ursprung in diesem ersten Sich-ab-und-mitzählen.

Eine solche Vorstellung der Genese der Verstandeskategorien aus Urscheidungen des Sozialen und Psychischen ist keine Spekulation über die entwicklungspsychologische Reifung bestimmter, ja grundlegender kognitiver Funktionen. Wenn dies der Fall wäre, dann hätte man die Möglichkeit, sie sowohl mit Piagetschen als auch kognitivistischen Mitteln zu überprüfen[12]. Beide Überprüfungsansätze jedoch würden und müssen eine solche Genese verfehlen. Diese vollzieht sich nämlich nicht im Bereich dessen, was Piaget die »intelligence« nennt, sondern in dem des Triebes und der Heftung des Sinnes an ihn und seinen Bahnungen. Bei Lacan – und ich interpretiere Durkheim entlang lacanianischen Linien – geht es um die pulsionelle Heftung des Zahlsinnes: Die Zahl hat ihr Fundament in der sehr frühen Heftung ihres Sinnes an ein Begehren, das präkognitiv die Strukturierung der Welt in Innen / Außen, Selbst / Nichtselbst, Eigenkörper / Fremdkörper entlang Stabilisierungen seiner Angstunruhe vollzieht und die daraus folgenden Vereindeutigungen seiner Objekte einleitet.

Es geht also darum, eine Archäologie dieser Urscheidungen zu betreiben, die es erlaubt, die Figuren und vor allem die Topologien nachzukonstruieren, in denen solche Stabilisierungen zustande kommen. Denn bei jedem Sich(ab)zählen entsteht nicht nur eine Eins und eine Zwei durch die bare Operation der Unterscheidung – dies wäre ein rein formalistischer Gesichtspunkt, der nichts mit dem psychisch-materiellen einer Begehrensanalyse zu tun hat. Es entstehen auf dieser archaischen Stufe des Triebpulsierens überaus verwickelte Bezüge einer der Eins inneren Zwei sowie einer der Eins inneren Beziehung ihrer Beziehung; es entstehen eine der Eins innere Eins und eine der Zwei innere Zwei, beides Mal über die Vermittlung der einen durch die andere; es entstehen äußere (Spiegel)Reflexe der Eins (als gleitende Stätte des Begehrens), an denen sie sich orientiert, um sich selbst als Eins zu sammeln, bei Ansicht der auf diesen Reflex zuschauenden Zwei als einer schon gesammelten äußeren Einheit. Im Spiegelstadium geht es im Grunde wesentlich um die Konstitution der Eins im Reflex der Eins, was dann das

---

11 Ich verweise auf Lacans Seminar »L'identification« (1961–62), das von der Frage nach dem Einssein durchzogen ist (siehe insbesondere die ersten Sitzungen, in welchen das Problem gestellt wird).
12 Man kann bei Piaget (1967, 1972, 1973) Grundsätzliches zur Entstehung der Kategorien der Zahl, der Ursache, der Quantität sowie der Anschauung des Raumes, der Zeit etc. erfahren.

Abzählen der Eins sowie ihre Verdoppelung als Zwei (Original und Reflex) ermöglicht. Durkheim situiert auf der urarchaischen Stufe den Totemismus als genetisch erste Form der sozialen Differenzierung. Die totemistische Organisationsform ist äußerst elementar, partikularistisch und segmentarisch. Die gesellschaftlichen Segmente liegen neben einander und berühren sich nicht. Vom einen zum anderen ist jede Kontinuität gebrochen. Die Autonomie der Segmente kann nicht relativiert werden. Die Vielzahl der Segmente stellt »heterogene Welten« dar (vgl. Durkheim 1960, S. 280). Die Klausur nach außen ist streng geregelt und schafft sich interne Abspiegelungen durch ebenso strenge Regelungen des Innens mit anderen, komplementären Klausuren. So wird die eheliche Allianz strikt verboten innerhalb des Totemklans und benötigt einen exogamen Austausch mit anderen Klanen. Dies aber vermindert keineswegs die Schließung des Klans, sondern unterstreicht die Diskretion und Opposition der gesellschaftlichen Bestandteile. Die Verhältnisse von Innen und Außen und ihrer vielfältigen Widerspiegelungen in sich und ineinander können hier nicht dargelegt werden. Ebenso verdient die Parallele zwischen psychischer und sozialer Urscheidungen in Bezug auf ihre Gründung in Bahnungen des Triebes, dass man ihr ausführlich nachgeht – dies würde aber den Rahmen unseres Vorhabens sprengen. Hier soll nur der Hinweis genügen, dass auf soziologischem Gebiet die Stelle des Triebes von den unwiderstehlichen Kräften, die auf Differenzierung des Nahen vom Nächsten, des Vetters vom Bruder, des Bruders vom Bruder drängen, besetzt wird[13].

Semitischer Bruderzwist

Die Bibel erzählt von vielen Brüderfeindschaften. Ja, der Bruderzwist ist in ihr am Ursprung der ersten Spaltung der Menschheit und der Bildung der ersten Abstammungssagen und differenzierenden Genealogien zu finden. Man könnte sie sogar im Sinne einer Zyklik wiederkehrender Geschlechterentzweiungen deuten, welche die Geschichte der jüdischen Stämme bestimmen (Kain, Abel; Ismael, Isaak; Esau, Jakob; Joseph, seine Brüder; Absalom, Amnon etc.), ja bis in das *Neue Testament* hinein mit der

---

13 René Girard (1972) hat eine vollständige Massenpsychologie im Freudschen Sinne entwickelt. Es ist eine Trieblehre des Sozialen und seiner Genese aus der »sakrifiziellen Krise«, die das Soziale auf der Bannung aller ungezügelten Mimesis des Begehrens gründet.

Eifersucht des Erstgeborenen auf den bevorzugten nachgeborenen (»verlorenen«) Sohn[14].

Der Koran seinerseits ist von vornherein in einen Erbfolgestreit eingelassen. Es ist der Streit um die legitime Erbschaft des Urvaters Abraham und seiner monotheistischen Botschaft, d. h. um die legitime Empfängerschaft dieser Botschaft des Allvaters. Der Prophet Mohammad vindiziert die legitime Erbnachfolge des Ismael, des Vaters der arabischen Wüstensemiten[15]. Der Stamm Isaak, der die Nachfolge an sich gewaltsam gerissen hätte, habe die Urbotschaft des Alleinigen Gottes verdreht und korrumpiert. Er, der Prophet, stelle durch direkte Eingebung die Botschaft in ihrer ersten Reinheit wieder her und bringe sie in den Besitz der rechten Erben zurück[16].

Bruderzwist ist ein Streit um Abstammung und Legitimität der Erbschaft. Abraham ist Vater des Ismael und des Isaak. Der Erstgeborene ist der Sohn der Magd; der Zweitgeborene ist der Sohn der ebenbürtigen Frau[17].

Die Legitimität des Anspruchs der Isaakischen Linie gründet zunächst in der

a. Legitimität der ersten Frau;
b. der von Engeln angekündigten, wunderbaren Geburt des Isaak im hohen Alter seiner beiden Eltern[18];

---

14 Die nachgeborenen, jüngeren Brüder werden oft in Sage und Mythos bevorzugt. Denn sie werden (für Freud) beschützt sowohl durch die Liebe der Mütter zu ihnen (Freud 1939, S. 530) als auch durch das Altern des Vaters und die geschehene Vertreibung der älteren Brüder. Dies führt regelmäßig zu einem »Vorzug« der jüngsten Söhne.
15 Mohammads Behauptung einer Abstammung der arabischen Wüstenstämme von Ismael erweist sich bei akribischer Untersuchung der Quellen – wie sie René Dagorn (1981) angestellt hat – als völlig unbegründet. Umso mehr überrascht die einhellige Übernahme des mohammedanischen Mythos auf so später Stufe der Geschichte durch die Betroffenen selbst.
16 Unsere Quelle ist hier in Bezug auf die islamische und jüdische Tradition Hayek (1964).
17 Die relative Statusgleichheit von Mann und Frau ist in der Regel mit einer endogamen Ehe gekoppelt – zwischen Parallelvettern im »mariage arabe« (zur anthropologischen Literatur zum »mariage arabe« und der Verkehrung seiner Figuren siehe Fogel 2005 sowie die nützliche Klarstellung von Casajus 2002). Die Asymmetrie der Abstammungslinien scheint in der Regel für Brüderkonflikte und Erbschaftsstreit Anlass zu geben. Genauer besehen stellt man jedoch fest, dass diese Konflikte virulenter werden, je genealogisch dichter die Verschwägerungen sind (dies ist der Fall mit Jakob und Esau, den Söhnen ein und derselben Mutter, die ihrerseits dem Vater ebenbürtig ist). Die ottomanische Institution des Harem, welche die matrimonialen Wahlmöglichkeiten ins Maßlose steigert und sie in bloße Opportunität der Nachkommenzeugung verwandelt, sollte eine Beruhigung der Problematik der legitimen Erbschaft erwarten lassen. Der Bezug zu einem Anspruch auf privilegierte Deszendenz verliert hier notgedrungen an Brisanz. Die Frauen werden von jeder Verwicklung in die Bestimmung der Nachfolge herausgehalten (s. zur ottomanischen Problematik Peirce 1993).
18 Das wird weder in den kanonischen Schriften des Islam noch in deren Nebentraditionen bestritten. Hingegen wird, wie wir es sehen werden, die Identität des geopferten Sohnes einen Wechsel erfahren – sie verschiebt sich von Isaak auf Ismael.

c. sowie seiner von ihm und seinem Vater angenommenen – aber gnadenhaft nicht vollzogenen Opferung[19].

Die Abweisung des Anspruchs der erstgeborenen Linie beruft sich stets auf diese Tatsachen. Sie unterstreicht die sklavische Abstammung dieser Linie. Interessant ist, dass die spätere Abstreitung der Legitimität der Isaakischen Linie durch Paulus – der als Stifter des Christentums in den Augen Freuds gilt – dieselbe Figur wiederholt: Die legitime Frau wird dargestellt als Sklavin und ihre Nachkommenschaft als Sklaven[20]. Es geht dabei für Paulus um die Sklaverei des Fleisches, der fleischlichen Abstammung. Die Isaakische Linie erhebt sich nicht zur geistigen Sohnschaft, die mit Christus eröffnet wird, sie enterbt sich selbst dadurch. Die Christen stellen die neuen wahren Erben dar und können nicht anders, als die Juden zur Einkehr in den neuen Bund und die neue Auserwählung einzuladen.

Im 6. Jh. n. Ch. tritt der arabische Prophet Mohammad auf und schreibt sich gegen beide Parteien in die Kontroverse ein. Er fordert das Recht des Ältesten und führt somit die Kontroverse auf ihre archaischste Stufe zurück. Abraham als Urvater von Ismaeliten (Muslimen), Isaakiten (Juden) und Nasareern (Christen) ist selber weder Jude noch Christ. Er ist der erste Anbeter des wahren einzigen Gottes, der *Hanif*. Von Abraham führt die Abstammungslinie zu Adam zurück und zu seinem primordialen Glauben, seinem archaischen Monotheismus, der allerersten Offenbarung.

Ich möchte an allen drei, unter sich um Selbstlegitimierung (und Delegitimierung des Anderen) konkurrierenden Monotheismen Freuds Thesen und Figuren des Monotheismus durchspielen. Ich versuche eine synthetische Darstellung von Freuds Thesen zu geben. Dieser Versuch einer »Deduktion« des Freudschen Gedankens aus Hauptsätzen, Hypothesen und bestimmenden Theoremen wird an ihm vor allem seine leitenden Figuren in prägender Weise neu artikulieren. Insofern liefert die systematische Rekonstruktion der Argumentation – die etwas Scholastisches hat und von Freud selbst mehrmals versucht wurde[21]– heuristische Ausblicke auf neue Hypothesen. Diese werde ich später formulieren.

---

19 Zum Spiel der Figuren von Vaterschaft / Sohnschaft / Ehe, wie es sich an den verschiedenen Stationen der patriarchalen Überlieferung nach Tora und talmudischem Kommentar entfaltet, siehe Mosès 2004.

20 Benslama (2002) hat von der Figur der *Hagar* eine psychoanalytische Deutung gegeben, die ihr eine Schlüsselposition in der Strukturierung des islamischen Unbewussten einräumt. Sie ist nämlich die verschwiegene weibliche Figur der Mutter am Ursprung – sie wird im Koran mit Namen kein einziges Mal erwähnt, nur die Tradition weiß von ihr zu berichten.

21 Freud musste die Argumentation in seinem Moses-Buch in den aufeinander folgenden Abschnitten der endgültigen Buchfassung immer wieder synthetisch darlegen. Dies hängt mit den Entstehungsgeschicken des Buches zusammen – mit den *fata libelli*, die, wenn überhaupt, hier von besonderer Bedeutung sind.

Schreiten wir zur Deduktion des Freudschen Gedankens fort. Eine mögliche Aufgliederung ist die folgende:

a. Alle Religion ist Vaterreligion: Religion entsteht aus einem realen Faktum der menschlichen Vorgeschichte, dem auf jeder Organisations- oder Nichtorganisationsstufe der menschlichen Gesellschaft, Un- oder Vorgesellschaft allseits wiederholten Mord des Urvaters der Horde durch seine verbündeten Söhne. Die Entstehungssequenz ist die folgende:

b. der Urvater ist tyrannisch, *féroce et obscène* (Lacan[22]): er behält für sich alle Frauen der Horde, kastriert oder vertreibt seine widerstrebenden Söhne, schwelgt in seiner Übermacht und seiner Willkür.

c. die Söhne / Brüder fürchten und lieben den Vater. Sie identifizieren sich in zweierlei Modi mit dem Vater:
– im Modus einer Liebesidentifikation mit seiner Übermacht und seiner Größe;
– im Modus einer Hassidentifikation auch mit seiner Übermacht und Größe.
Aus dieser Ambivalenz erwachsen jedoch, durch den Druck der sexuellen Frustration und weiteren Triebverzichts Wunsch und Tat des Mordes am Vater. Die Söhne verbünden sich, töten den Vater und befreien sich von seiner Herrschaft.

d. »Nach dem Mord« beginnt eine in meiner Interpretation der Freudschen Deduktion *eigenzentrierte* Entwicklung und Problematik: Die Brüder werden von einem Schuldbewusstsein geplagt, das sie nur durch die Vergottung des ermordeten Vaters und einen ihm gewidmeten Kultus mildern können.
Die übrigen Folgen des Vatermordes im Sinne der eingetretenen Veränderung in der Lage der Söhne, der Mütter und Schwester, in der Struktur des Verbandes, in Richtung und Befriedigung des Begehrens sind sehr wichtig für meine Interpretation des Monotheismus-Gedankens Freuds; ich muss sie jedoch in einem weiteren Zusammenhang weiter unten besprechen – nämlich dem Komplex der Brüderrivalität.

e. Der neue Gott erzeugt bei seinen Mördern einerseits Schuld-, Reue- und Liebesgefühle. Die Hass-, Mord- und Zerstörungsgefühle verschwinden

---

22 Siehe Lacans (1986) Ethikseminar, S. 15; siehe auch Clam (2004, S. 90ff.) über die Bedeutung des Urvaters als Einsetzer des Gesetzes.

aber andererseits in der neuen Religion nicht. Das Gesetz der Ambivalenz der Vaterbeziehung besteht in der neuen religiösen Dimension weiter.

f. Diese Ambivalenz drückt sich meistens und am authentischsten in der sakrifiziellen Dimension der Religion aus: Periodisch werden religiös markierte Vertreter der Urvaterfigur / der Sohnesfigur (sakrale Könige, Hohepriester, auserwählte Söhne) im Sinne einer Wiederholung der Mordtat am Urvater als affektentladendes Ausagieren der vatererzeugten Hassidentifikation zeremoniell geopfert.

g. Dies führt zu einer Interpenetration von (tyrannischer) Vater- und rebellischer Sohnfigur: der Religionsstifter oder der Religionspfleger stehen an sich für den Urvater und verkörpern dessen Furcht gebietende Größe und noch grausam wirkende, ins Fleisch schneidende Forderung nach Triebverzicht; soweit reicht die Ambivalenz der Liebes- und Hassgefühle, die der Urvater ursprünglich bei seinen Söhnen erzeugte. Gemordet wird er als Repräsentant dieses Urvaters in einem Neuagieren des Urmordes. Religiös nimmt jedoch dieser Mord den Sinn eines Opfers an, weil die Gemeinde nicht nur aus Hass den Sündenbock mordet, sondern aus Schuld. D. h., der Gemordete muss die Valenz der Schuld bekommen und wird damit zum Repräsentanten der rebellischen Söhne, der stellvertretend für die Gemeinschaft der Brüder die Tat sühnen muss.

h. Alle Religion ist periodisch sakrifiziell skandiert. Dies hat sie aus der Unvergänglichkeit des monotheistischen Motivs, das in ihr wirkt und waltet. Jede Religion ist intrinsisch bewegt von diesem Motiv und hat keine andere »vis«, keine treibende Kräfte in sich. Ohne sie würde sie Substanz, Wirksamkeit und Operation verlieren.

i. Dies bedeutet, dass mit den Geschehnissen in der Urzeit der Vorgeschichte die Massenpsyche Traumen erlitten hat, die nicht mehr heilen können. Besser kann deren Heilung nur in der Form der religiösen Zyklik der Wiederholung von Tat und Sühne gestaltet werden: Mit dem Urmord ist ein »Anspruch« im Unbewussten der Massenpsyche »gestiftet«, dem die Menschenkinder nie genügen können. Er ist unstillbar und erhält sich wie ein Motor der Geschichte der Seele aus seiner »Latenz« heraus.

j. Dies führt zu einer Art Abspiegelung von religiösem Urmotiv und religiöser Geschichte in einander. In aller Religion ist das Motiv des Urvatermordes das einzige wirklich wirkende, operierende Motiv, das immer wieder wie ein Verdrängtes zurückkehrt. Es ist ja das Einzig- und Urverdrängte selbst. Es stiftet die Geschichte sowohl der Einzelpsyche als auch der Massenpsyche. Dies sieht Freud als Insistenz des monotheistischen Gedankens in aller Religion und Wiederholungszwang seiner Aneignung und Neuagierung. Deswegen operiert der mosaische Gott, *Adonai*, der wahre einzige Gott des authentischen monotheistischen Motivs, im Rücken des Vulkangottes *Jahves*, des Gottes des Abfalls des Volkes Moses' vom Monotheismus. Die Jahwe-Qadesch-Religion wird aber von der Stärke und (mosaischen) Reinheit des wahren monotheistischen Motivs überwältigt und letztlich verdrängt.

k. In der Religion gibt es für Freud an sich nur Männer, und keine Götter. Dies aber tut dem Religiösen keinen Abbruch. Das Religiöse bleibt in jenem Bereich der (Individual- und Massen-) Psyche begründet, der die frühesten und stärksten Intensitäten des Erlebens in sich birgt. Ein solches Erleben kann weder ungeschehen gemacht noch getilgt noch vergessen werden. Es ist stiftend für alles spätere psychische Leben, bestimmend für alle späteren psychischen Geschicke. Die Psyche ist gefangen in dieser Faktizitätsfalle der Urfakten, der Taten des Ursprungs. Die Erinnerungsspuren dieser sind die lebendigsten und strukturierenden Triebkräfte des seelischen Lebens.

l. Daraus folgt, dass die Religion gewiss selber einerseits eine Illusion ist – d. h., dass es in ihr nur Männer (menschliche Väter) und keine Götter gibt –; dass aber andererseits religiöses Erleben, und ich meine damit das pathologische Grunderleben der Psyche, die um bestimmte, präzise ausgemachte Traumata gestiftete Erleidensfähigkeit der Seele, das Wirklichste ist an dem, was in der Psyche ist. Dieses Wirklichste ist die Wirklichkeit der seelischen Strukturierung und ihrer unaufhebbaren Knotungen um Leidstiftungen – es geht um Stiftungen von unheilbaren, pathetischen, leidvollen, sich zwangswiederholenden Motiven und unstillbaren Ansprüchen.

m. Die Geschichte der Religion oder der Religionen im Allgemeinen muss sich daher als Geschichte der Wirkung dieser Ansprüche deuten lassen. Insofern dürfen die anscheinende Willkür und das Bizarre der religiösen Inhalte und ihrer Wandlungen nicht dazu verleiten, eine Addition von Illusionscharakter und abweger Bildung der Religion vorzunehmen. Religiöse Bildungen und Ausbildungen sind, im Sinne der Psychoanalyse, von derselben Substanz wie die neurotischen. Sie sind schlechthin genötigt, genauso wie die neurotischen Produkte von seelischen, leid- und angstgetriebenen Nötigungen auszugehen. Das Religiöse ist eine Illusion, deren Effizienz in der Not der Psyche eingeschrieben ist. Sie ist im selben Wirklichkeitsbereich angesiedelt, wie die durch das Fleisch der Körper und die angstfällige Substanz der Seele schneidenden Signifikanten der Neurose. In beiden waltet dieselbe Nötigung zur Wiederholung des Traumas und seiner Heilung im Opfer am Selbst und am Anderen.

Wir wollen nun diese Freudsche Deduktion der Moses-Thesen, und dies ist was ich Freuds Monotheismus-Gedanken nenne, auf den Spezialfall der semitischen Monotheismen durchspielen. Dies ergibt folgende Ableitungen:

a. Moses ist ein Mann, kein Gott. Seine Religion ist eine Illusion, wie alle anderen auch. Doch, indem er das Motiv des Monotheismus als das eigentlich religiöse Motiv zu neuem Leben erweckt, handelt er sozusagen am Substanziellen der Massenpsyche. Durch ihn vermitteln sich die Insistenz und die Wiederkehr des Verdrängten aus seiner Latenz im Unbewussten der Individual- und Massenpsyche.

b. Moses ist als Religionsstifter sowohl eine Vaterfigur als auch eine Sohnesfigur. Er verhilft dem in der Urzeit gestifteten Motiv des Monotheismus zu neuer Geltung: Er bringt den Mord an dem Urvater zu neuer Gegenwart, entfacht die damit sich verbindenden unerträglichen Hass- und Schuldgefühle und lässt sie in der Neuagierung des Vatermordes an ihm selbst und seiner eigenen anschließenden Heilung als Propheten entladen und periodisch heilen.

c. Dieser Mann ist kein Jude, sondern ein Ägypter. Dies heißt, dass er als Vaterfigur keine vorgegebene Herde / Horde hat. Er muss sich vielmehr eine auserwählen. Dies tut er auch, indem er den geächteten Haufen der Juden zu seiner Gefolgschaft und sein Volk zum auserwählten Volk des Gottvaters macht.

d. Der Mann Moses des Islam ist der Mann Mohammad – und nicht Abraham[23]. Dieser wäre der Ikhnaton des Islam, der Vater, der in seinem eigenen

---

[23] Abraham ist der erste Muslim, Stifter der Pilgerfahrt, ihres islamischen Kultus und ihrer Institutionen. Bei Gleichheit aller Propheten (ein koreanischer Grundsatz) gibt es jedoch einen Vorzug für Abraham. Mohammad geht es um die Erbschaft Abrahams, um die von ihm gestifteten Institutionen, die alle die urtümliche, jeder anderen vorausgehenden Einpflanzung der Offenbarung im Stamm Ismaels bezeugen.

Volke den Monotheismus predigen und etablieren wollte[24]. Mohammad ist insofern ein Fremder in Bezug auf die quraischitischen Araber – seine eigenen und strikten Stammesgenossen –, als er deren abrahamitische Abstammung entdeckt und ausruft. Insofern hat sich der Prophet ein Volk auserwählt aus der genealogischen Rückbindung dieses Volkes zu einem außen stehenden Vater und seinem Monotheismus.

e. Mit der »Wiedergewinnung des einzigen großen Urvaters« (Freud 1939, S. 540) hat er seinen Stammesgenossen zu einer »außerordentlichen Hebung des Selbstbewusstseins« (ebd., S. 540) verholfen[25]. 25 Jahrhunderte nach seiner Ausstoßung wird sich Ismael / Mohammad seiner Abstammung bewusst. Es ist die Figur seines Vaters, die vor ihm ersteht. Er erfährt seine eigenen Geschicke als den Leidensweg des Geopferten[26].

f. Der Unterschied zum Mann Moses ist, dass der Mann Mohammad sein monotheistisches Motiv an einen genealogischen Vater zurück binden kann. Dies ist auch seine einzige Chance überhaupt, sich einen Teil des monotheistischen Gedankens als Erbe anzueignen[27].

---

24 Die mohammedanische Religionsstiftung ist für Freud eine »abgekürzte Wiederholung der jüdischen, als deren Nachahmung sie auftrat« (Freud 1939, S. 540). Hier gibt es auch einen »Mord am Religionsstifter« (ebd.), dem aber die »Vertiefung« fehlt, die für den »jüdischen Fall« so charakteristisch ist. Der Islam hat eine besondere Auffassung des Mordes von Prophetenfiguren (d. h. von Vaterfiguren im Sinne Freuds) als aus Schuld und Reue geopferten Vätern.
25 Abraham ist »euer Vater« sagt Mohammed seinen Stammesgenossen. Mohammad stellt sich auf diese Weise in den 'aqib (Fußspur) Abrahams und stellt ebenfalls die mekkanischen Araber in seine Nachkommenschaft. Er verwirklicht die Hoffnung Abrahams auf eine Wiedererstehung seiner ismaelitischen Abstammung. Zu dieser genealogischen Konstruktion und den Schwierigkeiten, die sich aus deren Semantik ('aqib, dhurriyya, âl, banû, î'at, millat) ergeben, siehe Hayek 1964, S. 66.
26 Im Koran sind alle prophetischen Figuren, wie der Mann Moses, als Heldenfiguren konstruiert. Die islamische Tradition bildet z. B. aus vielen Materialien ein *Evangelium Infantiae Abrahae*: mit Aussetzung, Massenmord an den Neugeborenen … Abrahams Widersacher ist Nemrod, der wie Pharao ein allmächtiger Herrscher über ein riesiges Reich ist – er ist es, der die Tötung aller Neugeborenen und die Trennung aller Frauen von ihren Männern befiehlt, als er die Deutung der Erscheinung eines Sterns von seinen Astrologen erfährt … Abraham vollzieht auch *Higra*, eine Auswanderung, begleitet von Sara, seiner Frau, und seinem Anhang.
27 Auf diesen Weg der Aneignung und der Gestaltung der monotheistischen *da'wa* (Ruf) ist Mohammad erst nach einer gut dokumentierten Entwicklung gekommen. Diese führt von Mekka nach Medina über die *Higra* und die Entzweiung mit den arabischen Juden und Christen in und um Mekka (siehe dazu Hayek 1964).

Jean Clam

Vatermord und Brüderstreit

Damit wird der innersemitische »Antisemitismus« als Bruderstreit um die monotheistische Erbschaft des Vaters verständlich. Das, was im Vordergrund für uns steht, ist die brüderliche Rivalität. Wie entsteht sie und wie richtet sie sich ein? Bei Freud fehlt der Gedanke eines solchen Bruderstreits fast gänzlich. Besser gesagt, die Anlage des Freudschen Gedankens erlaubt für dieses Motiv nur die Besetzung einer sekundären Stellung. Der Bruderzwist kann nur eine abgeleitete, sekundäre Geschichte gegenüber der primären, strukturierenden Vorgeschichte des Geschehens um den Vater spielen.

Bruderzwist ist in der Bibel, wenn wir den jüdischen Strang des Semitischen betrachten, keineswegs selten. Jedoch bleibt die stiftende Sage vom *status iste* der Schöpfung der Menschenwelt keine von Bruderzwist, sondern von (Schöpfer/Vater) Gebot und Übertretung, vermittelt durch Versuchung, Fall, Austreibung und Eintritt in eine schuldbestimmte Existenz. Diese Urschuld vererbt sich und macht die *conditio* der gefallenen Menschheit aus.

Bruderzwist erscheint somit als eine zweite Sage, welche nicht mehr die allgemeine Herkunft, sondern die besonderen genealogischen Abstammungen des Menschen erzählt. Sie ist sozusagen eine historische Sage, macht die Geschicke der besonderen Menschengruppen verständlich, die sich in den Blutströmen der Deszendenz verzweigen.

Freud vernachlässigt das biblische und traditionell jüdische Material von Bruderzwist und Brudermord. Ihn interessieren scheinbar nur die Ursage und die Urtat. Für Freud gehört alles rekonstruierte Geschehen nach dem Mord der Horde am Urvater einer sekundären Ebene an, die weder dieselbe Prägnanz noch dieselbe Festigkeit hat. Einzig gewiss und fest sind die Tyrannei des Urvaters und sein Monopol über alle Frauen der Horde, die Verbündung der Brüder gegen den Vater und der Mord an ihm. Was nach dem Mord passiert, hat weniger deutliche Konturen.

Freud schreibt nämlich:

> »Es ist anzunehmen, dass nach der Vatertötung eine längere Zeit folgte, in der die Brüder mit einander um das Vatererbe stritten, das ein jeder für sich allein gewinnen wollte. Die Einsicht in die Gefahren und die Erfolglosigkeit dieser Kämpfe, die Erinnerung an die gemeinsam vollbrachte Befreiungstat und die Gefühlsbindungen an einander, die während der Zeit der Vertreibung entstanden waren, führten endlich zu einer Einigung unter ihnen, einer Art von Gesellschaftsvertrag. Es entstand die erste Form einer sozialen Organisation mit Triebverzicht, Anerkennung von gegenseitigen Verpflichtungen, Einsetzung bestimmter (...) Institutionen, die Anfänge also von Moral und Recht« (Freud 1939, S. 530).

In Freuds Gedanken hat der Mord am Vater zunächst eine zutiefst befriedigende Wirkung aller gegen den Vater gerichteten Gefühle von Feindseligkeit und Destruktivität. So erscheinen die den Mord überlebenden Brüder wie betäubt durch ein *acting out*, das eine besonders tiefe, hier kollektive Abspannung verschafft. Es ist ein Zustand kollektiver Ruhe, ja man könnte sagen sozialen Friedens. Die »soziale[n] Brüdergefühle, auf denen die große Umwälzung ruht, bewahren von nun an über lange Zeiten den tiefstgehenden Einfluss auf die Entwicklung der Gesellschaft«, schreibt Freud (Freud 1912–13, S. 429). Es wird eine Art »Heiligung des gemeinsamen Blutes« gestiftet, eine »Betonung der Solidarität«: »indem die Brüder sich einander so das Leben zusichern, (…) schließen [sie] eine Wiederholung des Vaterschicksals aus« (ebd., S. 429).

Der Mord des Urvaters beendet den vorsozialen Zustand der Quasi-Formlosigkeit der Gruppe und des Fehlens ihrer Stiftung in einem Gesetz. Die Urhorde liegt vor dem Aufkommen der Kastration als eines Gesetzes oder einer symbolischen Ordnung. Die Kastration ist in ihr real und noch nicht symbolisch figuriert. Erst die vaterlose Brüdergemeinschaft eröffnet die Dimension des Sozialen. Sie stiftet das soziale Band mit dem Gesetz der Nicht-Wiederholung der Urtat, auch nicht am Mitbruder. Freud spricht folglich vom »sozial begründeten Verbot des Brudermordes«. So stellt sich der Übergang von der »Vaterhorde« zum »Brüderclan« her (ebd., S. 430).

Es ist die Mitschuld am Verbrechen, welche die Religion auf dem Schuldbewusstsein gründet – »Gott [ist] im Grunde nichts anderes als ein erhöhter Vater« (ebd., S. 431), der an der »Wurzel aller Religionsbildung« sowie aller »Vatersehnsucht« (ebd.) liegt. Gleichzeitig stiftet die brüderliche Mitschuld eine Dimension der Sittlichkeit als internalisierter Kastration oder Triebverzicht und leistet damit ihren Beitrag zur Aufrechterhaltung einer nach innen befriedeten Gesellschaft.

All dies ergibt sich ganz deutlich aus der Art, wie Freud die Sequenz der Ereignisse nach dem Vatermord konstruiert hat: Es setzen »Reuegefühle« sowie eine »außerordentliche Steigerung der Vatersehnsucht« (ebd.) ein; dann kommt die Stiftung der Totemmahlzeit, die einer »Schöpfung von Göttern«, d.h. einer Restauration des Vaterideals gleichkommt. Interessanterweise schiebt sich an dieser Stelle in der Sequenz ein vorübergehendes Matriarchat mit Muttergottheiten ein. Diese werden dann von männlichen Göttern (Freud 1939, S. 495) abgelöst, indem – wie Freud es in einer Fußnote ausführt – jene Muttergottheiten zu Tochterfiguren von männlichen Göttern herabgesetzt werden, bei Entstehung einer vaterabhängigen Tochter-Position der weiblichen, sakralen Parthenie (Jungfräulichkeit).

Eine weitere Station der postokzidalen Sequenz besiegelt die Emergenz der Gesellschaftlichkeit, deren Kontrast mit dem vorsozialen Zustand der Urhorde verstärkt wird. Der Vatermord wird hier weiter qualifiziert: Es tritt ein Hauptmörder des Vaters, eine Art Opferer auf. Es ist der Führer der Brüder bei der Tat. Diesen gegenüber erlangt er, gewollt oder ungewollt, Vater-Status. Damit erscheint er als Selbst-Opferer. Er ist es, der das Totemtier im Gedenkritual an die Urtat schlachtet. Der Vater opfert sich selbst, Gott begeht selbst den Mord am Urvater-Gott. Dies ist für Freud die »äußerste Verleugnung der großen Untat« (Freud 1912-13, S. 433).

Damit wird allen religiösen Opferritualen jener Grundzug aufgeprägt, der jeden Opferer als Selbstopferer auftreten lässt. Der Opferer ist nämlich ein Täter, der eine von ihm begangene Blutschuld anerkennt, um dessen Sühne er sein Selbstopfer vollzieht. Die Wiedergutmachung seiner Tat erwartet er von diesem Selbstopfer. Dies leistet die Versöhnung mit dem Gottvater (ebd., S. 437) und überträgt sie auf die Gemeinschaft.

Die Brüdersequenz ist gekennzeichnet durch die Wiederholung von Zügen, welche die Beruhigung der Aggressivität aus folgenden Motiven ableiten: Die Abfuhr der Aggressivität der Söhne ist so erfolgreich, weil sie durch den ungeheuren Tötungsakt des Vaters jene gründlich heilt; die rituelle Selbst(Opferung) des Vaters gewährleistet die Versöhnung der Brüder und erneuert sie; die Sequenz macht den Anfang der Gesellschaftlichkeit aus und betont somit ihre befriedenden und konstruktiven Aspekte.

Dies gibt der Freudschen Darstellung ein entschieden funktionalistisches Profil. Dies ist sehr klar in den verschiedenen, manchmal epitomisierenden Wiedergaben der Sequenz im *Mann Moses* (so Freud 1939, S. 565 u. 577) – das, wie man weiß, ein fragmentarisch geschriebenes Werk ist, das viele Wiederholungen enthält. So erscheint die Rivalität unter den Brüdern nicht unter den echten Verboten. Echte, d.h. unbedingte sakrale Verbote sind, in der Brüdersequenz, nur diejenigen, die vom Vater verhängt worden sind. Diese werden übernommen in die Stiftung der symbolischen Ordnung der Gesellschaft und liegen dieser zugrunde. Was die Rivalität verbietet, ist nach Freud nichts anderes als die (vernünftige) Einsicht in die Sinnlosigkeit einer Lage, in der man einen Tyrannen ermordet, um ihn durch den mächtigsten unter seinen rebellierenden Unterworfenen zu ersetzen –, denn dies wäre die Folge eines unter den verbündeten Brüdern entflammenden Zwistes. Die Brüderrivalität vernichtet sozusagen den Gewinn des Vatermordes: dies lehrt uns die schlichteste Einsicht.

Funktional ist ebenfalls das Argument, wodurch Freud die Einrichtung der Brüdersozialität weiter expliziert – dabei muss man unterstreichen, dass Sozialität nichts anderes als die Brüdersequenz selbst ist und damit eine radikal brüderliche Struktur aufweist, die, in meiner Deutung, Freud für funktional hält. Der Mord am Vater führt zum Opfer und Verzicht auf den Besitz der Mütter und Schwestern. Da dieser Besitz vom Vater monopolisiert wurde,

»Ader gegen Ader, Schenkel gegen Schenkel.«

kam es zur Rebellion und zur Beseitigung des Vaters. Die Lage nach erfolgter Beseitigung verkehrt sich, wie wenn zwei unterschiedliche Logiken den unterschiedlichen dramatischen Abschnitten zugeteilt wären: die Logik vor der Rebellion und die Logik danach. Davor ist es die Logik der *coniuratio* und des gewaltsamen Abschüttelns einer Tyrannei durch die ihr Unterworfenen; danach ist es die Logik des *Nie-Wieders* (eines vor-sozialen Zustandes der reinen Gewalt) und die Einrichtung von Verhältnissen, welche die Einsätze, worum es beim Vatersturz ging, ein für allemal jeglichem Zugriff entziehen. Die Brüdersequenz steht unter dem Zeichen dieser Verkehrung, die alle vom Vatermord erhofften Gewinne, nämlich der freie Besitz der Mütter und Schwestern durch die Aufhebung des Gewaltgesetzes des Vaters, vernichtet[28]. Das neue frei und friedlich gesetzte Recht verbietet den Zugang zu genau denselben Gütern, welche die Gewalt des Vaters für sich vorbehalten hat. Die Gewaltordnung verwandelt sich in eine symbolische Ordnung, die alle Verbote der alten Ordnung übernimmt und ihnen eine vermehrte Stringenz verleiht, indem sie den Vater restauriert und seine Religion auf dem Schuldbewusstsein gründet.

Freuds Darstellung unterlässt all dies auszuführen, was sich unter den Titel einer Stiftung der neuen symbolischen Ordnung stellen lässt. Sie reflektiert die Verkehrung der Ordnungen und die Vernichtung der Gewinne nicht recht. Sie lässt alles, was in der Brüdersequenz geschieht, von Einsicht und Funktion bestimmt sein.

Nun geht es im entscheidenden Schritt auf unseren eigenen Ausblick auf eine neue Hypothese um die Setzung einer Brüderrivalität als solcher. Die neue Hypothese behauptet, dass die Brüderrivalität keineswegs nach dem Mord durch Einsicht und sich verrechtlichende Gesellschaftlichkeit geschlichtet worden ist noch werden konnte. Selbst wenn die Brüder es unterlassen würden, um die Position des Vaters zu ringen, so können sie selber keine Väter sein – auch keine sich selbst um jeden Wunsch nach Alleinbesitz aller Objekte der sexuellen Begierde beschneidenden Väter –, ohne dass sie sich auf eine rivalisierende Weise die Passion des Vaters aneignen. Wir werden sehen, dass der Gedanke einer Passion des »*Père obscène et féroce*« sich notwendigerweise aus den Freudschen Prämissen ergibt. Freud hat ihn mit der Privilegierung eines

---

28 Freud spricht vom »psychologischen Verhängnis der Ambivalenz« (1912–13, S. 437). Mit dem »Verzicht auf das Weib« (ebd. 437) »erreicht (...) der Sohn das Ziel seiner Wünsche gegen den Vater. Er wird selbst zum Gott neben, eigentlich an Stelle des Vaters« (ebd.). Dies ist der Strang der Verkehrung auf psychologischem Gebiet. Er findet in der soziologischen Betrachtung Freuds keinen Reflex. Die Vater/Sohnesreligion des Monotheismus erscheint viel später als jenes fast Struktur ausmachende »Ensemble von Brüderclan, Mutterrecht, Exogamie und Totemismus« (Freud 1939, S. 577), das die postokzidale (i.e. nach dem Mord) Sequenz kennzeichnet.

ätiologischen Stils der Hypothesenentwicklung, welche die psychischen Verhältnisse aus Urzuständen und Urereignissen deduziert, verfehlt. Wir werden ihn neu ausführen müssen.

Bevor wir dazu übergehen, müssen wir uns noch die Frage stellen, ob die Brüderrivalität, die man versucht wäre, aus den Urtraumen der Vatertötung zu deduzieren, nicht eine eigenständige, von diesem Strang der psychischen Strukturierung unabhängige Gegebenheit ist? Welche sind die Gründe, die es erlauben, sie (gegen Freud) mit jenen Urstiftungen der unauslöschbaren, immer wiederkehrenden Ansprüche und mit den primären seelischen Knotungen gleichursprünglich anzusetzen? Freud sieht keinen Anlass, die Geschichte nach dem Vatermord so zu lesen, als gehöre sie in die Faltungen der Psyche, die sich um ihre Urpathologie legen. Man kann mit verschiedenen Autoren und aufgrund eines sehr reichen Materials eine solche Rivalität in der Spiegelstruktur der allerersten Identifikationen begründet sein lassen. Ein schneller Durchgang durch diese Begründungsweise könnte lehrreich sein. Er würde auf alle Fälle mich dazu nötigen, die Motive sehr genau auszuführen, die meine Interpretation von ihrer Freudschen Grundlage trennen.

Brüderrivalität als Effekt der spekulären Urstrukturen des psychischen Lebens

Ich begnüge mich im Folgenden mit einigen Hinweisen zu Theorien und Positionen, welche Rivalität, Neid und Aggression untereinander nächststehenden Psychen von der Problematik ihrer Ähnlichkeit, bzw. Spiegelbildlichkeit abhängen lassen.

Der Andere, wie verwandtschaftlich, sozial und kulturell entfernt er auch sei, ist immer ein naher Anderer. Er ist immer ein beseelter Körper, in dem ein Begehren pocht, das ihn vollständig innerviert. Menschen erkennen ihre »Ähnlichkeit« sozusagen auf den ersten Blick: Ihre Körper sind analog und das, was sie bewegt, ist strukturell in jedem ähnlich. Die strikte Ähnlichkeit liegt ja in der Art, wie gerade das in diesen beseelten Körpern pochende Begehren kein vor sich hin treibender Trieb ist, sondern immer auf ein ihm entgegen strebendes Begehren antwortet, genauer: dieses immer schon voraussetzt. Es hat jenes andere Begehren immer schon (bedürfnisbedingt) als Anspruch beansprucht und ist von ihm als solchen Anspruch immer schon beansprucht worden. Die Ähnlichkeit liegt also nicht in der Ebenbildlichkeit von zwei an sich gleich gestalteten Wesen, sondern in der strukturellen gegenseitigen bedürfnisbegründeten Beanspruchung der reziproken Voraussetzung ihrer Begehren, welche die spekuläre Struktur ihrer immer schon geschehenen Begegnung, Verflechtung und Verknotung stiftet.

Jedes Begehren ist insofern seiner Struktur nach spekulär. Alle Bahnungen des Begehrens sind spekulär strukturiert – und dies hängt nicht vom Vorkommen eines Spiegels oder eines Sich-Selbst-Sehens ab. Die Urposition des Begehrens ist die des Entwurfs eines gegenüberliegenden Begehrens, von dem her das Begehren sich erst entfaltet und operiert. Im flechtenden Spie(ge)l der einander voraussetzenden Schlaufen von (Gegen)Anspruch und (Gegen)Anspruch entstehen die Phantasmata und Objekte des Begehrens. Die Spekularität bezeichnet genau diese stiftende Anlage des Begehrens, in der der Andere (*alter*) nicht nur als *analogon* zu *ego* aufgrund von auffälligen physischen und seelischen Ähnlichkeiten gesetzt wird, sondern als die andere, ähnliche, spekuläre Gestalt fixiert wird, an der *ego* selbst seine Einheit und Identität gewinnt. Erst der Anblick des Anderen in der Einheit seiner Gestalt als mir entgegenstehender begehrender und beseelter Körper gibt *ego* seine eigene Einheit in aggressiv defensiven Akten der rivalisierenden Ichbildung. Von Anfang an ist jeder Blick, der aus den Augen eines von Begehren beseelten Körpers ausgeht, sowohl spekulär als auch invidiär (neidbasiert).

Die Verbindung von Spekularität und Rivalität hat Lacan in der Dimension des Imaginären situiert. Für ihn wurzelt der dem Anderen auf den Leib rückende aggressive Impuls der Rivalität im Fehlen jeglicher symbolischen Vermittlung im Imaginären. Solange diese fehlt, gibt es keinen Ausweg aus der aggressiven Fixierung. Um aus dieser Befangenheit auszubrechen, bedarf es der Sprache.

»A l'origine, avant le langage, le désir n'existe que sur le seul plan de la relation imaginaire du stade spéculaire projeté, aliéné dans l'autre. La tension qu'il provoque est alors dépourvue d'issue. C'est-à-dire qu'elle n'a pas d'autre issue – Hegel nous l'apprend – que la destruction de l'autre« (Lacan 1975, S. 193).

Dies ist die Wurzel einer »rivalité absolue avec l'autre«, einer »aliénation primordiale«, sowie der »agressivité la plus radicale«. Die invidiäre Struktur des Begehrens ist da verankert. Lacan spricht von einer »jalousie ravageante, déchaînée«, »mais [fügt er hinzu:] Dieu merci, le sujet est dans le monde du symbole (...) [il] est susceptible de la médiation de la reconnaissance« (ebd.). Die »base rivalitaire«, ist »ce qui est surmonté par la parole« (Lacan 1981, S. 50).

Dies sind einige der Grundmotive des Lacanschen Verständnisses der Spekularität. Sie könnten die Hypothese einer Begründung der Brüderrivalität in den ödipalen Strukturierungen des Vatermordes überflüssig machen. Dies würden ebenfalls Zazzos (1960) Überlegungen zum »effet-de-couple« leisten. »La personnalité se forme, se transforme dans et par le couple (...). Les rôles sont fonction des rôles de l'autre« (ebd., S. 7)²⁹. Und dies ist immer körperbasiert. So unterscheidet Zazzo (ebd., S. 57) zwei Körper: »corps perçu à l'intérieur (...) comme un schéma dynamique. Le corps perçu de l'extérieur par les autres et, au moyen des autres, par soi-même (dans la perpétuelle ambiguité de l'objet-sujet) (...) [dans un] jeu de miroir et de dédoublement«. Für Zazzo ist das Bewusstsein selbst eine Art »effet de couple« oder Doppelung des Selbst entlang derselben Prozesse, welche die spekulären Konfrontationen mit dem anderen gestalten. Das Bewusstsein ist wie ein »sorte de dédoublement spéculaire à partir de la confusion primitive (...) Les effets de miroir existent déjà au niveau des mécanismes physiologiques« (ebd., S. 58). Das Paar, ob Paar der Brüder, der Freunde, der Eheleute etc. ist eine »dualité supra-individuelle à partir de laquelle s'opère le dédoublement du moi et du toi (...) par le même jeu de miroir d'opposition et d'identification«, das sich nicht unterscheidet von dem des »dédoublement intime qui est conscience de soi« (ebd., S. 118). Ich ist buchstäblich ein Anderer³⁰, sofern das Ich-Bewusstsein von einem spekulären Du her kommt, durch den ich mich selbst wahrnehme³¹.

Beregerets (1994) These von der Existenz »d'un authentique instinct violent, naturel, inné, universel et primitif« (ebd., S. 25), einer »violence primordiale«, »qui oppose enfant à parent, frère à frère (...)«, lässt die Brüder-Feindschaft in einer präödipalen Grundlange verankert sein³². Die »pri-

---

29 Zazzo 1960, S. 7. Alle »Paareffekte« beruhen letztlich auf der Doppelung (und Doppelung der Doppelung, etc.) einer Funktion, die Funktion einer anderen, ihr spiegelbildlich entsprechenden Funktion ist – wie in $f(x)=f(f(x))$. Unendliche Spiegeleffekte werden erzeugt und eine exponentielle Erhöhung der Komplexität des Systems, wie man sie vom kalkulatorischen Modellen der Spiel- und Entscheidungstheorien kennt, welche die verschiedenen reziproken Abhängigkeitsverhältnisse einer »double contingency«-Struktur zu errechnen versuchen (einer Struktur, in der die Erwartung von *ego* Funktion der Erwartung von *alter* ist und die Erwartungserwartung *egos* die Erwartungserwartung *alters* voraussetzt und sich nach ihr richtet). Es ist klar, dass aus dieser strukturellen Anlage, die dem *ego* inhärente Aggressivität, wie sie Lacan postuliert, nicht ohne weiteres deduzierbar ist.
30 Man muss betonen: ein Anderer als ein mir ähnlicher Anderer. Wallon (1949, S. 250ff.) unterstreicht seinerseits die Reziprozität der Einstellungen bei Kindern: Diese müssen sich sehr nah oder ähnlich vorkommen, damit zwischen ihnen eine »résonance mutuelle« entsteht, welche überhaupt eine Interaktion möglich macht. Die Folie der Nähe / Ähnlichkeit ist bei Kindern primär die des Alters. Geringe Altersunterschiede schalten diese »résonance« völlig aus, während ein Zustandekommen dieser eine Fülle von rivalitätsbetonten Interaktionen hervorbringt.
31 Es gibt auch »pathologies du double«. Die Pathologie des Zwillingspaares ist jene »fonction paralysante du miroir«, die sich jedoch aus der »fonction malgré tout différenciatrice du couple« ableitet (Zazzo 1960, S. 125).
32 Die Biologie spricht noch präziser von einer »sibling rivalry« und beobachtet sie in einer Vielfalt von Arten (sowohl Pflanzen als auch Tieren). Sie versucht eine evolutionäre Funktion dieser Rivalität herauszuarbeiten und macht sozusagen mit dem Phänomen Sinn. Auf alle Fälle scheint das Phänomen in der Struktur des Lebendigen tief verankert zu sein – da es ja schon auf relativ niederem Niveau auftritt (siehe dazu Mock; Parker 1997).

mordiale Gewalt« liegt für Bergeret im Zentrum dessen, was Freud unter dem Begriff der Ambivalenz zu fassen sucht. Freud habe jedoch nur die halbe Geschichte des Ödipus erzählt. Er unterschlage den anderen Konflikt, der vor dem im strengen Sinne ödipalen liegt, nämlich den »conflit vital«, der Behauptung eines Selbst vor einem Anderen. Bergeret zufolge hat dieser Konflikt keine sexuelle Valenz, kann aber eine solche bekommen. Die Sexualisierung der primordialen Gewalt macht sie pervers (»la perversise«). Sie lässt sie in einem perversen Genießen der Zerstörung des Anderen aufgehen. Hingegen ist die primordiale Gewalt notwendig und sozusagen legitim. Ohne sie kann der Infans sich keinen Platz auf der Welt verschaffen. Sie verweist nämlich auf »une double angoisse et un double mouvement de défense«. S'il »veut acquérir son droit à la vie, l'enfant devra éliminer ses parents, ou bien, s'ils entendent eux-mêmes survivre, les parents devront éliminer l'enfant« (ebd., S. 28)[33].

Diese »violence fondamentale« ist eine »étape d'exigence narcissique absolue«, eine Abwehr gegen eine »menace pour le maintien d'une omnipotence narcissique«, welche ihrerseits absolut lebensnotwendig ist (ebd., S. 59). Sie muss von der Aggressivität unterschieden werden, welche für Bergeret »support d'une partie du désir et du plaisir« (ebd., S. 61) wird. Wenn sie sich aggressiv gestaltet[34], bekundet sie die Einrichtung einer Rivalität zwischen Ich und Nicht-Ich, das als Rivale die Rolle eines »repère identificatoire« (ebd., S. 59) spielt.

Eine andere theoretische Grundlage für die Ableitung der Brüderrivalität würden Melanie Kleins Unterscheidungen um den Neid-Komplex liefern (siehe Klein 1993, S. 181ff.). Klein sah die Notwendigkeit, *envy* (Neid), *jealousy* (Eifersucht) und *greed* (Gier) zu differenzieren und jeden dieser Grundaffekte in ihren Beschreibungen der frühkindlichen Objektbeziehungen anders zu artikulieren. *Jealousy* impliziert eine trilaterale Beziehung, während *envy* eine bilaterale strukturell voraussetzt[35]. Der Unterschied ist für unsere Belange wichtig.

---

33 Für Bergeret fällt die göttliche Gewalt – auch in ihren blinden alttestamentlichen Formen – in das Register der »violence naturelle« , die Yahve von den Kindern Israels zuerkannt wird (Bergeret 1994, S. 240). Eine solche Gewalt ist für Bergeret selten erotisiert – d. h. für ihn »perversisiert«. In diesem Sinne ist sie ursprünglich und notwendig, vergleichbar mit einer vitalen Seinsbehauptung (der Leibnizschen *vis* z. B.). Eine natürliche Erotisierung setzt viel später mit dem Ödipus-Komplex ein. Die infantizide Geste (Jocaste / Ödipus, Abraham / Isaak) gehört ihrerseits in den Zusammenhang einer »violence rituelle archaique« (ebd., S. 134). Er belegt die »racines violentes de toute épigénèse« (ebd., S. 240) – dessen Verleugnung, nach Bergeret, Freud dazu führt, »das epistemologische Interesse auf die erotische Problematik zu verlegen« (ebd.).
34 Wie in den berühmten Fällen von Bruderrivalität, die Bergeret (1994) zitiert: Kain und Abel, Esau und Jakob, Remus und Romulus sowie Eteokles und Polynike.
35 Wir lassen die Problematik des *greed* beiseite, weil sie in unserem Zusammenhang weniger lehrreich ist. Es sei nur angemerkt, dass Gier als introjektive Identifikation funktioniert, die alles Gute am Objekt über allen Bedarf hinaus und unbekümmert um den Schaden an sich selbst für sich behalten, sich einverleiben will.

Im Falle der *envy* behält die Brust das Gute an ihr selbst für sich. Sie gibt die gute Brust und ihre Gratifikationen nicht heraus. Sie lässt sie nicht hervortreten und hält sie in sich sozusagen gefangen. Sie erregt dadurch die feindseligen Impulse von *envy*. Diese sind verschiedentlich destruktiv: oral-sadistisch, urethral-sadistisch, anal-sadistisch. In allen Modi geht es darum, die Brust zu zerstören, sie mit Schlechtigkeiten zu füllen, sie zu verunreinigen, die schlechten Exkremente in sie hineinzuzwingen.

Hingegen ist Eifersucht etwas, was um das gute Objekt geschieht und um dessen Liebe. Man fühlt sich depriviert von diesem Objekt und seiner Liebe. Die feindseligen und destruktiven Impulse richten sich gegen den Rivalen, der das Objekt und seine Liebe für sich beansprucht und sie damit dem Subjekt vorenthält. Wichtigster Unterschied ist hier, dass das Objekt weder beschädigt noch zerstört wird, wie im Falle der *envy*.

Man könnte folgende weiterführende Gedanken wagen: Die trilaterale Struktur könnte – im Sinne einer Hinführung zu meiner Hypothese um die Vatergunst – als kennzeichnend für Vater-Söhne Beziehungen konstruiert werden, während *envy* ein struktureller Moment der Mutterbeziehung überhaupt ist. Die Herausklammerung, das Aus-dem-Konflikt-Heraushalten des Vaters in Kleins theoretischem Entwurf führt zu einer eigentümlichen Figur: Der Vater wird als der Herausgehaltene par excellence, derjenige, der von allen feindseligen Attributionen und Andenkungen frei bleibt. In weiterer Konstruktion wäre der Vater dann die Instanz, die nichts für sich behält, nichts vorenthält. Er wird dann zum Stabilisator der Figur der frühkindlichen Objektbeziehung schlechthin: Diese braucht nämlich eine Identifikation mit einem Objekt, das aller Schändung und Verletzung entrückt ist. Gegen den Vater kann sich kein Neid richten. Der Vater würde die Objektintegrität als solche vertreten: Er ist der Integre schlechthin, derjenige, der keine Schädigung erträgt und neidloses Fernhalten von Feindseligkeit ausstrahlt.

Der Rezess des Neides in dieser Konstruktion liegt dann schief zur Vaterrichtung und verweist auf die trilaterale Figur der Eifersucht. Der Neid des Sohnes kann sich unmöglich gegen den Vater richten. Er verwandelt sich in Eifersucht und trifft den Bruder. Die Rivalität zwischen den Brüdern entwickelt sich von da an als Rivalität um die Gunst des Vaters. Jeder der Brüder entwirft den anderen als Negativbild des Vaters, jenes Bildes, das so grundsätzlich unangreifbar gemacht worden ist, dass der Gedanke an seine Schädigung und Schändung nicht aufkommen konnte. Dann erhält der Bruder, das Bruderbild die Funktion, das am Vater zu repräsentieren, was nicht repräsentierbar ist, nämlich seinen Aspekt als schlechtes Objekt und Vorenthalter, Nicht-Geber der Gratifikationen eines guten Objekts. Wenn etwas an der strahlenden Gabe des Vaters den Sohn nicht erreicht, dann ist es der Bruder, der sie daran hindert. Der Bruder wird als derjenige konstruiert, der die Gunst des Vaters durch Eifersucht vorenthält[36].

Ausblick auf eine andere Hypothese

Zurück zu Freud. Wir wollen nun die Brüderrivalität aus dem Freudschen Gedanken des Vatermordes ableiten. Freud hat, wie wir gesehen haben, eine solche Ableitung nicht vorgeschlagen. Meine These ist, dass eine solche Ableitung Freuds Gedanken schlüssiger macht und sie an entscheidender Stelle ergänzt. Sie führt sie auf ihren wahren Kern zurück. Indem sie dies leistet, wird es ihr leicht gelingen, gegenüber den Ansätzen, die eine ursprüngliche strukturelle Rivalität behaupten, die eigenständigen Motive einer Gründung der Rivalität in einem wenig herausgearbeiteten Typus der »pathetischen« Identifikation plausibel zu machen[37].

Die Figuren einer Stiftung des Monotheismus wiederholen sich für Freud und bieten jeweils andere Geschicksvarianten, die alle jedoch aus dem Vatermord stammen. Ich versuche die Kernfigur systematisch zu artikulieren.

a. Ein Vater erwählt sich sein Volk, d.h. seine Nachkommenschaft, d.h. seinen Sohn.

b. Es gibt keine Vaterschaft, die nicht Erwählung des Sohnes, dessen Nennung als Vater wäre. Die bloß fleischliche Abstammung ist strukturell sklavisch. Erst muss der Nachkomme durch Nennung, Riten etc. in die Nachkom-

---

36 Sollte man hier Eifersucht mit Gier zusammenbringen und die Vorenthaltung der Gratifikationen durch den sich vorschiebenden Bruder als Gier anzeigen? Sie ginge dann über seine Bedürfnisse hinaus und richtete sich auf die maximale, sich selbst Schaden zufügende Füllung seiner selbst mit ihnen. Die evolutionäre Biologie der »sibling rivalry« führt hier ganz präzise Unterscheidungen ein (siehe Mock; Parker 1997).

37 René Girard hat in zwei Kapiteln seines Buches *La violence et le sacré*, (nämlich »Freud et le complexe d'Œdipe« und »Totem et tabou et les interdits de l'inceste«) versucht, eine in seinen Augen stets bei Freud latent gegenwärtige, am Gedanken einer Mimesis des Begehrens orientierte Hypothesenbildung aufzuzeigen und eigenständig nachzuentwickeln. Girards Interpretation passt wenig mit der meinigen zu tun, obgleich sie gerade die unterstreicht, was meine ihrerseits auch herauszuarbeiten versucht, nämlich die inkonsistente Weglassung des Motivs einer postokzidalen Brüderrivalität und die Frage nach ihrer Quelle und ihren Ausbildungen. Wie ich es weiter oben in einer Fußnote angemerkt habe, setzt Girard mit dem massenpsychologischen Gedanken eines mimetischen Begehrens an, während ich näher an Freuds Hypothese die meine zu entwickeln versuche. Auch fehlt bei Girard der Gedanke einer Identifikation, die ihr Äußerstes erreicht, wenn sie sich an den unsichtbaren Traumen der Passion des Vaters selbst vollzieht.

menschaft eingereiht werden. Ein Erbschaftsanspruch kann sich nur auf diese Erwählung und Aneignung des Sohnes durch den Vater berufen[38].

c. Insofern ist der Vater immer einsam, fremd, immer »ein Ägypter«. Sein Erwählungsratschluss muss immer erraten werden.

d. Es gibt eine Art prinzipielle, abgründige Erwählungs- und Zeugungsungewissheit im Verhältnis zum Vater. Hingegen gibt es keine solche Ungewissheit der Abkunft (Niederkunft) von der Mutter, sondern nur eine Ungewissheit der Abstammung aus dem Vater, welche die geistigere Art des Entstehens ist (siehe Freud 1939, S. 560).

e. Mit Verlassen der mütterlichen Sicherheiten betritt die Menschheit den Herrschaftsbereich des Vaters mit den Härten des geheimen Ratschlusses, der Insistenz der *demande* vor einem Nicht-Wissen, ob man adoptiert wird oder nicht, der Rivalität mit dem Bruder, der sich immer auf irgendeine fleischliche Abstammung berufen kann und hiermit die geistige beanspruchen wird.

f. Die Rivalität der Brüder fixiert sich dann um ein Erraten des Willens des Vaters. Die These ist, dass das Geheimnis des Vaters, wie das Geheimnis aller Macht, das seiner Un-Macht ist (es gibt keine Macht ohne Geheimnis, ohne Verschleierung in einem Ratschluss, einer Willkür). Die Teilnahme am Geheimnis ist Entschleierung und Teilnahme an der Ohnmacht der Macht.

g. Damit erklärt sich die (sakrifizielle) Dimension des Opfers. Der Mann des Monotheismus, der erwählende Vater, muss selber sterben, weil er selber, im Sinne Freuds, »ein Kind [Sohn / Bruder] gewesen war«, d.h. weil er selber am Mord am Urvater teilgenommen hat.

Der Ausblick, den ich hier anbiete, öffnet auf eine Hypothese hin, die sich von der Freudschen bedeutsam entfernt. Es gilt nun diese neue Hypothese zu erhärten.

---

38 Das heißt, dass der Gesichtspunkt auf Erben und Erbschaft ein ausschließlich aktiver ist. Man gelangt nicht zu einem Anspruch auf Erbschaft durch schlichte Abstammung. Es gibt sozusagen keine passiven Erbschaftsansprüche, auch keine subjektiven Rechte auf Erbschaft. Der Vater muss seinen Erben nennen, als solchen einsetzen, und damit eine »objektive« Vorzugsproblematik und -dramatik begründen. Wer als Erbe eingesetzt wird, ist immer der Lieblingssohn. Dies ist ein gründendes Motiv der Brüderrivalität.

Passion des Vaters, Wettstreit um seine Gunst

Wir wollen nun auf die Figur des Urvaters zurückkommen und sie näher betrachten. Der Urvater, heißt es, sei übergroß und übermächtig.

Im Rücken dieses Urvaters waltet der andere, einzige Vater. Dies ist die »Tradition« des Monotheismus, die wie ein Keim oder ein Schatten im Rücken einer jeglichen Gottheit und an der Affektgrundlage einer jeden Religion liegt. Der Gott Moses, der einzige Gott *Adonai*, wächst immer mehr hinter dem Vulkangott Jahwe, dem Gott des Ortes Kadesh, an dem die Juden von *Adonai*, vom reinen monotheistischen Gedanken abgefallen sind – und sich ihren Nachbarvölkern angeglichen haben. Er zersetzt ihn, zwingt ihn zu einer Synthese mit ihm und bereitet die Heraufkunft des wahren Motivs des Monotheismus vor.

Wir fragen: Was ist dies für ein Schatten, der hinter jeder Gottesfigur wirkt und sie allmählich sprengt und zerstreut? Woran krankt die Gottesfigur als solche? Freuds Antwort wäre: am Motiv, am Anspruch des Monotheismus als der Wahrheit, des Wahrheitsanteils des religiösen Wahnes, d.h. am Faktum des urzeitlichen Vatermordes.

Menschheitliche Urzeit und Urzeit des Individuums sind ein und dieselbe Zeit, das Weltalter der Ursprünge, der Knotung und der Sexuation der Seele. Es ist die andere Welt, in der alles eindrücklich und einprägsam ist. Sie ist aber der Boden für alle weitere Welt und hat dadurch einen ihnen gegenüber stiftenden Status. Ihre Intensitäten können nur noch künftig abnehmen und alles Erleben in der ihr nachfolgenden Welt ist gekennzeichnet durch diesen Niedergang der Intensität und die immer festere Vereindeutigung der Welt. In dieser Welt ersteht die Vaterfigur wie die Figur eines großen übermächtigen Anderen, dem ein hilfloser Infans gegenüberliegt. Der Infans ist strukturell frühzeitig geboren und liegt in seiner Ohnmacht da, wie ein enthäuteter Organismus, von allen Affekten überwältigt, wie zärtlich sie auch seien. Alles muss ihn verletzen, weil er in sich einen Grund der Verletzlichkeit ausmacht. Er ist die Vulnerabilität selbst, d.h. die Empfindlichkeit von Weltritzungen und -kerbungen selbst. Er ist Weltaffekt.

Der Schatten am Vater ist seine Übermacht selbst[39]. Aus seiner schlichten Übermacht und der schlichten Ohnmacht des Infans entsteht ein Übergriff. Der Vater hat sich immer schon vergriffen und ist mit zu großer, verletzender und verwüstender Gewalt in die weiche Materie des Infans vorgedrungen. Der Urvater Freuds aber muss zusätzlich zu diesem strukturellen Übergriff aus

---

39 Wir bewegen uns hier in der Nähe eines Hauptmotivs der Hiob-Spekulation C.G. Jungs (1961).

seinem eigenen Seelengrund heraus einen Zwang zum Schonen-und-Verletzen spüren: einen Zwang zur Ambivalenz, aus dem der Verwundete verwundet, der Vergewaltigte vergewaltigt, der Schonenwollende schändet, aus der Unergründlichkeit des urzeitlich gestifteten Motivs des Schonenwollens und des Verletzens.

Das Urvatermotiv, das hinter aller Religion und allem religiösen Gefühl liegt, und das alle Religion von innen zersetzt, bis sie zu ihren eigenen Motiven zurückkehrt, ist das der Passion des Vaters. Der Vater ist nicht nur Träger einer Übermacht im Dienste unstillbarer Triebe, sondern Träger einer Passion, die er als seine eigene urzeitliche Wunde erlebt. Der Übermächtige, der große Andere agiert seine Übermacht am Ohnmächtigen aus einem Wiederholungszwang seiner eigenen Passion heraus, seines eigenen Traumas. Er ist auch ein Kind gewesen. Er hat an sich selber die Not des kastrierten, vertriebenen, geopferten Sohnes erfahren.

Freud weiß selber, dass »auch der Vater einmal ein Kind gewesen war«, wie er selber am Ende seines *Mann Moses* schreibt (ebd., S. 556)[40]. Dies aber bringt ihn nicht auf die Fährte, die ich hier verfolge, sondern zu dem bloß historischen Schluss, dass Moses eine Vaterfigur darstellt, weil er an einer anderen Vaterfigur Modell nimmt, nämlich der des Pharao Ikhnaton. Man hat den Eindruck, dass der Freudschen Argumentation hier ein Fehler unterläuft: dass sein Gottvater / Vatergott, der, wie es Freud immer wieder betont, kein allmächtiger, transzendenter Gott sein kann, sondern nur aus dem Muster eines menschlichen Vaters entsteht, niemals »Kind gewesen war«. Man muss gerade diesen passionellen, geheim wirkenden, traumatischen Zug in den Urvater der Horde als dessen eigene neurotische Zerrissenheit auslegen, um den Schlüssel zum Gesamt der Freudschen (sowohl individual- als auch massenpsychologischen) Deduktion zu erhalten. Es gibt eine originelle Wunde im Urvater selbst, die aus seiner eigenen Latenz herrührt. Die Motive, eine solche Latenz im Urvater anzusetzen, sind zahlreich und besonders kräftig in der jüdischen und sonstigen monotheistischen Mystik: Gott ist in seiner Allmacht, seinem Allwissen, seiner Voraussicht abgründig; all seine Vollkommenheiten, seine Positivitäten sind ohne Grenzen. Diese Grenzenlosigkeit der Vollkommenheiten bildet eine Unendlichkeit, eine Art Negativität, welche das Erfassen des

---

40 Es sind hier zwei Ansatzpunkte, die Freud selbst für die Interpretation liefert: a. im individualpsychologischen Material, das er liefert, als Beispiele von notwendiger Rückkehr des Verdrängten (so der Knabe, der in späteren Jahren genau das verhasste Verhalten des Vaters reproduziert; oder die Frau, die eine allmähliche Charakterverähnlichung mit ihrer verhassten Mutter durchmacht). b. der zweite Ansatzpunkt ist die uns interessierende, aber von Freud vernachlässigte Einsicht des Kind-gewesen-Seins des Vaters (»auch der Vater einmal ein Kind gewesen war« – Freud 1939, S. 556).

göttlichen Wesens durch den menschlichen Intellekt verhindert. Diese Art von Negativität ist gerade nicht die, welche die monotheistische Mystik einer zweiten göttlichen Latenz interessiert. Die zweite Latenz ist keine Negativität der Unendlichkeit, der Überschreitung des Zählbaren und Erfassbaren in Eigenschaften, die dadurch einigermaßen unbestimmt werden. Es ist vielmehr die der *coincidentia oppositorum* im göttlichen Abgrund: Hier geht es um das Zusammenfallen von wahrhaften Gegensätzen und nicht um die Illimitierung von Positivitäten. In Gott koinzidieren Gut und Böse in einer Weise, die alle Gottesrechtfertigung (Theodizee) unhaltbar macht. Hier geht es um den Gott Hiobs, wie ihn C. G. Jung (1961) entworfen hat, einen Gott, der an seiner eigenen Übermacht krankt und in sich die Arbeit des eigenen Schattens spürt. Er ahnt in sich die Insistenz eines Verdrängten, das in seiner Rückkehr nach Buße und Wiedergutmachung strebt.

Somit gibt es im Gott-Vater einen Grund des Grundes oder einen Abgrund im Abgrund (*en-sof*), eine Latenz in der Latenz. Eine solche Figuration des letzten Rückzugs dessen, was Rechenschaft geben und das Prinzip der göttlichen Nicht-Totalisierbarkeit artikulieren kann, lässt den Grund eine Windung in sich vollziehen, die ihn wirklich abgründig macht. Diese Windung kann sich endlos wiederholen und bildet ein bewegliches Gähnen des Grundes. In ihrer Bewegung werden die Knotungen der psychischen Differenzierung und Identifizierung geknotet.

Die Figur des Urvaters der Horde wird von Freud als anfänglich, inaugural angesetzt. Sie eröffnet das Drama und macht seine Latenz aus. Sie ist das Bewegende, Latente, der treibende Schatten, der hinter allen Ereignissen wirkt. Freud scheint nicht zu beachten, dass diese Figur selbst nicht voraussetzungslos sein kann – nicht logisch, sondern dramatisch, aus dem Geiste des Dramas selbst, das sich unter seiner Herrschaft abspielt. Das Drama ist nicht nur nach vorne zu entfalten, sondern auch rückläufig in seine eigenen Anfänge zurück. Es ist geknotet um diese Figur und nicht nur von ihr her getrieben. Es gibt einen Keim, einen Schatten und eine Latenz im Keim, im Schatten und in der Latenz.

In der Struktur des Dramas weist dies auf das Kindgewesensein des Vaters hin, vor allem, in Bezug auf die Brüderrivalität, auf das Gespür des Kindes für den Schatten im Rücken des Vaters, auf seine geheime Passion und auf seine Motivierung, sich gerade mit dieser Stelle der Schwäche zu identifizieren. Der Infans ist vor dem übermächtigen übergroßen Anderen vor allen Dingen ein Ahner und ein Leser von Schatten und Traumen – ohne dass er oder der Vater um das Geschehen dieser Ahnung wissen. Die Wahrheit – die auch im Wahn und vor allem im religiösen Wahn wirkt und insistiert – überliefert sich in den Wunden des großen Anderen und in nichts anderem. Kein Infans wird nur an der Vollkommenheit, der Schrankenlosigkeit und der schieren Größe des großen Anderen geweckt, verwundet und verwüstet. Er ist von Grund auf in seinem Uraffekt wahlverwandt mit dem, was hinter der überragenden Größe des ihm gegenüberstehenden Anderen an diesem Erfahrung von Überragung und Überwältigung war (gewesen war), sowie von der Gewalt des Mordes, der am vorigen großen Anderen verübt wurde.»(...) der Schatten des Gottes, dessen Stelle er eingenommen, wurde stärker als er« (Freud 1939, S. 499). Dies ist der Nachfolgeprozess. Es ist das Erstarken des Verdrängten des Vatermordes im Rücken des Übermächtigen. Das Verdrängte sammelt im Dunklen das nötige Momentum und bricht dann auf in der Form des gestifteten Anspruchs, der Einlösung fordert. Was aber hier Einlösung fordert, ist nicht einfach der Anspruch einer Übermacht, die eine andere niederwirft und ablöst.

Die Identifikation der Söhne vollzieht sich nur scheinbar an den Macht- und Größeattributen. Sowohl die Liebe- als auch die Hassidentifikation der Söhne, d.h. ihre Identifikation in ihrer totalen und schlechthinnigen Ambivalenz, vollzieht sich an der unsichtbaren, untergründigen, im Schatten des Machtmotivs harrenden Passion des Vaters. Beide Identifikationen haben ihre Haftung, ihren Heftungspunkt nicht an der Machtvollkommenheit des Vaters, sondern an seiner stillen Leidenschaft. Die Identifikation orientiert sich am Verschwiegenen, am Geheimnis, am Rezess der auch-trauma-umnachteten, auch aus Urzeit-, Urwelt- und Uraffekttraumatik stammenden Übermacht des Vaters. Es ist eine »ahnende« Identifikation, eine am nur geahnten, aber im Ahnen absolut sicher und fest gehaltenen Geheimnis der Schwäche und des Leids partizipierende Identifikation[41]. Es ist eine Identifikation mit dem Ahnen.

Und nur dies kann dann die Brüderrivalität erklären. Denn diese gibt es, und sie hat mehr als strukturelle Gründe in der Urspekularität und ihrer aggressiven Trieblinien. Die Brüder wetteifern um Verähnlichung mit dem Vater in seiner geheimen Verwundung und dem Modus ihres stillen Wirkens und Verhehlens. In der Erwartung der Brüder fließt die Gunst des Vaters demjenigen zu, der den Vater in seiner Passion am besten erahnt und imitiert.

Ich kann hier eins der triftigsten Beispiele anführen, die eine solche Figur belegen. In ihm kommt es gerade nicht zur Rivalität der Brüder bei vollkommener Wahrung der Leidensidentifikation, und d.h., väterlich gesehen, der Lieblingserwählung beider. Man könnte ja meinen, es sei die einzige Figur, die eine solche Wahrung von Identifikation und Erwählung aller Söhne ermöglicht. Es ist die Figur, welche die originäre Rivalität absentiert: Sie umgeht ihre Ver-

---

41 Identifikationen sind qualitativ andere, wenn sie sich an Erleben (*pathein*) statt an Handeln (*poiein*) vollziehen. Das hat Freud in Bezug auf die von Kindern apperzipierte Urszene hervorgehoben.

leugnung durch die Imaginierung des einzigen Szenarios, in dem sie nicht aufkommen kann. Die Rivalität wird weder verunmöglicht durch Verleugnung noch durch Versagung oder Verdrängung, sondern durch eine Art realen Kontextentzugs: Es kommt gar nicht zur Rivalität, weil dieser die reale Chance eines Aufkommens vorab entwirklicht wird. Beide Brüder kommen, in der Zeit versetzt, an der Passion des Vaters um. Sie vollbringen ihr Opfer zu dieser Passion als »Holokaust«, als ganze Aufgabe ihrer selbst[42].

Dies ist das Beispiel der beiden Söhne Alis, Hasan und Husayn, die von Anhängern ihres (entfernten Vetters und) Rivalen Mu'âwiya ermordet werden[43]. Ihr Tod ist im Schiismus der paradigmatische Märtyrertod, der selbst in der Nachfolge und Nachahmung des Märtyrertodes ihres Vaters Ali steht, des unnachahmlichen Ausbunds aller Tugenden und Charismen. Man schreibt den beiden reinen und aufstrebenden jungen Männern einen Wetteifer um ein Des-Vaters-Würdigsein zu. Das bedeutet für beide die schwerste Tat der Verähnlichung mit dem Vater: als unschuldiges, reines Opfer aus dem Hinterhalt geschlachtet zu werden. Damit ist im Schiismus eindeutig die Verähnlichung mit dem Urvater und Stifter der Gemeinde (*î'a*) eine *imitatio passionis*. Der Urvater erscheint als ein um sein Recht der legitimen *khilâfa* (Nachfolge des Propheten als Oberhaupt der Gemeinde) und um sein Leben betrogener Dulder.

Man könnte sagen, wenn man der vorgeschlagenen Interpretation folgt, dass der Schiismus die große Wunschfigur der Beendung des Bruderzwistes ausgeboren hat. Mit dem Tod der beiden Brüder vollzieht die frühislamische, vom Schiismus getragene religiöse Tradition eine Wendung ins rein Charismatische und Spirituelle. Die Imame, die der Partei (*î'a*) Alis vorstehen, werden im Laufe der Zeit zunehmend spiritualisiert: Ihre Identität wird geheim gehal-

---

42 Ich hatte in der ersten Fassung des Beitrags geschrieben: »Sie vollbringen zur gleichen Zeit und im selben Akt ihr Opfer (...)«. Dies ist eine Art Verschiebung, durch die ich die Schicksale Hasans und Husayns verschmolzen ließ, d.h. noch geschwisterlicher gefasst habe als sie waren. Ich sah sie beide am selben Tag in Karbala sterben. In Wirklichkeit war Hasan zwölf Jahre vor Husayn gestorben, während es ein anderer Bruder des Husayn war, nämlich al-Abbas, der mit ihm in Karbala den Märtyrertod erlitt. Diese Verschiebung geschah unter dem Einfluss der schiitischen Legendenschöpfung und Mystisierung der Gestalten der beiden Brüder. Diese werden mit dem Propheten, ihrer Mutter (und Tochter des Propheten) Fatima, ihrem Vater (und Schwiegersohn des Propheten) Ali zu einer astralen Pentarchie zusammengeschlossen. Die »Fünf« sind noch vor der Erschaffung der Welt erschaffene Lichtwesen (*a bâh*), deren Species (*Suwar*) später in Adams Lenden hineinfließen. Hasan und Husayn sind vollkommen gleich in Rang und Ehre: sie werden von ihrem Großvater, dem Propheten, *asyâd* (Herren) genannt, weil sie im Paradies allen jungen Männern (*shabâb*) vorbildhaft vorstehen. Meine verschiebende Interpretation brachte eine vollkommen prägnante Figur der Überwindung der Brüderrivalität hervor.
43 Die Ermordung des Hasan durch Mu'âwiya-Anhänger ist eine schiitische These, von manchen Historikern bestritten (siehe dazu Veccia Vaglieri 2003).

ten, ja ab verschiedenen Stufen der Nachfolge gibt es nur noch verborgene Imame, welche für die Tradition des *dîn* bürgen bis zur Rückkehr des entschwundenen Imams am Ende der Geschichte[44]. Die Erledigung des Bruderzwistes scheint sich zu verbinden mit der Messianisierung der Imam-Figur sowie des ganzen Klimas der schiitischen Glaubensausrichtung.

Freud hat das Augenmerk auf die relativ komplexe Figur der Verkehrung von Vaterreligionen in Sohnesreligionen gerichtet. Ein Sohn tritt stellvertretend für die Brüder auf und wird zur Sühne des Mordes am Vater geopfert. Er wird damit zum Vater einer Gemeinde schuldbedrückter, reuiger Brüder. Er war es aber immer schon gewesen, da das erschlagene Gemeindehaupt immer eine Figur des Vaters ist. Wie man die Figur auch nimmt, wichtig ist dabei, dass man das Band des Hauptes zu seiner erwählten Gemeinde richtig fasst. Selbst in den Sohnesreligionen wird mit der Entrückung des Sohnes nach seinem Opfer die Frage nach der Nachfolge an der Spitze der Gemeinde gestellt. Hier wie in den Vaterreligionen strengen Typs hat man es mit Erwählung eines Lieblings-Sohnes / – Bruders zu tun, der dem Vater / Sohn am nächsten steht. Zu den nächsten des Vaters / Sohnes zu zählen und mit ihm durch ein Liebesband vereint zu sein, sind die Kriterien der Erwählung in beiden Religionstypen. Der Schiismus beschreibt mit nie nachlassender Rührung die innige Liebe, die der Prophet für seinen Schwiegersohn Ali gehegt hat. Ali war der Teilhaber an der größten Nähe zum Propheten – er war der erste unter den *muqarrabûn* (dem Propheten nahe Stehenden). Er verstand ihn am besten, weil das Herz des Propheten auf seinem Herzen lag. Ähnlich beschreiben die Evangelien die Liebe und Nähe, die Jesus und Johannes verband. Sie werden oft in der christlichen Kunst – man denke an berühmte Darstellungen des Abendmahles – innig nah oder gar als brennendes Herz auf brennendem Herzen figuriert. Die Hypothese, die ich in Abweichung von der Freudschen entwickelt habe, sieht in dieser Herz-an-Herz-Nähe, in diesem durch die Geschichte laufenden Band der Herzen einen weißen Faden, der von Geschlecht zu Geschlecht das Geheimnis der Schwäche des Vaters im es empfangenden Sohn neu webt[45]. Das Kind-gewesen-Sein eines jeden Vaters ist die Stelle seiner Ohnmacht und die Latenz seiner

---

44 Zu den schiitischen Motiven einer Theologie und Mystik des Imamat siehe Donaldson (1933), Hossein Nasr (1988), Corbin (1971), insbesondere letzterer zur Mystik der Verborgenheit des Imam und der eschatologischen Zyklik seiner Wiederkehr.
45 Zum Herz als Ursprung eines Flusses schwächender Eigenschaften, siehe D'Onoforio (2003, S. 48ff.), der die Unterschiede in der sizilianischen Volkstradition zwischen Schultermilch und Herzmilch (sowie Kopfmilch) bespricht. Die Herzmilch ist schädlich für den Säugling, weil das Herz alle Schwächen und Verwundbarkeiten des Menschen enthält – vor allem Angst und Sorge. Hingegen kommt die Schultermilch vom Gebein.

Neurose[46]. Von Vater zu Sohn vererbt sich dieses Verschwiegene der Ohnmacht in der Form der Erwählung eines Lieblings, eines jungen Herzens, dem sich das Herz des Vaters offenbart. Der Vater hat ein Bedürfnis der Entschleierung seiner Schwäche als sein letztes, tiefstes Wort und Vermächtnis. Sein eigenes Kind-gewesen-Sein spricht sich hier aus: Kein Weg führt an der Erfahrung der Übergröße eines anfänglich nur als gewaltwillkürlich waltend erlebbaren Vaters vorbei. Der Infans im nun selber übergroßen und notgedrungen übergriffigen Vater konstituiert die Latenz dessen, was aus der Verdrängung wiederkehrt und die immer wieder geschehende Heftung der Neurose in der elementaren Triebstruktur eines jeden Subjekts gewährleistet. Der weiße Faden, der durch die Geschlechter geht, ist der der gleichzeitigen Überlieferung der Neurose und ihres Geheimnisses. Dies heißt: Die Söhne wissen in einem unbewussten, festen, das Sohnsein mitstiftenden Wissen um die Ohnmacht des Vaters. Sie spüren sie als abgründig verborgen. Der Ort ihrer Verbergung ist das Herz des Vaters als sein »*secret*« (Ort seines Geheimnisses). Zutiefst im Herzen des Vaters liegt also die undenkbare, nie bewusst zu machende Ohnmacht des Vaters. Erst wenn der Vater einen Sohn in seine erwählende nächste Nähe zulässt und sein Herz an dessen Herz drückt, erlaubt er die Überlieferung des Geheimnisses als solches und dessen Neuheftung mit dem weißen Faden, dem entlang sich die Wiederkehr des Verdrängten, d.h. des latenten Motivs der Ambivalenz der väterlichen und filialen Gefühle vollzieht.

Die Liebesidentifikation mit dem Vater ist der Grund der Brüderrivalität. Die Brüder wissen um jenes nie bewusst zu machende Wissen, dass der Vater nur in der Passion seiner Ohnmacht von ihnen geliebt wird. Es ist eine empathische Liebe mit den pathetischen Aspekten des Vaterseins und den großen Traumen des Kindgewesenseins des Vaters. Durch sein Kindgewesensein hat der Vater die Übergriffe seines eigenen Vaters erlitten, sie verdrängt und sich selbst zum Vater gemacht. Damit geht ein Wechsel einher, der das Geheimnis der väterlichen Passion endgültig verschleiert. Dieses kann nur noch über die selbst geheimnisvolle Nähe der Herzen als bloß Erahntes überliefert werden. Die Wunde am Vater ist das an ihm und für ihn Verborgene. Sie bleibt aber die

---

46 Diese Transmission der Neurose, die wie ein Faden durch die Geschichte läuft, könnte in zwei Richtungen verweisen: auf Lacans Kette der Signifikanten, in die sich das Subjekt einreiht und die in ihm sein Begehren vorartikuliert – in der Form eines Geschicks, das sich bei Oedipus z.B. nachträglich in seiner Unabwendbarkeit offenbart und sich wie eine notwendige Erzählung liest; auf Paulus' und Augustinus' Verständnis der Erbsünde als etwas, was »*per omnes homines pertransit*« (Paulus, Rom 5, 12) und keinen Menschen auslässt, durch den es nicht status- und geschickbestimmend hindurchgeht. Augustinus (1872, cap. 22, 23) spricht von einem Band oder Kette der Sünde (*peccati vinculum*), das das Begehren des Fleisches (*concupiscentia carnis*) »durch die Nachkommen durchzieht« (*traicit in posteros*).

eigentliche und intensivste Artikulation dessen, was sich vom Vater her mitteilt. Die Herzen der Söhne sind für solche Mitteilung die gierigen Gefäße. Die Identifikation mit dem Vater eröffnet einen Wettbewerb unter den Söhnen um Nähe, nächste Nähe, Herzfühlung zum Vater[47]: Es geht um ein Erhorchen seiner Bangigkeit und das unmittelbare Anliegen an seiner Passion. Es ist ein Wettstreit um die Nähe zur Vaterbrust und Einswerden mit seinem geheimen Leiden[48]. Die Brüder konstituieren sich psychisch entlang diesem Versuch, sich nach der ganz besonderen Art der Erduldung des Vatergeheimnisses, die ihres Vaters eigene Art ist, rivalisierend zu modellieren.

Der Vater gewährt seine Gunst einem Sohn, den er väterlich, gewaltwillkürlich, die üblichen oder geheiligten Gesetze der Nachfolge oft brechend, erwählt. Die Erwählung des Sohnes ist der willkürlichste, d. i. der väterlichste aller väterlichen Akte. Von den Söhnen her gesehen hat dieser entscheidende Akt verborgene Gründe. In ihrem unbewussten Gespür dieser in der »Tradition« des Vaterseins verborgenen Motive wetteifern sie um die weitestgehende pathetische Verähnlichung mit dem Vater. Und sie behalten Recht gegen den in Unbewusstheit und Willkür schwelgenden Vater. Die Erwählung des Sohnes gehört in die Tradierung der stiftenden Motive psychischer Konstitution. Diese Motive sind die latentesten im Unbewussten selbst. Die Söhne / Brüder spüren deren Existenz und deren Sinn. Der Vater scheint weniger stark zu ahnen, dass sie in ihm seine zutiefst verborgene Mitteilung ausmachen und ein Herz suchen, das sie am feinsinnigsten erspürt. In jeder Generation entfacht sich die Brüderrivalität um die Nähe zur väterlichen Passion erneut. In ihr geht es um die Neuheftung des Begehrens an der Stelle der Verborgenheit der

---

47 Zur Metaphorik der Herzfühlung und zur Gebärde der männlichen Umarmung verweise ich auf die französische Fassung dieses Beitrags, die in Clam (2006) erscheint. Hier bin ich auf die patro-filiale, thymische Pathetik eingegangen und habe gezeigt, dass sie anthropologisch nicht so allgemein zu sein braucht wie die Gebärde selbst, welche immer eine Asymmetrie zwischen empfangendem (Vater)Busen und empfangenem (Sohnes)Busen voraussetzt.

48 Dies führt zum verstärkten Aufkommen von rein pathetischen Vaterfiguren im Zuge des Überganges von Vater- zu Sohnesreligion. Im europäischen Judentum der späten Emanzipationsperiode oszillierte die Vaterfigur zwischen zwei entgegengesetzten Polen der »Lammfrommheit« und des »Hannibalismus«. Dies ist belegt in Freuds Biographie selbst: in der *Traumdeutung* erzählt Freud von einem eigenen Traum, der auf einer Identifikation des jungen Freuds mit der Figur des Hannibal aufbaut, in einer Reaktion gegen die Komplizenschaft seines Vaters mit den demütigenden Diskriminierungen der antisemitischen Umwelt – siehe zu dieser Versuchung des »Hannibalismus« den Beitrag Blumenbergs in diesem Band. In Bertha Pappenheims (Anna O.) Erzählungen (2002) findet die »Krise des Judentums« einen starken Widerhall und nimmt die Gestalt eines Gegensatzes zwischen der »frommen« Generation der Väter und der alle Gängelung abschüttelnden, aufstrebenden Generation der Söhne an.

»Ader gegen Ader, Schenkel gegen Schenkel.«

Ohnmacht hinter der Übergröße und dem Übergriff der erdenklich größten Vormacht. Die Tradition sowohl des semitischen Monotheismus als auch der innersemitischen Brüderrivalität in ihm erzählt in eigenen Figurationen von dieser Neuheftung.

Literatur

Achcar, Gilbert (1999): Sociologie et pouvoir chez Ibn Khaldoun: une lecture weberienne. In : Cahiers Internationaux de Sociologie, Vol. CVII,1999, 369–388.
Augustinus (1872): De Nuptiis et concupiscienta / On Marriage and Concupiscence. In: Holmes, Wallis (Hg.): Library of the Nicene and Post-Nicene, 5. Aufl., Edinburgh (Clark).
Baechler, Jean (1988): La solution indienne. Essai sur les origines du régime des castes. Paris (PUF).
Benedict, Ruth (1989): Patterns of Culture. Boston (Houghton Mifflin) (cop. 1934).
Benslama, Fethi (2002): La psychanalyse à l'épreuve de l'Islam. Paris (Aubier).
Bergeret, Jean (1994): La violence et la vie. La face cachée de l'Œdipe. Paris (Dunod).
Bluemenberg, Yigal (2006): »Der Jude ist selbst zur Frage geworden« (E. Jabés) – oder: die »Annahme des Vaters« (S. Freud). In diesem Band.
Casajus, Dominique (1997): Rez. Fogel, Frédérique. – Mémoires du Nil. Les Nubiens d'Égypte en migration. Paris (Karthala). In : Cahiers d'études africaines, 166.
Chevallier, Dominique (1971): La société du Mont-Liban à l'époque de la révolution industrielle en Europe. Paris (Geuthner).
Clam, Jean (2006): »Rivalité fraternelle et faveur du père. Partitions invidiaires du monothéisme abrahamique et perspective sur une hypothèse freudienne«. Erscheint in: Mélanges pour le Père Michel Hayek, dir. Charles Chartouni, Paris (Geuthner).
Clam, Jean (2004): Kontingenz, Paradox, Nur-Vollzug. Grundprobleme einer Theorie der Gesellschaft. Konstanz (UVK).
Corbin, Henri (1971): En Islam iranien. Aspects spirituels et philosophiques. Le Shî'isme duodécimain. Paris (Gallimard).
Dagorn, René (1981): La geste d'Ismael. Genève (Droz).
Donaldson, Dwight M. (1993): The Shi'ite Religion. London.
D'Onoforio, Salvatore (2003): L'esprit de la parenté. Paris.
Du Bois, Cora (1960): The People of Alor, Cambridge Mass., 2. Aufl. New York (Harvard University Press).
Durkheim, Emile (1960): Les formes élémentaires de la vie religieuse, 4. Aufl., Paris (Presses Universitaires de France).
Erikson, Erik (1950): Childhood and Society. Harmondsworth (Penguin).
Fogel, Frédérique (2006): Du mariage »arabe« au sens de la parenté. Erscheint in: L'Homme 177/2006.
Freud, Sigmund (1912–13): Totem und Tabu, SA IX, 295–444.
Freud, Sigmund (1921): Massenpsychologie und Ich-Analyse. SA IX, 65–134.
Freud, Sigmund (1927): Die Zukunft einer Illusion. SA IX, 139–189.
Freud, Sigmund (1930): Das Unbehagen in der Kultur. SA IX, 197–270.
Freud, Sigmund (1939): Der Mann Moses und die monotheistische Religion. Drei Abhandlungen, SA IX, 459–581.
Girard, René (1972): La violence et le sacré. Paris (Grasset).

Hayek, Michel (1964): Le mystère d'Ismael. Paris (Mame).
Hossein Nasr, Seyyed, et al. (1988): Shi'ism: Doctrines, Thought and Spirituality, Albany. New York (State University of New York Press).
Jung, Carl Gustav (1961): Antwort auf Hiob, 3., rev. Aufl., Zürich, Stuttgart (Rascher).
Kardiner, Abram (1939): The individual and His Society. The Psychodynamics of Primitive Social Organization – with a foreword and two ethnological reports by Ralph Linton. New York (New York Columbia University Press).
Kardiner, Abram, with the collaboration of R. Linton; C. Du Bois, J. West (1945): The Psychological Frontiers of Society. New York (New York Columbia University Press).
Klein, Melanie (1993): Envy and Gratitude and other works 1946–1963. In: The writings of Melanie Klein. London (Karnac books) (cop. 1975).
Lacan, Jacques (1975): Séminaire I, Les écrits techniques de Freud. Paris (Seuil).
Lacan, Jacques (1981): Séminaire III, Les Psychoses. Paris (Seuil).
Lacan, Jacques (1986): Séminaire VII, L'éthique de la psychanalyse. Paris (Seuil).
Lacan, Jacques (1961–62/1996): Séminaire IX, L'Identification. Nicht verkäufliche Nachschrift.
Lane, Edward William (1863–1893): Arabic-English Lexicon. (Williams Norgate) London.
Löwy, Michael (2004) : »Le concept d'affinité élective chez Max Weber«. In: Archives de sciences sociales des religions, 49e année, Juillet–Septembre 2004.
Mock, Douglas W.; Parker, Geoffrey A. (1997): The Evolution of Sibling Rivalry. Oxford (Oxford University Press).
Moses, Stéphane (2004): »Der Familienroman der biblischen Patriarchen«. In: Trajekte. Zeitschrift des Zentrums für Literaturforschung Berlin 4, 8, 22–31.
Pappenheim, Bertha (2002): Literarische und publizistische Texte. Wien (Turia & Kant).
Peirce, Leslie P. (1993): The Imperial Harem. Women and Sovereignty in the Ottoman Empire. New York (Oxford University Press).
Piaget, Jean (1967): La naissance de l'intelligence chez l'enfant. Neuchâtel Paris (Delachaux et Niestlé) Piaget, Jean (1972): Les notions de mouvement et de vitesse chez l'enfant. Delachaux et Niestlé (Neuchâtel Paris).
Piaget, Jean (1973): Le développement de la notion de temps chez l'enfant. Delachaux et Niestlé (Neuchâtel Paris).
Simonse, Simon (1992): Kings of Disaster. Dualism, Centralism and the Scapegoat King in Southeastern Sudan. Leiden, New York (Brill).
Veccia Vaglieri L. (2003): Einträge Hasan und Husayn. In: Encyclopaedia of Islam. Leiden (Brill).
Verdier, Raymond (1986): La vengeance: études d'ethnologie, de sociologie et de philosophie. Paris (Cujas).
Wallon, Henri (1949): Les origines du caractère chez l'enfant. Paris (Presses Universitaires de France).
Wolff, Larry (1998–99): »The Enlightened Anthropology of Friendship in Venetian Dalmatia: Primitive Ferocity and Ritual Fraternity Among the Morlacchi«. In: Eighteenth-Century Studies 32, 2, 157–178.
Zazzo, René (1960): Les jumeaux, le couple et la personne. Paris (PUF).

Überlegungen zur Atopie der analytischen Situation

Josef Ludin

Einführendes

Zunächst zum Begriff der Atopie. Wenn wir den Zusammenhang mit der jüdischen Tradition diskutieren wollen bzw. diesen hervorheben und ins Verhältnis setzen mit der der analytischen Untersuchung, dann möchte ich sagen, dass die Atopie dem Begriff des *Exils* in der jüdischen Tradition nahe steht. Ich habe aber den Begriff des Exils aus zwei Gründen nicht benutzt: Erstens glaube ich, dass der Begriff des Exils in der Gegenwart zu einem modischen Begriff geworden ist und damit das Verstehen behindert, weil schon alles verstanden erscheint. Dann aber, weil die spezifisch jüdische Konnotation des Begriffs, das Exil des jüdischen Volkes in der Geschichte meint. Die Betonung liegt hier auf der Erfahrung eines Volkes, einer Gemeinschaft. In der Psychoanalyse haben wir es jedoch mit dem Schicksal des Individuums zu tun, und die Erfahrung der Psychoanalyse, sowohl diejenige der analytischen Kur wie auch diejenige des Denkens und der Theorie, ist ganz und gar auf die Idee des Individuums aufgebaut.

Das Ich der Psychoanalyse

Wir wollen von einem kleinen Satz Freuds ausgehen, um uns der Frage der Atopie der analytischen Erfahrung zu nähern: Das Ich, sagt Freud, ist nicht Herr im eigenen Haus (Freud 1916–17, S. 295). Er meint, dieses Ich hat seinen bestimmbaren Ort mit der Entdeckung des Unbewussten verloren, es ist nicht mehr so einfach verortbar. Auf dieses Ich, auf seine eindeutige Bestimmbarkeit sind jedoch sowohl die monotheistische wie auch die philosophisch-wissenschaftliche Tradition aufgebaut. Jede Vernunft oder jeder Realitätssinn bedarf, um denken und Kraft des Verstandes Welt verstehen zu können, einer klaren Distinktion des Ich und des Nicht-Ich. Was soll es nun heißen, wenn Freud diese große Tradition des Ichs angreift und sie aus den Angeln heben möchte. Freud war ja bekanntlich alles andere als ein Phantast, auch kein Träumer, wenn er auch den Träumen zur Bestimmung dessen, was dann analytische Erfahrung wurde, eine große Bedeutung zugesprochen hat. Es geht in der von

Freud begründeten Erfahrung um die Erfahrung psychischer Realität. Diese bleibt unbewussten Kräften ausgesetzt, und zu ihrer Entdeckung, zu ihrer Dechiffrierung in der analytischen Kur, versagt offenbar das Ich, weil es selbst unbewussten Kräften ausgesetzt ist. Wenn das Ich aber als Erkenntnisinstrument in Frage gestellt ist, dann ist die Frage, mit welchen sonstigen Instrumenten psychische Erfahrung gewonnen werden kann.

Wir wissen, dass wenn wir von der jüdischen Tradition abstrahieren, es mannigfaltige religiöse Traditionen gibt, die sich die Gefühlswelt zur Quelle und zum Instrument der Erfahrung und dann auch des Glaubens auserkoren haben, einer unbestimmbaren Quelle, konfus und mit allen Rechten versehen. Häufig ist es ja sowohl in der Alltagserfahrung wie auch in der klinischen Erfahrung so, dass wenn jemand von seinen Gefühlen redet, er meint, Recht zu haben, da diese sozusagen die letzte Instanz darstellen, nicht mehr hinterfragbar. »Ich kann mich auf mein Gefühl verlassen«, ist dann der apodiktische Anspruch, der jede Hinterfragbarkeit außer Gefecht setzt. Solche Gefühls- und Glaubensvorstellungen haben etwas sehr hartnäckiges beim Menschen und trotzen selbst klaren Realitätsprüfungen. Die »Zukunft einer Illusion« nannte Freud diese Neigung des Menschen, sich seine psychische Gewissheit nicht nehmen zu lassen. Freud attackiert jedoch auch diese. Er misstraut am stärksten diesen, den Gefühls- und Glaubensvorstellungen der Menschen, hier ist er radikaler Aufklärer und streng einem Realitätsverständnis, einem Prinzip der Realität verbunden.

Das heißt, das nun dermaßen entmachtete Ich wird von Freud nicht durch die Gefühls- und Glaubenswelt ersetzt, wie sich dies Träumer, Phantasten, Religionsanhänger und Romantiker verschiedener Provenienz gerne wünschen, das Ich wird gewissermaßen dekonstruiert, wenn dieses modische Wort erlaubt ist, es wird aus den Angeln gehoben, um wieder neu eingesetzt zu werden, sozusagen als analysiertes Ich, als das Ich der Psychoanalyse, nicht mehr identisch mit dem monotheistischen, nicht identisch mit dem philosophisch-wissenschaftlichen und nicht identisch mit dem romantischen Ich. Und dieses Ich, so meine Hypothese, hat eine atopische Position oder, um es mit einem umgangssprachlichen Bild zu beschreiben, es sitzt zwischen allen Stühlen.

Die Atopie bei Sokrates

Ich muss allerdings der Wahrheit zuliebe mitteilen, dass ich den Begriff der atopischen Position doch einer Tradition entlehnt habe. Die Begriffe werden immer entlehnt, selten erfinden wir gänzlich neue, wir entlehnen sie und geben ihnen einen anderen Sinn oder stellen sie in einen anderen Kontext. Ein durchaus legitimer und geläufiger Vorgang. Also, der Begriff der Atopie stammt aus der philosophischen Tradition, solange es diese Tradition eigentlich noch nicht gab, er steht sozusagen am Anfang einer Tradition. Sokrates hatte die Position der Atopie für sich beansprucht, um die Warte zu bezeichnen, aus der er sprach. Es ist bekannt, diese Warte – der Begriff meint ja einen hochgelegenen Platz, aus dem man einen großen Überblick hat – hat ihn schlussendlich das Leben gekostet. Wer mit den Platonischen Dialogen einigermaßen vertraut ist, kann mit Leichtigkeit feststellen, dass Sokrates' Haltung zu seinen Gesprächspartnern etwas Unerträgliches hatte. Er war ja, um es böse zu sagen, ein Besserwisser, derjenige, der alle in die Antinomien ihres Denkens geführt und überführt hat, um ihnen klar zu machen, dass sie noch nicht begriffen hätten. Selten sagt er aber dezidiert, wie es denn nun wirklich sei, er beschränkt sich zumeist mit der Analyse des Gesagten der Anderen und deren Sackgassen. Die Position des »Ich weiß, dass ich nichts weiß« sollte nun diese Haltung charakterisieren, und er hält sie bis zu seiner Verurteilung durch und wirkt seltsam unerschrocken, ja fast etwas unmenschlich oder übermenschlich. Ein großer Vorwurf der Anklage gegen ihn war, dass er ein Verführer der Jugend sei. Dieser Vorwurf erscheint mir wichtig, ich würde gerne auf ihn zurückkommen. Doch zunächst ist es so, dass die sokratische Position eine geradezu heilige Position des Denkens war, sein Zuhause war das Denken und die Irrwege bzw. Umwege des Denkens. Worauf es für uns ankommt, ist auf Folgendes zu reduzieren: Hier war ein großes Individuum, das eine Haltung einnahm und das Philosophieren lehrte, das keinen festen Platz hatte, sondern sich jenseits gesellschaftlicher Denkkonventionen und jenseits sozialer Denkverpflichtungen situierte – also, kein Ort im eigentlichen Sinne kultureller Verortungen, sondern eine Atopie, eine gewisse Exterritorialität. Diese Exterritorialität oder Atopie kehrt, so meine Hypothese, in der analytischen Erfahrung, ihrer klinischen Praxis und ihrer Theoriebildung zurück, wenn auch in anderer Form.

Verführung und Bisexualität

Nach Meinung seiner Ankläger soll Sokrates ein großer Verführer gewesen sein. Wenden wir diesen Vorwurf doch einmal auf die Anfänge der Psychoanalyse an und fragen uns, wie es mit Freud seinerzeit stand. Der Beginn der Analyse hat seltsamerweise auch mit Verführung zu tun, und zwar in doppelter Hinsicht: Zunächst war Freud selbst verführt, dann hat er sich eine Ätiologie der Hysterie ausgedacht, die auf eine Verführung des Kindes durch die Eltern, oder genauer der Tochter durch den Vater verweist. Wenn man nun von der Hypothese ausgeht, dass es zwischen der ersten Generation der Analytiker und ihren Patienten eine gewisse Wahlverwandtschaft gab, dann ist für diese Wahlverwandtschaft das Verführungsparadigma ausschlaggebend, es taucht auch in allen Analysen auf, wird heute jedoch komplexer gefasst und unter dem Begriff der Übertragung diskutiert. Tatsache ist, dass die Schüler Sokrates' auf Sokrates eine sehr starke Übertragung hatten, die zu einer bindenden und verbindlichen Instanz wurde. Dies geschah auch mit Freud und seinen Schülern, und dies geschieht unentwegt und in allen menschlichen Zusammenhängen.

Die Psychoanalyse beginnt mit der Analyse der Hysterie und genauer noch: der weiblichen Hysterie. Es kamen junge Frauen zu Freud, die unter unterschiedlichsten Symptomen leiden, deren Leiden Freud zusammenfasst mit dem Begriff der Reminiszenz: Sie würden unter Reminiszenzen leiden, behauptete Freud (1895, S. 86). Was sollte dies heißen? Eine Kur, die die Erinnerung fördern sollte, behauptet nun, dass die Patienten, die sich ihr unterwerfen, unter Reminiszenzen, also unter Erinnerungen litten (vgl. Assoun 1993). Seltsames Paradox. Freud meinte damit aber, dass der Hysteriker oder eben die hysterische Patientin an etwas nicht erinnert werden möchte, dies verdrängt und das Verdrängte dann in Form von Symptomen wiederkehrt, d.h. von seinem ursprünglichen Ort verschoben, an einen anderen Ort hingeschoben, dort möglicherweise auch dermaßen verstellt, dass Ursprung und Tatsache unerkannt bleiben. »Erinnere dich!«, so könnte man sagen, wurde zum ersten analytisch-therapeutischen Werkzeug. Obwohl der Mensch dieses Gebot mehr oder weniger scheut, so bestätigt doch die klinisch-analytische Erfahrung, dass von diesem Gebot des Sicherinnerns eine seltsam verführerische Kraft ausgeht. Dieses Paradigma des Sicherinnerns hat dann auch Yerushalmi (1992) in seinem Kommentar zu Freud dazu bewogen, die Verbindung zur jüdischen Tradition herzustellen. Das hebräische »zachor«, »Erinnere Dich!«, kehre in der Analyse in säkularer Version wieder.

Die Tatsache jedoch, dass die ersten Patienten der Psychoanalyse Frauen waren, ist keineswegs ein Zufall und nur historisch begründet. Denn es ging, so eine erste Annäherung, um die Entdeckung der weiblichen Sexualität – diese war, wie Freud später behauptete, ein »dunkler Kontinent«. Von der infantilen Sexualität, die zu einer der grundlegenden Erkenntnisse der Psychoanalyse wird, wusste man zu diesem Zeitpunkt noch nicht viel. Sie wird erst im Anschluss entdeckt und führt dann zum berühmten Ödipuskomplex und seinen Schicksalen. Die männliche Sexualität schien einfacher strukturiert zu sein, über diese schien man Kenntnisse zu haben, alles war klar: Lust haben, erigieren, penetrieren, ejakulieren, das war es, so schien es. Freud hat über sein mit Fließ entwickeltes, noch ganz biologisch fundiertes Konzept der bisexuellen Natur der menschlichen Veranlagung die weibliche Hysterie erforscht. Er hatte sozusagen dies im Hinterkopf, und das famose Wort Charcots, das er diesem abgelauscht hatte, dass es sich bei den Hysterikern immer um Sexuelles handele. Mir geht es nun darum, hervorzuheben, dass die Bisexualität zu einer Grundannahme der Psychoanalyse wurde, und damit können wir uns vielleicht Folgendes klar machen: Die Entwicklung der psychischen Realität, an der sich dann die Entwicklung der Identität orientiert, ist einer doppelten Orientierung verpflichtet. Freud hat aus dieser Entdeckung den Ödipalkomplex formuliert, hat somit auch den Ursprung der Bisexualität von der biologischen auf die psychologische Ebene gehoben und hat darin einerseits die Phantasietätigkeit, andererseits die moralische Instanz, das Über-Ich als dem sog. Erbe des Ödipuskomplexes, eingewoben. Während also am Anfang der monotheistischen Tradition und der philosophisch-wissenschaftlichen Tradition das Ich steht, so steht am Anfang des von Freud begründeten Paradigmas die Bisexualität und ihre schwierige Verortung im Rahmen der Bildung der geschlechtlichen Identität und dessen, was Freud dann den »Untergang des Ödipuskomplexes« nannte.

Fassen wir den Ödipalkomplex noch etwas allgemeiner, damit er vielleicht einleuchtender wird. Freud hat es am Ödipusmythos gewissermaßen klassisch aus dem Dunkeln gehoben, und seine etwas versimplifizierte Form besagt, dass das Kind den gegengeschlechtlichen Elternteil liebt und damit in Rivalität mit dem gleichgeschlechtlichen Elternteil gerät. In dieser einfachen Übersetzung ist er allgemein bekannt. Tatsache ist jedoch, dass das Kind mit einer doppelten geschlechtlichen Identifizierung fertig werden muss und diese in eine einzige geschlechtliche Identität hineinführen muss. Vordergründig gelingt dies auch, geradezu biologisch determiniert, doch für die psychische Realität, unbewusst repräsentiert, bleiben mehr oder weniger ungelöste Reste, der Ödipalkomplex ist nicht untergegangen, wie von Freud als Bedingung für die gesunde nichtneurotische Entwicklung gefordert, sondern er waltet fort, die primären Bindungen werden später auf andere Beziehungen übertragen, und die Bahn ist frei für eine neurotische Entwicklung, die, wie wir heute wissen, kaum von jemandem vermieden werden kann, denn der Ödipuskomplex geht eben immer nur mehr oder weniger gut unter. Ein gelungener Untergang ist eine Rarität.

Entstellung

Machen wir einen Sprung und behalten wir das Gesagte einigermaßen im Kopf. Ich will von einem Beispiel in der analytischen Kur ausgehen, einem Beispiel, das die Erfahrung der Rede in der Analyse betrifft. Wenn ich mich als Analytiker in der Kur dazu entscheide, etwas zu meinem Patienten zu sagen, dann können meine Worte sehr klar und recht eindeutig sein, zumindest kann es mir im Moment des Sagens so erscheinen. Dies kann dann die Ankunft eines lang erwünschten Wunsches beim Patienten befriedigen, endlich aus der Ambivalenz auszutreten und sich mit seinem Wunsch oder Begehren versöhnt zu haben. Das Gefühl kann sowohl beim Patienten wie beim Analytiker entstehen, dass man nun endlich etwas verstanden habe und das Herumirren ein Ende nähme. Und dennoch erlebe ich es, dass mich meine Patienten manchmal zitieren: Sie sagten doch das letzte Mal oder kürzlich dieses oder jenes ... Und häufig habe ich Schwierigkeiten, meine Worte wieder zu erkennen. Zuweilen handelt es sich um eine kleine Differenz, dann wieder um völlig unerkennbare Dinge. Es passiert mir auch, dass ich irgendetwas, was aus dem Mund des Patienten wiederkehrt und dass er mir zuschreibt, nicht erkennen kann, obwohl ich mich erinnere, dass ich es wohl gesagt habe. Eine Entfremdung stellt sich in dem Augenblick zum eigen Gesagten ein, wenn es von außen zurückkehrt. Das von mir geäußerte Wort hat sich verändert, obwohl es äußerlich das gleiche geblieben ist. Ich erzähle die Erfahrung bewusst aus der Perspektive des Analytikers, dem Patienten geht es mit seinen eigenen Worten, die vom Analytiker in einen anderen Zusammenhang gesetzt werden, ebenso. Die Worte erfahren eine Verfremdung, sie werden in ihrer Bedeutung verstellt. Solche Beobachtungen kennen wir natürlich alle auch aus dem Alltag. Das ist das Gute an der Psychoanalyse, dass man ihre Erfahrungen in allen möglichen Alltagssituationen wieder erkennen kann. Dieses Phänomen des Schicksals der Worte, nachdem man sie einmal ausgesprochen hat, verdient reflektiert zu werden.

Die Frage ist also, wenn man zu jemandem spricht, zu wem man eigentlich spricht? Wo kommt das ausgesprochene Wort eigentlich an? In einer Alltagssituation würde man nachsichtig mit solchen Übersetzungsschwierigkeiten umgehen und von Missverständnissen sprechen. Wir nehmen dies aber ernster und sprechen mit Freud von der *Entstellung*. Freud hat vom Anfang bis zum Ende seines Werkes von der Entstellung geredet, und dennoch hat dieser Begriff leider keinen konzeptuellen Status erlangt. Im Wörterbuch von Pontalis und Laplanche (1972) z.B., eines der besten Wörterbücher zur Begriffswelt von Freud, kommt die Entstellung nicht vor. Am Anfang sprach Freud von Entstellung in einem ganz und gar klinischen Sinne. Er sprach von der Entstellung in der hysterischen Rede und in der hysterischen Symptombildung. Der Hysteriker entstelle ein Ereignis, von dem er rede, oder er entstelle Zusammenhänge. Er wollte damit zeigen, dass man einer Sache einen ganz und gar anderen Sinn geben kann, indem man den Ton oder irgendeinen anderen Aspekt des Ereignisses nur leicht verändert. Am Ende seines Lebens hat er dann mit *Der Mann Moses und die monotheistische Religion* (1939) der Entstellung einen sehr weitreichenden Rahmen gegeben. Selbst unser Geschichtsbild, unsere Kultur, alles Erzählte ist Entstellungen ausgesetzt. Die Entstellung ist sowohl individuell als auch kollektiv z. T. unbewusst, dann aber auch durchaus manipulatorisch und kann aggressiver Natur sein. Sie kann sich der Lüge annähern. In der Idee dessen, was Freud dann den *Familienroman* (1909) nannte, kommt die subjektive Geschichtsschreibung der eigenen Herkunft zum Tragen und sei häufig, so Freud und auch die klinische Erfahrung der Analyse, eine durch Entstellung entstandene (neurotische) Konstruktion.

Odysseus und die Lüge

Ich möchte aber nochmals auf die voranalytische Problematik dieser Figur der Entstellung eingehen, weil ich denke, dass sie uns darüber noch mehr Klarheit verschaffen wird. Freud sagte ja häufig, dass man sich an die Literatur und an die Dichter wenden sollte, denn diese hätten viele Erkenntnisse der Psychoanalyse vorweggenommen. Ich möchte einige Bemerkungen zu Odysseus machen.

Das Werk Homers ist in zwei Teilen geschrieben, die *Ilias* und die *Odyssee*. Man könnte, etwas vereinfacht gesagt, auf die Idee kommen zu sagen, der erste handelt von der äußeren Realität und der zweite von der inneren. Nach dem Trojanischen Krieg, dem Paradigma der Figur des Feindes, beginnen die Irrungen und Wirrungen des Odysseus, beginnt die Odyssee, die den inneren Kampf des Subjektes in metaphorischer Weise beschreibt. In diesem zweiten Epos ist Odysseus auf dem Heimweg nach Attika, er kehrt zurück. Die *Rückkehr* als Metapher halte ich für sehr zentral, sowohl in der Geistesgeschichte als auch in der Erfahrung der Psychoanalyse. Wie wenn wir alle mit Rückkehr beschäftigt wären. Man könnte also sagen, dass die Ilias die Bewegung des Aufbrechens in die Fremde beschreibt und die Odyssee die der Rückkehr. Erlaubt sei mir eine einfache psychoanalytische Übersetzung dieser Metaphern des Aufbrechens und der Rückkehr auf das Schicksal des Menschen: Die Eltern zu verlassen, bedeutet auf psychischer Ebene dem Untergang des Ödipuskomplexes eine Form zu geben, es ist eine Bewegung des Aufbrechens. Eine eigene Familie zu gründen und Kinder zu zeugen, wäre zugleich eine Rückkehr zurück zum Ödipalkomplex und damit zu der Transmission des Inzesttabus als der Grundlage menschlicher Kultur.

Doch zwischen diesen beiden Bewegungen, der des Aufbrechens und der der Rückkehr, passiert etwas. Die Rückkehr wird zu einer Figur der Erzählung. Geschichte wurde gemacht, erlebt und wird dann erzählt. Der Rückkehrer ist ein Erzähler und Odysseus ist der große, klassische Rückkehrer. Ein Vater oder eben die Eltern erzählen ebenfalls ihren Kindern, oder sollten es zumindest tun, sie erzählen, auch ohne es wahrzunehmen, von dem, was sie erlebt haben, von ihrer Wanderung, könnte man metaphorisch sagen; sie erzählen vom Leben, so wie sie es erlebt haben. Kindern, denen man nichts erzählt, werden unter einem Mangel leiden, Mangel an Spuren, um sich zu orientieren. Ich bin immer wieder erschrocken, aus Analysen zu erfahren, wie wenig in deutschen Elternhäusern geredet und erzählt wird. Schweigen ist ja Gold, heißt es hierzulande. Die Erzählung ist die klassische Figur der Transmission, der Übermittlung von einer Generation zur nächsten. Hier können wir als Nicht-Juden nur mit Neid auf die jüdische Tradition schauen, ist sie doch – ich muss hier Christine von Braun (siehe den Beitrag in diesem Band) entschieden widersprechen – in erster Linie eine orale, auf Erzählung basierende Transmission.

Doch zurück zum Rückkehrer, er ist also der klassische Erzähler, und wir sind alle, indem wir aus einer Familie stammen und dann eine gründen, Rückkehrer. Doch ist der Rückkehrer auch ein Mythenstifter, und hier beginnt der Charakter Odysseus' interessant zu werden. Wenn man Freuds *Der Familienroman der Neurotiker* (1909) liest, wird man merken, wie sehr in jedem von uns ein kleiner Odysseus steckt. Indem der Rückkehrer anfängt zu erzählen, verändert er das Erzählte. Und genau in diesem Sinn spricht das Epos des Homer Odysseus eine Qualität zu, die uns aufhorchen lassen sollte. Es wird von Odysseus als einem Lügner gesprochen, als jemand, der sich verhüllt und nicht zu erkennen gibt. Odysseus ist klug und schlau, seine Schlauheit machte ihn auch so berühmt. Aber was bedeutet hier die Figur der Lüge? Warum lügt Odysseus? Um uns diesem Topos anzunähern, müssen wir uns zunächst von der moralisierenden Konnotation des Begriffs frei machen. Auf Griechisch heißt Lüge »pseudos«. In diesem »pseudos« erkennt man auch das berühmte »proton pseudos«, von dem Freud im Zusammenhang mit der Hysterie sprach (Freud 1950, S. 444). In der griechischen Poesie hatte »pseudos« keinen moralisierenden Beigeschmack, er war schon bei den Griechen psychologisch gemeint, könnte man sagen. Odysseus ist ein bewunderter Held, wenn man ihm also »pseudos« unterstellt, will man ihn keineswegs schlecht machen. Das Erfinden von Geschichten, das man ihm vorwerfen könnte, hatte eine doppelte Konnotation, lügnerisch auf der einen Seite und poetisch auf der anderen. Das deutsche Wort »Erdichten« fasst es gut zusammen. In diesem Sinne war alle Poesie der frühen Zeit nahe der Erdichtung und der Mythomanie. Hesiod sagt in seiner *Theogonie* Folgendes: »Wir können viele Lügen erzählen, die der Realität ähneln«. Athene, die den Charakterzug des Sich-verstellens bei Odysseus gut kannte und ihn offenbar auch deshalb besonders liebte, sagt zu ihm: »Schlecht wie Du bist, schlau und unersättlich in der Schlauheit, wolltest Du selbst zuhause mit Deinen Schwindeleien und Deinen schlechten Reden nicht aufhören, was Dir so sehr am Herzen liegt« (zit. n. Hölscher 1990, S. 218). Es handelt sich also nicht um Lüge im moralischen Sinne, sondern um die Frage, wie Geschichte erzählt wird und wie sie sich konstruiert.

Fragen wir uns also, ob wir die Funktionsweise eines Odysseus als Beispiel für eine hysterische Funktionsweise begreifen könnten. Ist er ein hysterischer Prototyp sozusagen lange bevor die Hysterie entdeckt wurde und dies auch in einer männlichen Gestalt? Die Tatsache, dass es sich um einen männlichen Protagonisten handelt, sollte uns nicht weiter erstaunen, sind doch auch weibliche Rollen in der griechischen Tragödie von Männern gespielt worden. Die Griechen waren der bisexuellen Natur der menschlichen Psyche näher, als es die europäische Kulturtradition nach der jüdisch-christlichen Wende war. Die Psychoanalyse hat die bisexuelle Grundlage der menschlichen Psyche über einen langen Umweg wieder entdeckt (siehe Granoff 2001).

Ich will also zunächst die Frage der Entstellung wieder aufgreifen. Die Entstellung kann man als eine Konstruktion eines doppelten Sinns lesen. Das »proton pseudos« ließe sich als eine frühe Form des Bewusstsein verstehen, gebildet auf einer Entstellung, die gleichsam eine erste Transformation des Sinns bewirkt. Es käme somit zu einer ersten Metaphorisierung des Sinns. Das Bewusstsein bildet sich als ein vom unbewussten Universum abgetrenntes Stück, mühsam gewonnen – denn am Anfang ist alles unbewusst, und wenn Freud sagt, dass am Anfang die Tat stand, dann ist auch diese natürlich weitgehend unbewusst. In dem Maße, in dem alles unbewusst war, ist also am Anfang auch das Wort weitgehend Akt und unbewusster Akt. Das Modell auf der ontogenetischen Ebene ist die Geburt des Kindes. Der Säugling ist dieses Universum des Unbewussten und des Aktes. In dem Augenblick, in dem sich nur ein kleines Stück Bewusstsein implantiert, entsteht die Realität der Verdoppelung, die doppelte Referenz, die Differenz. Jetzt ist die Bedingung dafür geschaffen, dass das geschieht, was Freud dann die *Urverdrängung* nannte und mit ihr die unendliche Möglichkeit von Entstellung.

Die Hysterische und die Wissenschaft

Wie ich es bereits sagte, ist weder die Entstellung noch die hysterische Symptombildung gänzlich unbewusst. Entstellungen können bewusst *und* in manipulatorischer Absicht vorgenommen werden. Der Hysteriker, der sich in einem Spiel mit der Entstellung befindet, gerät zunehmend in eine Verwirrung und kann nicht mehr unterscheiden, was ihm bewusst ist und was nicht. Wir wissen nie so richtig, wie weit dem Hysteriker sein Tun und seine Worte bewusst sind oder ihm unbewusst bleiben. Und es gibt ein Gegenübertragungsphänomen in uns, das besagt, dass der Hysteriker ein Lügner sei, dass er wohl wisse, aber es nicht wissen wolle, es verleugne. Wir sprechen auch im Falle der Hysterie dann mehr von der Verleugnung als Abwehrstruktur anstatt von der Verdrängung. Diese Verleugnung macht es auch, dass wir beim hysterischen Agieren von einer Aggressivität sprechen. Es entsteht eine Missrepräsentation von Realität.

Die Hypothese, die ich zu Beginn schon erwähnte, dass es eine Wahlverwandtschaft geben muss zwischen der hysterischen Funktionsweise und der analytischen Denkform, wurde bereits von Lacan und im Anschluss an ihn von anderen, insbesondere französischen Analytikern formuliert (siehe Granoff 2001). Die Verwandtschaft spielt sich in einem Wechselspiel zwischen dem Wahren und dem Falschen ab. Hier kann man also erkennen, dass das Wahrheitsverständnis der Psychoanalyse nicht aus der monotheistischen Tradition, nicht aus der philosophischen Tradition und nicht aus der wissenschaftlichen Tradition abgeleitet ist, sondern aus der klinischen Erfahrung mit der Hysterie. Dass sie kommunizierbar ist mit all diesen Traditionen, ist eine andere Sache, sie hat aber ihre spezifische Ursprungsgeschichte. So wie die Hysterie für das Falsche steht, beansprucht der analytische Diskurs für das Wahre zu stehen. Der Hysteriker ist das Beispiel desjenigen, der einerseits starken unbewussten Kräften unterworfen ist, andererseits jedoch beansprucht, Herr seiner Handlungen zu sein. Der Analytiker kämpft gegen die Kräfte des Unbewussten, und man müsste von ihm annehmen, dass er Herr seiner Handlungen ist, was natürlich nicht immer der Fall ist. Der Erste ist derjenige, dem Lüge unterstellt wird, und der Zweite ist derjenige, von dem die Entlarvung der Lüge gefordert wird. Der Erstere verliert an Realität, der Analytiker sollte derjenige sein, der Realität zugewinnt. Ihre Reden und ihre Handlungen überkreuzen sich in einer Weise, dass es zu einem Gemeinplatz geworden ist, zu behaupten, der Analytiker sei ja selber ein bisschen verrückt. Wir Analytiker sind für das gemeine Bewusstsein so etwas, was Freud »Augenverdreher« nannte. Freud zitiert in einem Kapitel des Textes *Das Unbewußte* eine schizophrene Patientin von Tausk, die sich über ihren Geliebten beklagt: »er ist ein Heuchler, ein Augenverdreher, er hat ihr die Augen verdreht, jetzt hat sie verdrehte Augen, es sind nicht mehr ihre Augen, sie sieht die Welt jetzt mit anderen Augen« (Freud 1915, S. 296). Die Augen zu verdrehen, heißt aber nichts anderes, als den Augen eine andere Richtung geben, sie auf etwas anderes hinzuweisen. Das gemeine Bewusstsein wirft uns also vor, hinter allem etwas anderes zu sehen und damit den gültigen und bewährten Sinn zu verstellen. In diesem Sinne ist das analytische Vorgehen des Deutens immer eine Neueinstellung, die unterstellt, dass der Gemeinsinn einer Verstellung und einer Entstellung entspricht.

Kommen wir nochmals auf Freud zurück. Es geht mir nicht so sehr darum, eine Psychoanalyse Freuds zu machen, sondern ich will eine Hypothese unterbreiten bezüglich seiner Art und Weise, wie er als Theoretiker vorging. Die moderne Psychoanalyse ist von dieser Funktionsweise weit entfernt, ob zu ihrem Vor- oder Nachteil bleibt dahin gestellt. Freud macht eine dreifache Erfahrung mit der Hysterie und dies immer im Zusammenhang mit einem Mann, von dem er psychisch stark besetzt ist. Hier haben wir es wieder mit der Verführung zu tun. Denn wir können sagen, dass die Entdeckung der Psychoanalyse der Zeugung einer starken Übertragung zu verdanken ist und könnten ruhig hinzufügen, einer Übertragung mit stark homoerotischen Komponenten. Zunächst war es ein bewunderter Meister, dann ein Freund und dann ein älterer, erfahrener Arzt. Charcot, Fließ und Breuer, am Anfang der Entdeckung der Analyse stand die Übertragung zu diesen drei Persönlichkeiten. Der Dritte, Breuer – in gewisser Weise der Solideste, was seine Mentalität und seine Psyche anbetraf – zieht sich bald zurück und überlässt das prekäre Feld der Hysterie seinem jungen Freund Freud. Charcot, der große Meister und Hypnotiseur, hypnotisiert in gewisser Weise auch Freud, den wir später als einen sehr ich-starken Menschen kennen, der nicht leicht zu verführen war. Man fragt sich nicht genug, wie es möglich war, dass der solide, naturwissenschaftlich orientierte Freud, so sehr unter dem Einfluss eines Gebietes der Medizin kam, das man gewöhnlich eher als marginal und als wenig wissenschaftlich ansah. Bis heute ist es so, dass bei soliden, naturwissenschaftlich orientierten Medizinern das Psychopathologische als halbseiden und unernst gilt. Doch war es bei Freud nicht so sehr die Psychiatrie als Wissenschaft, die ihn anzog, sondern es war die Übertragung auf diese bestimmten Männer. Fließ hat er praktisch alles verziehen, und er konnte über eine ganze Zeit nicht erkennen, wie sehr dieser »hysterische« Theoretiker par excellence pseudowissenschaftliche Theorien entwickelte. Hier taucht das Wort »pseudo« wieder auf. »Pseudo« will in diesem Zusammenhang auch sagen, dass die Fließschen Theorien in wissenschaftlicher Hinsicht zwar falsch waren, aber als Phantasien äußerst kreativ. Fließ war jemand, der sehr autoritär reagierte, wenn man ihm nicht zustimmte. Freud stand so sehr unter seinem Einfluss, dass er die Entdeckung, dass alles sexuelle Ursachen habe, sofort von Fließ korrigieren ließ, der ihm mitteilte, dass alles nicht sexuelle, sondern bisexuelle Ursachen habe. Und Freud gab ihm sofort Recht.

Nun wissen wir, dass diese Veranlagung von Freud sich für »verrückte« Phantasien zu begeistern nicht nur eine Sache seiner Jugend war. Zu dieser Jugend gehörte sicherlich auch sein Abenteuer mit Kokain, das er selbst seiner Frau empfahl (vgl. Jones 1982, S. 116). Wir vergessen es, wie sehr Freud, als er den Weg der soliden Wissenschaft aufgab, ein Abenteurer war. Keiner von uns hätte dazu den Mut. Und wenn ich »Abenteurer« oder »verrückt« sage, dann meine ich das immer vom Standpunkt der universitären Wissenschaft und vom kulturellen Gemeinsinn aus. Um daran zu erinnern, dass diese Art Theorien zu bilden nicht nur mit seiner Jugend zu tun hatte, will ich sein Verhältnis zur Telepathie erwähnen, die Spekulationen über den Urmord am Urvater in *Totem und Tabu*, die Spekulationen über den Todestrieb von 1920, und ganz am Ende seines Lebens die Spekulationen über die Person Moses und über den doppelten Ursprungs des jüdischen Monotheismus. Er spekuliert hier auch über die doppelte Figur des Moses, die die Geschichtsschreibung in entstellender Weise in eine einzige Figur verwandelt habe. Man sieht, das »bi« der Bisexualität taucht hier in einer neuen Figur wieder auf, als ein doppelter Moses.

Um ein Beispiel dafür zu geben, wie sehr Freud gegen den Strich der Wissenschaft theoretisierte, genügt es vielleicht, an sein Verhältnis zum Werk von Sellin zu erinnern. Sellin war ein bedeutender Religionshistoriker, der die These unterstützte, dass Moses von seinem Volk umgebracht worden sei. Diese These war Freud für seine eigene Geschichtskonstruktion sehr wichtig. Doch machte man Freud gegenüber die Bemerkung, dass nach neueren Forschungen diese These vom Mord an Moses nicht mehr vertretbar wäre. Freud interessierte sich dafür überhaupt nicht und sagte lediglich, dass Sellin mit seiner Theorie recht gehabt habe. Das ist äußerst witzig und ganz und gar nicht das Verhalten eines seriösen Wissenschaftlers. Kein einziger von uns hätte genügend Mut, sich in dieser Weise zu äußern. Ernest Jones, der erste große Biograph und frühe Mitstreiter für das Freudsche Werk, war häufig sehr beunruhigt über diese Attitüden Freuds. Er bestand darauf, dass er sich von Ferenczi distanziere, der sich offenbar ebenfalls in abgelegene Spekulationen verirrte. Jones gab Freud den Ratschlag, bei dem jungen Berliner Karl Abraham zu bleiben, der begabt und ernsthaft war. Doch Freud hat den verwegenen Ferenczi vorgezogen. Er spielte also gewissermaßen ein doppeltes Spiel, wenn dieses Wort nicht so verächtlich klingen würde, er hat seinen »hysterischen«, auf das phantasievolle Wechselspiel beruhende Verhältnis zur Theorie immer mehr versteckt, und hat damit auch verborgen, dass er eine Art Odysseus der Wissenschaft war, schlau und listig.

Psychoanalytische Theoriebildung

Die analytische Theorie – jedermann sagt es, und wir sollten misstrauisch werden, wenn etwas von jedermann gesagt wird, da es gewöhnlich der Moment ist, wo wir die Dinge aus den Augen verlieren, um die es geht – erfindet man aus der Erfahrung der Kur. Die Intervention des Analytikers in der Sitzung, als erste mehr oder weniger spontane Skizze einer Deutung, ist die Grundlage der analytischen Theorie und sie ist hervorgerufen durch einen spontanen Einfall – eines Einfalls, den der eine oder der andere der Protagonisten im Übertragungsraum der Analyse hat. Um die Fabrikation analytischer Theoriebildung zu umreißen, schlage ich folgende Reihe vor: Vom freien Einfall oder von der Phantasiebildung in der klinischen Situation ausgehend bildet sich die Neigung zu einer Intervention oder zu dem Wunsch, schlicht und einfach etwas zu sagen. Dies kann dann die Form einer Deutung annehmen. Eine Deutung ist dabei immer eine Art Übersetzung, sie kann sich dann in eine komplexere Konstruktion umbilden. In einer nachträglichen Reflexion bildet sich daraus sodann eine Theorie. Die Frage des Schreibens beim Analytiker stellt sich erst beim letzten Akt, wenn man von der Konstruktion zur Theorie aufsteigt. Wenn wir diese Reihe aus dem Blick verlieren und nur noch Theorien machen aus Gelesenem, so wie es heutzutage weitgehend geschieht, dann verlassen wir die spezifisch analytische Herangehensweise, dann entwickeln wir einen universitären Diskurs, wir betreiben *Texthermeneutik* – etwas, was heutzutage massenweise auch von Analytikern betrieben wird, ohne dass man sich klar macht, dass weder Freud noch sonst ein bedeutender Psychoanalytiker jemals Texthermeneutik betrieben hat. In diesem Fall werden wir zu Wissenschaftshistorikern, wir arbeiten und denken nicht mehr analytisch, sondern untersuchen Texte. Ich habe natürlich nichts gegen Textstudien, aber das eigentliche Feld der Analyse sind nicht Texte, sondern die klinische Situation, die Übertragung, die Phantasiebildung, der Einfall, die Intervention, die Deutung, die Konstruktion und die anschließende Theoriebildung. Es ist klar, dass, wenn wir von der Konstruktion zur Theoriebildung fortschreiten, unser Gedächtnis sich meldet und uns mit unserem erlernten und angelesenen Wissen nährt. Dieses Wissen als Ausdruck unseres willentlichen Bewusstseins ist getragen von unserem Intellekt und unserem wissenschaftlichen Hintergrund, von unserem moralischen Gewissen und unserer Kultur, es ist leider zutiefst antianalytisch. Es kann auch unsere unwillkürliche Erinnerung, was Proust die *mémoire involontaire* nannte, ersticken und das Eigentliche des Denkens in der Übertragung abtöten, so dass wir das analytische Feld verlassen und uns in einem bequemeren Ort des gesicherten Wissens situieren. Das willentliche Bewusstsein bremst den freien Einfall. Es behindert die Phantasiebildung innerhalb der Übertragung, es wirkt durch eine abwehrende Bewegung des Ichs. Das Wissen als Abwehr manipuliert sofort den freien Einfall, es ist der Topos schlechthin, geradezu eine Wehrburg.

Nach der Erfahrung der Analyse hat sowohl das Versteckspiel der Entstellung wie auch die Offenbarung durch den freien Einfall ihre Ursache und Bedingung in der psychischen Realität des Menschen, sein Bedürfnis nach Wahrheit ist

Ausdruck einer psychischen Verfassung. Wenn es also ein Versteckspiel in unserem Reden und in unserem Handeln gibt, dann deswegen, weil sich hinter einem Geschlecht ein anderes verbirgt oder anders gesagt, weil hinter einem Begehren sich ein anderes verbirgt, das sich häufig zum ersteren im Widerspruch befindet. Die Verdoppelung der dadurch entstehenden *conditio humana* ist eine Not für die psychische Arbeit des Menschen, und diese Not ist seit Freud definiert durch das, was er dann mit dem Ödipuskomplex zu formulieren versuchte. Im Ödipalkonflikt, so sagten wir, ist das kleine Menschenkind mit einer doppelten sexuellen Identifikation konfrontiert. Die Verdoppelung der Identifikation verkompliziert sich nach Freud zudem für die Frau durch ihre besondere anatomische Disposition. Die Frau verfüge über eine doppelte Repräsentation ihres Geschlechts, durch die Klitoris und die Vagina, sie wechsele ihr erstes libidinöses Objekt, nämlich die Mutter, um sich auf den Vater zu beziehen. Also habe sie eine psychische Arbeit zu leisten, die wesentlich komplexer aufgebaut sei als die des Mannes und zutiefst in dieser Verdoppelung verankert ist. Die bisexuelle Realität der Psyche erscheint hier als eine im eigentlichen Sinne weibliche Disposition, und dies nicht nur auf der biologisch oder gar embryologischen Ebene, sondern auf der anatomischen Ebene, d.h. auf einer Ebene der Wahrnehmung. Diese Wahrnehmung strukturiert die psychische, sprich phantasmatische Repräsentation des weiblichen Körpers. Das Ereignis des Ödipuskomplexes vervollständigt die psychische Strukturierung und organisiert die unbewussten Repräsentationen in der Weise, dass wir auf der Ebene der bewussten Erfahrung die Geburt dessen erleben, was sich dann als Gefühlsambivalenz manifestiert.

Doch wäre es naiv zu glauben, die Situation für den kleinen Jungen sei weniger schwierig. Die Verdoppelung organisiert sich allerdings bei ihm etwas anders. Erinnert sei rasch an die wesentlichen Elemente des Ödipuskomplexes beim Jungen: Nach Freud tritt der kleine Junge, der seine Mutter ganz und gar für sich beansprucht, früher oder später in eine Rivalität mit dem Vater ein. Durch die von ihm erlebte Kastrationsangst nimmt er jedoch eine zunehmend passive Haltung gegenüber dem Vater ein, er verzichtet zunächst darauf, dessen Platz einzunehmen. Diese Not, in der er sich befindet, ist Ausdruck seiner Gefühlsambivalenz gegenüber dem Vater, für den er sowohl Liebe als auch Hass empfindet. Gleichsam ist es so, dass er sich in seiner späteren Entwicklung für eine andere Frau entscheiden muss als seine Mutter, obwohl das Geschlecht seines neuen Liebesobjektes das Gleiche bleibt. Hier ist die besondere Schwierigkeit des Mannes angesiedelt, von seiner Mutter loszukommen. Die passive Position gegenüber dem Vater bezeichnet Freud auch als eine *homosexuelle Position*. Es ist klar, dass diese Art männlicher Homosexualität auch eine Form der Bisexualität darstellt, doch ist sie weder durch eine anatomische Disposition noch durch einen Wechsel des primären libidinösen Objektes verursacht. Sie ist Resultat der Kastrationsangst, und dies ist ein wesentlicher Unterschied. Wenn also die Bisexualität ein Prototyp der weiblichen psychischen Organisation ist und zu einer hysterischen Disposition führt, so könnte man sagen, dass die speziell homosexuelle Problematik beim Ödipalkomplex des Mannes zu einer paranoiden Disposition führt. Von der männlichen Hysterie zu sprechen, hat mich persönlich nie besonders überzeugt, nicht, weil es keine hysterischen Symptome beim Mann gäbe, sondern weil ich der Meinung bin, dass die geschlechtliche Differenz in der Organisation des Ödipuskomplexes zu einer unterschiedlichen Disposition führt, zu einer hysterischen mehr auf Bisexualität basierenden auf der einen und zu einer paranoiden, mehr auf Homosexualität basierenden auf der anderen Seite.

Das Wahrheitsverhältnis von Mann und Frau ist aus der Optik der hysterischen und der paranoiden Disposition zu betrachten. In diesem Zusammenhang ist selbstverständlich zu berücksichtigen, dass es aus dem psychoanalytischen Menschenverständnis »den« Mann und »die« Frau nicht gibt, sondern, dass wir alle mehr oder weniger dieses oder jenes sind. Das heißt, die hysterische und die paranoide Disposition sind in uns allen angelegt. Ich spreche hier aber nicht von der paranoid-schizoiden Position im Sinne Melanie Kleins.

Schlussbemerkungen

Ich werde jetzt mit einer kleinen Zusammenfassung enden: Freud sagt, dass in der analytischen Kur nichts anderes passiere, als der Austausch von Worten[1]. Aber wir wissen, dass ein Wort oder ein Satz, wie z.B. »ich habe Angst«, vollkommen unterschiedliche Realitäten bezeichnen kann. Die Verdoppelung des Sinns oder seine Vervielfachung ist dann auch die Voraussetzung für die unendliche Möglichkeit von Entstellung. Eine weitere Konsequenz daraus ist, dass der Unterschied zwischen Realität und Phantasie verwischt wird, Realität und Phantasie zusammenfließen können. Man könnte daraus den Schluss ziehen, dass eine Existenz wie die des Analytikers, der beansprucht das Unbewusste zum Sprechen zu bringen, zwangsläufig eine Existenz zwischen zwei Fronten ist. Oder um Franz Rosenzweig (1988) zu paraphrasieren, der vom Übersetzer sprach: Er ist ein Diener zweier Herrn. Die Wahl zwischen Realität und Phantasie, vor der

---

1 »In der analytischen Behandlung geht nichts anderes vor als ein Austausch von Worten zwischen dem Analysierten und dem Arzt« (Freud 1916–17, S. 9). Einige dieser abschließenden Gedanken sind dem Vortrag von Andrea Schlanstein «Die Funktion der poetischen Sprache in der Psychoanalyse – Koreferat zu Hartmut Raguse», gehalten in Potsdam im September, Juni 2004« (unveröffentlicht) entnommen.

sich der Analytiker unentwegt befindet, verbleibt immer in der Ambivalenz. Laplanche spricht von der Bedeutung des »als ob« im Freudschen Werk. »Das wissenschaftliche Ideal wäre«, so sagt er, »eine Sprache zu finden, die nicht ein ›als ob‹ benötigte«. Ein Einspruch, so meint er, auf den man nur antworten kann: Und wenn der Mensch konstruiert wäre auf der Basis eines »als ob« (Laplanche 1990, S. 51)? Diese Art wäre also eine andeutende Weise, und dieses »als ob« wäre eine Andeutung auf etwas anderes, da das »Ding an sich« nicht auf direkte Weise zu treffen wäre. Und genau in diesem Sinne, könnte man sagen, hat Freud auch den Sinn in eine Position nachträglicher Konstruktion gesetzt. Wir wissen seit der »Sprachverwirrung zwischen den Erwachsenen und dem Kinde«, von der Ferenczi (1933) sprach, dass der Erwachsene sich mit Botschaften an das Kind wendet, die für diesen rätselhaft bleiben. Das Kind versucht, diese Rätselhaftigkeit mühselig für sich zu übersetzen. Die Abfälle dieser Übersetzung, so sagt Laplanche (1998, S. 617), d.h. auch ihr Scheitern, sind die Grundlage der Bildung des Unbewussten. Lacan meinte, dass das Unbewusste wie eine Sprache strukturiert sei. Dazu kann ich nicht viel sagen, doch glaube ich, dass das Unbewusste einer Übersetzungsmaschine entspricht, und wenn man sich ihren Gesetzen verpflichtet fühlt, begibt man sich in eine Position, die ich als eine atopische bezeichne – im Englischen spricht man von einem *to be in between*.

Literatur

Assoun, Pierre Laurent (1993): Introduction à la métapsychologie freudienns. Paris (PUF).
Ferenczi, Sándor (1933): Sprachverwirrung zwischen den Erwachsenen und dem Kinde. In: Balint, Michael (Hg.) (1972): Sándor Fernezci. Schriften zur Psychoanalyse. Band II. Frankfurt (S. Fischer).
Freud, Sigmund (1895): (Zusammen mit Breuer, Josef) Studien über Hysterie. GW I, 75–312.
Freud, Sigmund (1909): Der Familienroman der Neurotiker. GW VII, 227–231.
Freud, Sigmund (1915): Das Unbewußte. GW X, 264–303.
Freud, Sigmund (1916–17):Vorlesungen zur Einführung der Psychoanalyse. GW XI.
Freud, Sigmund (1939): Der Mann Moses und die monotheistische Religion. Drei Abhandlungen. GW XVI, 103–246.
Freud, Sigmund (1950): Entwurf einer Psychologie. GW Nachtragsband, 387–477.
Granoff, Wladimir (2001): Filiation. L'avenir du complexe d'Œdipe. Paris (Gallimard).
Hölscher, Ivo (1990): Die Odysee. Epos zwischen Märchen und Roman. München (Beck).
Jones, Ernest (1982): Sigmund Freud. Leben und Werk. Band 1. München (dtv).
Laplanche, Jean; Pontalis, Jean-Bertrand (1972) : Das Vokabular der Psychoanalyse. Frankfurt/M. (Suhrkamp).
Laplanche, Jean (1990): Nouveaux fondements pour la psychanalyse. Paris (PUF).
Laplanche, Jean (1998): Die Psychoanalyse als Anti-Hermeneutik. Psyche – Z Psychoanal 52, 604–618.
Rosenzweig Franz (1988): Der Stern der Erlösung. Frankfurt/M. (Suhrkamp).
Yerushalmi, Yosef H. (1992): Freuds Moses. Endliches und unendliches Judentum. Berlin (Wagenbach).

Erlösung durch Vernichtung.
Zur apokalyptischen Struktur
des Antisemitismus

Wolfgang Hegener

Der »Untergang« des Nationalsozialismus: eine apokalyptische Inszenierung

In den Mai-Wochen des Jahres 2005 jährte sich der 60. Jahrestag des Endes von Krieg und Nationalsozialismus. In zahlreichen Filmen, am prominentesten wohl in *Der Untergang*, wurde uns das ungeheure Ausmaß der Zerstörung in den ersten Monaten des Jahres 1945 vor Augen geführt. Joachim Fest (2003) hat in seiner lesenswerten historischen Skizze der letzten Kriegswochen, die auch zum Teil die Vorlage für den genannten Film abgegeben hat, festgestellt, dass dem Untergang von 1945, einem Ereignis ohne jeden historischen Vergleich, bislang sehr wenige Untersuchungen gewidmet sind. Dies mag mit den politischen Gründen, die Fest selbst anführt, zu tun haben; ich vermute jedoch, dass es vor allem ein noch weit tiefer liegendes Erschrecken ist, das uns alle befällt, wenn wir uns dem Geschehen wirklich zuwenden. »Niemals zuvor«, so schreibt Fest (ebd., S. 7), »sind im Zusammenbruch eines Reiches so viele Menschenleben ausgelöscht, so viele Städte vernichtet und ganze Landstriche verwüstet worden«. Hitler war, obwohl er schon Ende 1941 erste Äußerungen über den verlorenen Krieg abgegeben hat, unter keinen Umständen bereit, zu kapitulieren. Ja, mehr noch: Er wollte, je weiter der Krieg voranschritt und umso aussichtsloser die Chancen auf einen Sieg waren, die unausweichliche Niederlage in eine weltweite Katastrophe ausdehnen. Bereits Anfang der 30er Jahre phantasierte er über einen kommenden Krieg und erklärte für den Fall der Niederlage: »So werden wir selbst untergehend noch die halbe Welt mit uns in den Untergang reißen«[1]. Dieser sein kalt-narzisstischer Zerstörungswille, sein *Todesnarzissmus* (A. Green) brachte ihn am Ende des Krieges (zuerst im Herbst 1944 und dann wiederholt im März 1945) dahin, im so genannten »Nerobefehl« anzuordnen, dass sämtliche Voraussetzungen zur Aufrechterhaltung des Lebens zu demolieren seien, und er mit der Zerstö-

---

1 Alle im Folgenden aufgeführten Zitate sind dem genannten Buch von Joachim Fest (2003) entnommen.

rung von Industrie- und Versorgungslagen dem Feind nichts als eine »Zivilisationswüste« zu hinterlassen gedenke.

Von seinem Ende aus fällt ein grelles Licht auf das Ganze des »Dritten Reiches« und seiner Zentralfigur Hitler. Schon von Beginn an zielten die Absichten der nationalsozialistischen Ideologie und Führung auf totale Zerstörung ab. Wenn Hitler davon gesprochen hat, dass es nur die Alternative »Weltmacht oder Untergang« gebe, so war die Weltmacht selbst für ihn nur als ein Zerstörungswerk vorstellbar. Fest ist der Meinung, dass Hitler nicht in den Siegen der ersten Kriegsjahre, sondern allein im Untergang und in totaler Vernichtung seine eigentliche Erfüllung gefunden habe; nie sei er mehr bei sich gewesen als im »Führerbunker« der Reichskanzlei[2].

Wie lässt sich eine solche, Tod und Vernichtung idealisierende Verfassung verstehen, die nicht nur für Hitler und die Führungspersonen des Nationalsozialismus prägend war, sondern für die breite Bevölkerungsschichten in hohem Maße ansprechbar waren. Ich möchte im Folgenden vorschlagen, sie als eine *apokalyptische Denk- und Gefühlsstruktur* mit all ihren Implikationen (psychoanalytisch) zu verstehen. Die Dokumente über den »Untergang« sprechen dafür, dass die verantwortlich Beteiligten ihn wesentlich im Sinne eines apokalyptischen Endgerichtes aufgefasst haben, in der die Vernichtung der bestehenden Welt zur Bedingung der Möglichkeit von Erlösung phantasiert wurde[3] – und auch hier lässt sich zeigen, dass diese Haltung nicht erst am Ende des Krieges auftaucht, sondern zum Grundinventar der nationalsozialistischen Ideologie von Beginn an gehört. In einem Propagandaaufruf der letzten Wochen vor der erzwungenen Kapitulation, der alle Register apokalyptischen Denkens zieht, heißt es: »Wir wissen mit Euch, dass die Stunde vor Sonnenaufgang immer die dunkelste ist. Daran denkt, wenn Euch das Blut beim Kampfe in die Augen rinnt und Finsternis um Euch wird. Was auch immer komme, der Sieg wird unser sein«. Die Frau des mächtigen Sekretärs Hitlers, Martin Bormann, phantasierte, dass sie die aussichtslose Lage an die »Götterdämmerung« erinnere und bedient dabei ebenso kräftig apokalyptische Topoi:

---

2 Wie sehr die Zerstörung über die Person Hitler hinaus integraler Bestandteil des gesamten Nationalsozialismus war, zeigt sich auch in seiner Ästhetik. Speer etwa sprach vom »Ruinenwert« der zukünftigen nationalsozialistischen Architektur. Danckwardt (2004, S. 74) kommentiert dies so: »Mit ›Ruinenwert‹ bezeichnete Speer eine wirkungspsychologische Erfahrung mit antiken Überresten, wonach Bauten so konzipiert sein sollten, dass sie noch in zerstörtem Zustand von der unzerstörbaren Macht der politischen Religion des Dritten Reiches kündeten. Zerstörung und Untergang waren in dieser politischen Religion und ihrer Ikonographie fest eingeplant«.
3 Der Historiker Robert Gellately (2005) geht davon aus, dass die Nationalsozialisten geplant hatten, 30 Millionen Menschen (sic!) zu vernichten. Man habe nicht nur einen, sondern eine ganze Serie von Genoziden im Sinn gehabt.

»Die Riesen und die Zwerge, der Fenriswolf und die Mitgardschlange, alle die Mächte des Bösen (...) stürmen über die Brücke der Götter (...). Die Burg der Götter wankt, und alles scheint verloren. Doch dann erhebt sich plötzlich eine neue Burg, schöner als je zuvor, und Baldur lebt wieder«.

Dass der Antisemitismus in entscheidender Weise in das zutiefst destruktive und todesverfallene Vernichtungswerk des Nationalsozialismus eingelassen ist, zeigen auch die Äußerungen Hitlers aus den letzten Tagen. Hitler, der sich am Ende seinen Mangel an Härte vorwarf, hielt sich aber zu Gute, die Juden »mit offenem Visier« bekämpft und »den deutschen Lebensraum vom jüdischen Gift (gesäubert) zu haben«. Bezeichnend ist in diesem Zusammenhang auch, dass er sein so genanntes *Politisches Testament* mit folgenden Worten beendete: »Vor allem verpflichte ich die Führung der Nation die Gefolgschaft zur peinlichen Einhaltung der Rassengesetze und zum unbarmherzigen Widerstand gegen den Weltvergifter aller Völker, das internationale Judentum«. Man kann mit guten Gründen sagen, dass für Hitler die totale Vernichtung der Juden das vorrangige Kriegsziel war, das gegen nicht nur jeden strategischen Sinn bis zum Letzten planmäßig durchgeführt wurde. In ihm sah er seine vorrangige Mission und die Erlösung der gesamten Menschheit begründet. Er verstand sich als *Messias militans*, als messianischer Erretter der Welt vom Bösen des »Internationalen Judentums«. Ausgehend von diesem Umstand, der die religiöse Aufladung des gesamten nationalsozialistischen Denkens schlaglichtartig deutlich macht, stellt sich dringend die Frage nach seinen historischen und psychischen Bedingungen. Die zentrale These dieses Aufsatzes wird lauten, dass der Vernichtungsantisemitismus des Nationalsozialismus eine historisch rekonstruierbare Voraussetzung und Entsprechung in einem bestimmten christlichen Antisemitismus findet, so wie er nämlich vornehmlich im johanneischen und im apokalyptischen Christentum, das ich inhaltlich als eine Einheit behandeln werde, auftaucht. Beide Formen des Antisemitismus sind ihrem Wesen nach apokalyptisch und versuchen, um es formelhaft zu sagen, *Erlösung durch Vernichtung* herzustellen (vgl. Ostow 1988 u. Hegener 2004). Grundlegend für die hier formulierten Thesen ist mithin die Behauptung, dass der Nationalsozialismus und der ihn definierende Vernichtungsantisemitismus nicht primär, wie es oft gesehen wird, als eine biologisch-rassistische bzw. sozialdarwinistische Ideologie, sondern sinnvoller als eine innerweltliche bzw. politische Religion in der Konsequenz der genannten Formen des Christentums verstanden werden kann.

Wolfgang Hegener

Apokalypse und Gnosis im Johannesevangelium

Bevor ich mit einer kursorischen Lektüre des *Johannesevangeliums* beginnen werde, sind wenigstens kurz einige grundsätzliche Bemerkungen zum *Neuen Testament* angezeigt, die die Interpretation einführen und einordnen sollen. Alle vier Evangelien sind im Umfeld des »Jüdischen Krieges« (66–70 n. Z.) entstanden, also etwa zwischen 70 und 110 n. Z., und überhaupt nur zureichend zu verstehen, wenn man beachtet, dass sie Kriegsliteratur sind (vgl. Pagels 1996). Nicht erst seit dem 2. nachchristlichen Jahrhundert, sondern schon in den Evangelien wird, und dies ist in unserem Zusammenhang von besonderer Bedeutung, die Zerstörung Jerusalems und des Tempels während des Jüdischen Krieges sowie die darauffolgende Zerstreuung der Juden als eine Strafe Gottes für die Kreuzigung Jesu interpretiert. Über Markus, Matthäus, Lukas bis hin zu Johannes wird mit steigender Intensität den Juden einseitig die Tötung Christi angelastet, und diese Darstellung dient als entscheidendes Argument für die heilsgeschichtliche Verwerfung der Juden. Hier findet sich das Grundmuster eines jeden Antisemitismus, seien die Argumente nun theologisch, rassistisch oder »sekundär« aus Schuldabwehr heraus entstanden (»Die Juden sind an allem schuld!«; »Die Juden sind unser Unglück!«; »Die Juden sollen sich nicht wundern, nachdem, was sie getan haben!« etc.). Dieses Grundmuster ist letztlich theologisch in den Evangelien grundgelegt worden, und die Betonung eines Bruches zwischen einem modernen und einem klassisch christlichen Antisemitismus verdeckt diese Kontinuität bloß.

Wenden wir uns nach diesen einführenden Hinweisen nun dem Johannesevangelium zu. Noch stärker als in den drei ersten, den synoptischen Evangelien wird in dieser um das Jahr 110 entstandenen Schrift, welche eine hoch spekulative Theologie und eine gnostische Schöpfungs- und Erlösungslehre enthält und die letztlich apokalyptische Geschichte Jesu als die eines kosmischen Konflikts zwischen Licht und Finsternis bzw. Gott und Teufel erzählt. Johannes führt gleich zu Beginn die bei der Schöpfung geschiedenen Urelemente Licht und Finsternis ein und wird sie später auf das weltgeschichtlich-apokalyptische Drama, das sich für ihn in der Historie Jesu abspielt, projizieren.

> »Im Anfang war das Wort, und das Wort war bei Gott, und Gott war das Wort. Dasselbe war im Anfang bei Gott. Alle Dinge sind durch dasselbe gemacht, und ohne dasselbe ist nichts gemacht, was gemacht ist. In ihm war das Leben, und das Leben war das Licht der Menschen. *Und das Licht scheint in der Finsternis, und die Finsternis hat's nicht ergriffen*« (1, 1–5[4]; Hervorhebung W. H.).

---

[4] Das *Neue Testament* wird durchgehend nach der 1984 von der Evangelischen Kirche in Deutschland revidierten Luther-Übersetzung zitiert.

Die strukturelle Ähnlichkeit mit der qumran-essenischen Apokalyptik, die von »Söhnen des Lichts« und »Söhnen der Finsternis« spricht, und mit gnostischen Vorstellungen (vgl. Jonas 1999) überhaupt, ist wohl unabweisbar. Im Unterschied allerdings zur »spätjüdischen« Apokalyptik und überhaupt zum jüdischen Messianismus kommt im Christentum der Glauben an die Heilstat Jesus Christus, also die bereits vollzogene Messianität hinzu. Mit Christus ist der neue Äon schon angebrochen, das Weltgericht steht bei aller Parusieverzögerung unmittelbar bevor, der Glaube an Kreuzestod und Auferstehung schafft eine präsentische Eschatologie. Die Ablehnung aber dieses christlichen Messiasglaubens, der über die apokalyptische Menschensohnvorstellung, wie sie schon im Buch *Daniel* zu finden ist, weit hinaus geht, führt zu dem Vorwurf, die Juden hätten Jesus getötet, sie seien »verstockt«, da sie die Erlösungsbotschaft nicht annehmen, und begründet ihre heilsgeschichtliche Verwerfung. Bei Johannes heißt es: »Wer an ihn glaubt, der wird nicht gerichtet; wer aber nicht glaubt, der ist schon gerichtet, denn er glaubt nicht an den Namen des eingeborenen Sohnes Gottes. Das ist aber das Gericht, dass das Licht in die Welt gekommen ist, und die Menschen liebten die Finsternis mehr als das Licht, denn ihre Werke waren böse. Wer Böses tut, der hasst das Licht und kommt nicht zu dem Licht, damit seiner Werke nicht aufgedeckt werden« (3, 18–20). So etabliert er eine Feindschaft zwischen »wir«, die an die Erlösungsbotschaft glauben, und »sie«, die das göttliche Wort verwerfen, die zu sozialer Diskriminierung und Ausgrenzung führen sollten. Zwischen »wir« und »sie« verläuft nicht nur eine absolute sozial-räumliche Grenze, sondern sie markiert auch einen Bruch in der Kontinuität der Geschichte. Johannes macht den Anfang damit, Welt, Sünde und Juden als Repräsentanten des Alten zu verurteilen, die geschichtlich überwunden werden müssen. Er wurde dadurch bis ins 19. und 20. Jahrhundert hinein zum Anreger für zahlreiche »apokalyptische« und »romantische« Philosophen und Dichter, wie etwa Joachim di Fiore, Giordano Bruno, Johann Gottlieb Fichte, Arthur Schopenhauer, Richard Wagner und Karl Marx (vgl. Brumlik 2000, S. 56ff.).

Obwohl, oder besser gesagt gerade weil der Satan, anders etwa als bei Matthäus und Lukas, bei Johannes als »Person« nie direkt auftaucht, geraten die Juden als ganzes Volk in die Rolle des Versuchers. Auffällig ist die im ganzen Evangelium zu findende distanzierte und distanzierende Redeweise von »den Juden«, so als handele es sich um eine eigentlich ganz fremde Gruppe und Religion (1, 19; 2, 18 und 20; 5, 10, 15, 16 und 18; 6, 41 und 52; 7, 1, 11 und 13; 8, 22, 48, 52 und 57; 9, 22; 10, 19, 24, 31 und 33; 11, 8 und 54; 18, 12 und 36; 19, 12, 38; 20 und 19). Dies hat historisch wahrscheinlich damit zu tun, dass in der Zeit der Abfassung des Evangeliums Ende des ersten, Anfang des zweiten nachchristlichen Jahrhunderts das Christentum sich teils schon aus dem

Judentum abgelöst hatte, teils auch aus der Synagoge ausgeschlossen wurde[5]. Psychoanalytisch können wir diese Form des Ausschlusses als den verzweifelten Versuch werten, eine totale Überlegenheit über ein Objekt herzustellen, von dem man sich bedroht fühlt und das man beneidet (vgl. Grunberger; Dessuant 2000): Der andere wird sozusagen zu einem analen Objekt, das ursprünglich zum eigenen Körper und Selbst gehörte und nun fäkalisiert und ausgestoßen wird. Bei Johannes (8, 23) heißt es: »Ihr seid von unten her, ich bin von oben her; ihr seid von dieser Welt, ich bin nicht von dieser Welt«. Dadurch soll die Reinheit und narzisstische Grandiosität der eigenen Person und Gruppe gesichert werden.

Bei Johannes ist die Auseinandersetzung um die Thora, die in den anderen neutestamentlichen Schriften noch eine große Rolle spielt, stark zurückgetreten. Sie wird, eigentlich ganz paulinisch, für erledigt und überholt erklärt: »Denn das Gesetz ist durch Mose gegeben; die Gnade und Wahrheit ist durch Jesus Christus geworden« (1, 17). Das Heil ist bereits durch den Glauben an Jesus eingetreten; dieser muss sich nicht mehr auf die messianischen Verheißungen der *Hebräischen Bibel* beziehen. Johannes macht darüber hinaus aber aus dem Zustand der Getrenntheit und dem sozialen und religiösen Konflikt zwischen Juden und Christen die eschatologisch aufgeladene Geschichte eines endzeitlichen Gerichts und einer Entscheidung, in der sich Licht und Finsternis unversöhnlich gegenüberstehen. Die Rollen in diesem Drama sind klar festgelegt: Jesus verkörpert das göttliche Licht, und »die Juden« stehen für »die Welt«, die dieses Licht nicht »liebt« und verwirft. Besonders krass wird die Verwerfung der Juden im achten Kapitel formuliert. Dort lesen wir:

> »Ihr [die Juden – W. H.] habt den Teufel zum Vater, und nach eures Vaters Gelüste wollt ihr tun. Der ist ein Mörder von Anfang an und steht nicht in der Wahrheit; denn die Wahrheit ist nicht in ihm. Wenn er Lügen redet, so spricht er aus dem Eigenen; denn er ist ein Lügner und der Vater der Lüge. Weil ich aber die Wahrheit sage, glaubt ihr mir nicht« (8, 44–45)[6].

Das *Johannesevangelium* entwickelt in diesem Zusammenhang einen folgenreichen Abstammungsdualismus, der es mit Formen früher (vielleicht sethianischer)

---

5 In diesem Zusammenhang wird oft darauf hingewiesen, dass die Einführung der Ketzerverfluchung in das Achtzehnbittengebet in der Zeit der Regentschaft des Patriarchen Gamaliels II. (80–120 u. Z.), in einem Zeitraum also, in dem die neutestamentlichen Schriften verfasst wurden, auch, aber nicht nur, die neue Gruppe der Jesusanhänger hart betroffen hat, da sie dadurch Schutz und Zugehörigkeit verloren. Es ist darüber hinaus aber fraglich, ob es zu erheblichen Verfolgungen gekommen ist bzw. dieser frühe »Antisemitismus« sich daraus schlüssig erklären lässt.

6 Daneben findet sich bei Johannes aber auch einmal folgender Satz: »(…) denn das Heil kommt von den Juden« (4, 22). Er wirkt im Gesamttext isoliert und fällt kaum ins Gewicht.

Gnosis verbindet. Der Anspruch auf die richtige Befolgung der jüdischen Gesetzesvorschriften weicht dem Anspruch Jesu und seiner Anhänger auf göttliche Abstammung. Auf die eine Seite werden die Juden platziert, die in Abrahams Ahnenlinie stehen. Diese jedoch erklärt Jesus für verwirkt, da die Juden Jesus nicht anerkennen und ihn zu töten versuchen würden – aus diesem Grunde werden sie als Söhne des Teufels disqualifiziert. Jesus dagegen auf der anderen Seite schreibt sich selbst aus der Abstammungslinie Abrahams mehr und mehr heraus und stellt sich schließlich in einer glatten Umkehrung der väterlichen Generationenfolge sowie, damit untrennbar verbunden, unter Aufbietung eines ungeheuren Narzissmus über ihn: »Ehe Abraham wurde, bin ich« (8, 58). Dadurch wird ein Dualismus zwischen »dieser Welt«, die vom mörderischen und lügnerischen Gott der Juden regiert wird, und der Welt des Lichtes, der Wahrheit und der Erlösung errichtet, die Jesus und die gnostisierenden Jesusanhänger direkt mit Gott verbindet.

Johannes versteht die Passion Jesu folgerichtig als ein endzeitlich-apokalyptisches Gericht über »diese Welt«, das den teuflischen Fürsten vernichten soll: »Jetzt geht das Gericht über diese Welt; nun wird der Fürst dieser Welt ausgestoßen werden. Und ich, wenn ich erhöht werde von der Erde, so will ich alle zu mir ziehen. Das sagte er aber, um anzuzeigen, welchen Todes er sterben würde« (12, 31–33). Wenige Verse weiter lässt Johannes Jesus eine Drohung ausstoßen gegen die, die nicht bereit sind, seine Botschaft anzunehmen: »Wer mich verachtet und nimmt meine Worte nicht an, der hat schon seinen Richter: Das Wort, das ich geredet habe, das wird ihn richten am Jüngsten Tage« (12, 48). Damit sind die Juden vorgewarnt, die als »Söhne der Finsternis« die Tötung Jesu betreiben. Diese apokalyptische Dramaturgie erzwingt es geradezu, dass die historische Verantwortung Roms zum Nachteil »der Juden«, die allein beschuldigt werden, noch stärker zurücktritt als in den synoptischen Evangelien – man kann bei Johannes geradezu von einer »Romfreundlichkeit« sprechen.

Es gibt in der christlichen Theologie eine fatale Tendenz, diese Struktur dadurch zu entschärfen und zu verharmlosen, dass man die Rede von »den Juden« für ein bloß dramaturgisches *Symbol* theologischer Darlegung hält (sie findet sich vor allem bei Bultmann in seinem Programm der *Entmythologisierung*[7]). Damit wird jedoch verschwiegen, dass die antijüdische Polemik oft

---

7 In seinem 1941 erschienenen Buch *Das Evangelium des Johannes* interpretiert Bultmann das johanneische »Ioudaioi« vor allem als Inbegriff für die »Ungläubigen«. Die »Juden« stehen für eine allgemeine menschliche Verfassung, die »grundsätzliche Haltung der Welt gegen die Offenbarung«. Wer den Offenbarungsglauben, also das Bekenntnis zu Jesus Christus ablehne, bringe damit den »Hass der Welt« zum Ausdruck (Bultmann 1941, S. 423). Damit gibt Bultmann, wie Brumlik (2000, S. 263f.) zu Recht festhält, zwar jede rassistische Definition »der Juden« auf (Bultmann war Mitglied der *Bekennenden Kirche* und entschieden in seiner Ablehnung der Einführung des »Arierparagraphen« in der Evangelischen Kirche), nicht aber den theologischen Antijudaismus, den Hass gegen das, was bei Johannes und in der Gnosis abfällig »die Welt« genannt wird.

nur die Kehrseite der christlichen Hermeneutik ist, dass in der Geschichte des Christentum die Juden nicht nur »symbolisch« behandelt, sondern höchst real verfolgt und ermordet wurden, und es immer wieder gewissermaßen zu einer stets mit Gewalt verbundenen »symbolischen Gleichsetzung« (Segal 1957) gekommen ist. Dieses Muster ist schon in den Evangelien präformiert, in denen die Figur des Satans resp. des Bösen mit einer bestimmten menschlichen-sozialen Gegnerschaft in Verbindung gebracht wird. Besonders bei Johannes finden wir eine solche Identifikation, zuerst wird der »Verräter« Judas Iskariot, dann die jüdischen Autoritäten, also die Hohenpriester und Schriftgelehrten, und schließlich pauschal alle Juden (»die Juden«) mit dem Teufel gleichgesetzt. »Doch nur im Johannesevangelium spricht sich ein derartiger Hass nicht nur auf die Pharisäer und Schriftgelehrten, sondern auch auf ›die Juden‹ aus« (Brumlik 2000, S. 59).

Von entscheidender Bedeutung ist, dass nach Johannes »die Juden« nicht nur den Menschen Jesus getötet haben, sondern Gottes einzigartige Selbstoffenbarung an die Welt. In Jesus, so lautet die johanneische Philosophie, ist das göttliche Wort Fleisch geworden (1, 14), er ist Gottes »eingeborener Sohn«. Wenn dieser Gottessohn getötet wird, dann eigentlich mit ihm Gott selbst, was die zahlreichen und in ihren Konsequenzen so gewaltsamen Vorwürfe des Gottesmordes nach sich ziehen wird (vgl. dazu Hegener 2004, Kap. 1.3). Hier wirkt, wie wohl in keinem anderen Evangelium, ein »grenzenloser Narzissmus« (Grunberger; Dessuant 2000, S. 159–164), der den Unterschied zwischen Mensch und Gott nahezu vollständig verwischt. Die von Johannes hypostasierte Identität zwischen Gott und Sohn wird in folgenden Zeilen beispielhaft ausgesprochen:

> »Da sprachen sie [die Juden – W. H.] zu ihm: Wir sind nicht unehelich geboren; wir haben *einen* Vater: Gott. Jesus sprach zu ihnen: Wäre Gott euer Vater, so liebtet ihr mich; denn ich bin von Gott ausgegangen und komme von ihm; denn ich bin nicht von selbst gekommen, sondern er hat mich gesandt« (8, 41f.).

Die Offenbarung des Johannes[8]

Ich möchte nun die so in Ansätzen analysierte apokalyptische Struktur in einem weiteren Schritt anhand einer Interpretation der *Offenbarung des Johannes*, dem letzten und äußerst kunstvoll gearbeiteten Buch des neutestamentlichen Kanons, weiter erläutern. Sie gehört zu der literarischen Gattung der Apokalypsen, wie sie seit dem Buch *Daniel* ausgeprägt wurde. Nach dem Vorbild des Paulus ist die Johannesoffenbarung als »Brief« stilisiert, der zur gottesdienstlichen Verlesung bestimmt war. Es wird davon ausgegangen, dass der Text an die in der paulinischen Tradition stehenden Gemeinden Kleinasiens gerichtet war und nicht an einen isolierten judenchristlichen Kreis. Schon in der ersten Zeile wird die Offenbarung als die »Offenbarung Jesu Christi« qualifiziert, der durch seinen Knecht Johannes kundtut, »was in Kürze geschehen soll«. Johannes verkündet der Gemeinde, dass die Welt kurz vor dem endgültigen Weltgericht stehe: »die Zeit ist nahe« (1, 3). In der sich sodann entfaltenden, von einem durchgehenden apokalyptischen Dualismus geprägten Erzählung zeigt sich geradezu prototypisch die bereits für das Johannesevangelium beschriebene Spaltung in gut und böse, Christus und Satan. Sie geht zudem, wie schon die ersten Zeilen zeigen, von einer bereits vollendeten Heilswirklichkeit und einer kurz bevorstehenden universalen Herrschaft Christi aus:

> »Johannes an die sieben Gemeinden in der Provinz Asien: Gnade sei mit euch und Friede von dem, der da ist und der da war und der da kommt, und von den sieben Geistern, die vor seinem Thron sind, und von Jesus Christus, welcher ist der treue Zeuge, der Erstgeborene von den Toten und Herr über die Könige auf Erden! Ihm, der uns liebt und uns erlöst hat von unsern Sünden mit seinem Blut, und uns zu Königen und Priestern gemacht hat vor Gott, seinem Vater, ihm sei Ehre und Gewalt von Ewigkeit zu Ewigkeit! Amen« (1, 4–6).

Weil das Heil durch den Opfertod des Messias' bereits endgültig wirklich ist, gibt es definitiv nur zwei Möglichkeiten: entweder den Weg in das Heil hinein,

---

8 Um Missverständnissen vorzubeugen: Obwohl ich das Johannes-*Evangelium* und die *Offenbarung* des Johannes inhaltlich als eine Einheit behandele, ist mir sehr wohl bewusst, dass diese beiden Texte nicht von ein und demselben Autor verfasst wurden – das schließen Inhalt und Form der beiden Texte, die allzu unterschiedlich sind, aus. Es soll sich aber erweisen, dass beide dem gleichen Grundmuster von »Erlösung durch Vernichtung« folgen: der eine eher gnostisch, der andere stärker explizit apokalyptisch. Die entscheidende exegetische Herausforderung besteht meiner Ansicht nach überhaupt darin, dass *Neue Testament* gegen die allzu historistische Bibelwissenschaft, die unterschiedliche Quellen, Autoren und Einflüsse isoliert, als eine Einheit zu verstehen.

mit der Versprechung der Rückkehr ins Paradies (2, 7 und 11; 3, 5), oder aber den Weg in die totale Verdammnis (2, 5). Der Text changiert so in seiner Leserlenkung ständig zwischen Verheißung und Drohung (vgl. dazu Raguse 1993, S. 143ff.). Im zweiten der sieben Sendschreiben, das an die Gemeinde von Smyrna gerichtet ist, wird die Zielrichtung formuliert. Christus, der sich sozusagen direkt an die Gemeindemitglieder wendet, trennt die Christen von den Juden:

> »Da sagt der Erste und der Letzte, der tot war und ist lebendig geworden: Ich kenne deine Bedrängnis und deine Armut – du bist aber reich – und die Lästerung von denen, die sagen, sie seien Juden und sind's nicht, sondern sind die Synagoge des Satans« (2, 8f.).

Christus macht in seinen Sendschreiben unmissverständlich klar, dass er eine kompromisslose Haltung und Zustimmung verlangt. Nur wer unbedingt an ihn glaubt sowie jede Vermischung mit der bösen Welt des Satans vermeidet und überwindet, erfährt die Wonnen der Erlösung und eine absolute narzisstische Gratifikation: »Wer überwindet, dem will ich geben, mit mir auf meinem Thron zu sitzen, wie auch ich überwunden habe und mich gesetzt habe mit meinem Vater auf seinen Thron« (3, 21). Für die Gläubigen, und ausschließlich für sie, tun sich eine Tür im Himmel und das Buch mit den sieben Siegeln auf. Die ersten sechs Siegel werden von einem Lamm, das »wie geschlachtet« (5, 6) erscheint und für Jesus Christus steht, aufgebrochen: Es erscheinen mehrere, sehr mächtige Pferde, und es ereignen sich große Erdbeben (»die Sonne wurde finster wie ein schwarzer Sack, der ganze Mond wurde wie Blut, und die Sterne des Himmels fielen auf die Erde« – 6, 12f.). Über die ganze Welt kommt der »Zorn des Lammes«. Rettung erfahren nur »die Knechte unseres Gottes« (7, 3), sie werden vorher »versiegelt« und können dann vor den Thron und das Lamm treten. Diejenigen aber, die nicht glauben, erfahren ein grausames Schicksal: Das siebte Siegel wird geöffnet, und Feuer wird über die Erde ausgeschüttet. Sieben Posaunen kündigen alle nur denkbaren Katastrophen an, die nun über die schutzlos Zurückgebliebenen hereinbrechen.

Raguse (1993) hat in seiner gründlichen psychoanalytischen Interpretation der Offenbarung plausibel gemacht, dass die sich im Text zeigende und im Leser zu realisierende zentrale Objektbeziehung durch eine radikale Spaltung in ein nur gutes und ein nur böses Objekt gekennzeichnet ist, mithin also die Mechanismen der *paranoid-schizoiden* Position (M. Klein 1946) vorherrschen. Der Leser, so Raguse, soll gezwungen werden, zusammen mit dem Erzähler ein nur-gutes Objekt in einer Gemeinschaft der Gleichen, also von vielen anderen guten Teil-Objekten zu sein. Identifiziert er sich nur einmal mit dem bösen Objekt, so gerät er damit schon *ganz* in den Bereich des Bösen. Besonders wichtig scheint mir Raguses Schlussfolgerung zu sein, die nicht nur für die

Offenbarung des Johannes, sondern, wie ich ergänzen möchte, für das apokalyptische Denken und vielleicht den Antisemitismus überhaupt relevant ist:

»Die Spaltung erlaubt dem Leser die Identifikation mit einem nur-guten und reinen Objekt und zugleich die Möglichkeit, ein äußerstes Maß an Sadismus ohne Schuldgefühl auszuleben, weil der Sadismus sich auf das böse Objekt richtet, für das es keine Sorge geben darf. Als Vorbild kann sich der Leser dafür Gott selber nehmen, der mit den Ungläubigen – in der Phantasie des Lesers – *real* so verfährt, wie dieser es sich *vorstellt*« (Raguse 1993, S. 156; Hervorhebung im Original).

Es ist eben gut und richtig, das Böse zu beseitigen. Dieser »reine« und »keusche« Sadismus, wie Sartre (1946) so passend sagt, trifft in der christlichen Welt vornehmlich die Juden, die beschuldigt werden, Gott gemordet zu haben und sich hartnäckig weigern, an die Erlösungsbotschaft des gekreuzigten und zum Gottessohn erhobenen Jesus zu glauben. Genau dann ist es aber nicht nur gut, sondern geradezu geboten, ja heilsnotwendig und eine *sakrale Tat*, sie zu vernichten, da sonst das universelle Heil vereitelt würde. In einer totalen Verkehrung wird der Sadismus so zu einer heiligen Aufgabe. Dies kann als Grundstruktur jeglichen apokalyptischen Denkens ausgemacht werden, das Heil gerade *durch* Vernichtung herstellen will (vgl. Vondung 1988). Die *Offenbarung des Johannes* hat genau mit diesem Muster eine ungeheure Ausstrahlungskraft auf das abendländisch-apokalyptische Denken ausgeübt, sie wurde geradezu zum Vorbild all der Versuche, Geschichte eschatologisch in Hinblick auf ein Endgericht und die Naherwartung eines kommenden, eines »tausendjährigen Reiches« (20, 2) zu verstehen (vgl. dazu Taubes 1991).

Bedenkenswert scheint mir auch Raguses Interpretation des 12. Kapitels der *Johannesoffenbarung* zu sein. Dieses Kapitel beginnt mit folgenden Versen:

»Und es erschien ein großes Zeichen am Himmel: eine Frau, mit der Sonne bekleidet, und der Mond unter ihren Füßen und auf ihrem Haupt eine Krone von zwölf Sternen. Und sie war schwanger und schrie in Kindsnöten und hatte große Qual bei der Geburt. Und es erschien ein anderes Zeichen am Himmel, und siehe, ein großer, roter Drache, der hatte sieben Häupter und zehn Hörner und auf seinen Häuptern sieben Kronen, und sein Schwanz fegte den dritten Teil der Sterne des Himmels hinweg und warf sie auf die Erde. Und der Drache trat vor die Frau, die gebären sollte, damit er, wenn sie geboren hätte, ihr Kind fräße. Und sie gebar einen Sohn, einen Knaben, der alle Völker weiden sollte mit eisernem Stabe. Und ihr Kind wurde entrückt zu Gott und seinem Thron. Und die Frau entfloh in die Wüste, wo sie einen Ort hatte, bereitet von Gott, dass sie dort ernährt werde tausendzweihundertsechzig Tage. Und es entbrannte ein Kampf im Himmel: Michael und seine Engel kämpften gegen den Drachen.

Und der Drache kämpfte und seine Engel, und sie siegten nicht und ihre Stätte wurde nicht mehr gefunden im Himmel. Und es wurde hinausgeworfen der große Drache, die alte Schlange, die da heißt: Teufel und Satan, der die ganze Welt verführt, und er wurde auf die Erde geworfen, und seine Engel wurden mit ihm dahin geworfen« (12, 1–9).

Während im Himmel das Heil hergestellt ist, steigt der Teufel hinab auf die Erde und ist voller Zorn. Im Himmel scheinen Gott und Teufel vorher noch zusammen gewesen zu sein, erst mit dem Satanssturz vollzieht sich die radikale Spaltung, die die gesamte Offenbarung beherrscht. Dieser Sturz symbolisiert das Verlassen der *depressiven Position* (M. Klein 1935) und das Ende einer von Ambivalenz geprägten Beziehung zu sich und zum anderen. Raguse versteht die Entrückung des Knaben, die beim Lesen erst vielleicht Beruhigung auslösen mag, da sie ihn vor dem destruktiven Geschehen schützt, als die nur dem Leser zugewendete Seite einer dahinter verborgenen Erfahrung von absoluter Verlassenheit und großer Verzweiflung. Vermutlich verschlüsselt sich in der Trennung von Mutter und Kind – und das Kind steht hier für den Messias – die historische Situation der frühen Christengemeinde, die vergeblich auf die Rückkehr von Christus wartete.»Gegen die Wut und Verzweiflung, die diese Verlassenheit und Hoffnungslosigkeit auslösen könnten, wird eine Spaltung in der Wahrnehmung der Welt errichtet, die aus der Erfahrung des Verlassenseins die Phantasie der Bewahrung des guten Teilobjektes macht« (Raguse 1993, S. 171). Gegen die Wut werden eine schützende Wand und eine Spaltung in gut und böse aufgerichtet, weil ansonsten das gute Objekt, der Messias, vom eigenen Hass tödlich bedroht wäre.

Die vertikale Spaltung in nur gute und nur böse Objekte korrespondiert mit einer *archaischen Matrix des Ödipuskomplexes* (Chasseguet-Smirgel 1988, S. 88–111), in der aufgrund der Angst vor den zerstörerischen Wirkungen der projizierten eigenen Aggressionen auch eine wirkliche Berührung und Verbindung in der phantasierten »Urszene« zwischen den Eltern nicht stattfinden kann. Die Spaltung wirkt in das ödipale Dreieck Mutter-Vater-Kind hinein, eine Ecke des Dreiecks muss vernichtet werden, um Zweiheit und letztlich Einheit wiederherstellen zu können (zur »fehlenden Verbindung« im ödipalen Dreieck vgl. Britton 1998). Angestrebt wird eine von allen Aggressionen gereinigte Einheit mit der Mutter, die vom »anderen«, dem Vater als Dritten bedroht wird. Die Rolle dieses Dritten wird im christlichen Denken von den Juden besetzt, die für die Vaterreligion schlechthin stehen. Da sie im christlichen Unbewussten die Verkörperung des eigenen schlechten Gewissens sind und die Einheit des Gottessohnes mit der Mutter-Gottes durch ihren »verstockten« Unglauben behindern, wird auf sie die abgespaltene Wut und der ganze unbewältigte Hass gerichtet.

Gerade das Ende der *Johannesapokalypse*, die Vision vom »Neuen Jerusalem« (Kapitel 21), offenbart die archaische Phantasie der Wiedervereinigung mit der Mutter und des Ausschlusses alles Väterlichen (Raguse 1993, S. 198–209). Im himmlischen Jerusalem ereignet sich die Heilsvollendung: Seine Bewohner sind rein, die Männer haben sich nicht befleckt, und die Frauen sind jungfräulich (14, 4); die Stadt selbst ist aus reinem Gold und durchsichtig wie Glas (dies entspricht der Phantasie eines idealisierten mütterlichen Uterus, der den Ursprung und zugleich das Ziel darstellt und nicht durch störende Dritte bzw. Rivalen, wie vor allem den Vater und / oder durch weitere Geschwister verunreinigt ist). Das ganze Jerusalem mit seinen vollkommenen Prädikaten steht für das Bild des künftigen und des vergangenen Paradieses, dessen Wiedereröffnung dem Gläubigen verheißen wird. In ihm sitzen die Gläubigen mit Christus und Christus mit Gott auf dem Thron; der Mensch erfährt eine ungeheure narzisstische Erhöhung und wird vergöttlicht. Scheinbar ganz abgetrennt davon existiert die verworfene teuflische Welt der Unterschiede, der Realität, des Triebes, des Geldes und des Schmutzes. Beide Welten, die ursprünglich ein »anales Universum« bilden, müssen durch ein ungeheures Maß an Gewalt voneinander getrennt werden und bleiben. »Der Apokalyptiker gebraucht, um seine idealisierte Welt einer Urharmonie zu sichern, eine Maß an Gewalt, das aus seiner ›himmlischen‹ Welt eine schreckliche Parodie der teuflischen Welt macht – und nicht umgekehrt, wie es den Anschein hat« (ebd., S. 207).

Die apokalyptische Struktur

Apokalypsen bieten in zugespitzten gesellschaftlichen Krisensituationen Menschen, die sich verfolgt, deklassiert und gedemütigt fühlen, durch den Weltuntergang hindurch eine rettende Erlösungsvision. Erlösung geschieht jedoch nicht durch einige oberflächliche Veränderungen hier und da, sondern nur durch die Vernichtung der real existierenden, verdorbenen Welt und der durch und durch »bösen« und »teuflischen« Feinde. Zwei Merkmale scheinen für das apokalyptische Denken insgesamt charakteristisch zu sein (Vondung 1988): Zum einen richtet es einen strikten und moralisch wertenden Dualismus auf zwischen der verfallenen und verdorbenen Welt hier und jetzt und einer zukünftigen Welt, die vollkommen und paradiesisch ist, sowie zwischen den »bösen Feinden«, die verantwortlich gemacht werden für den Zustand der Welt, und den Auserwählten, die zwar noch leiden, denen aber bald eine triumphale Erlösung bevorsteht (Naherwartung). Diese manichäische Spaltung wird in Bildern von Reinheit und Schmutz, Licht und Dunkelheit sowie Gesundheit und Krankheit ausgedrückt. Zum anderen ist für das apokalyptische Denken die Überzeugung konstitutiv, dass die Erlösung nur durch eine restlose bzw. universale Vernichtung der alten verdorbenen Welt und der mit ihr identifizierten Feinde erreicht werden kann. Zusätzlich kann in den Apokalypsen dafür ein wiedergeborener oder auferstandener Messias und Führer erscheinen, der die Welt aus ihrem unerlösten Zustand errettet und für den Endsieg des Guten, das Ende von Zerstörung, Schmerz und Tod sowie das Anbrechen eines erhabenen neuen Zeitalters sorgt und einsteht. Diese Charakteristika haben wir ausdrücklich zuletzt in der *Offenbarung des Johannes* gefunden, dennoch lassen sich Züge davon in unterschiedlichem Ausmaß auch in den Evangelien feststellen, die in der Krisenzeit des jüdischen Krieges, enttäuschter Naherwartung und wachsender Konfrontation zwischen Juden und Christen entstanden sind. Zunehmend, von Markus über Matthäus und Lukas bis hin zu Johannes, machen sie »die Juden«, die zu den ausgeschlossenen anderen werden, für die Ermordung von Jesus Christus verantwortlich und exkulpieren die Römer. Nur im unbedingten Glauben an Jesus, der universellen Durchsetzung seiner Heilsbotschaft und der dafür notwendigen Überwindung seiner Feinde, so schon die Evangelisten, könne die verdorbene Welt überhaupt nur gerettet werden.

Um diese noch eher soziologische Charakterisierung um ihre unbewussten Dimensionen zu erweitern, möchte ich, diesen Abschnitt abschließend, auf eine Arbeit des Psychoanalytikers Mortimer Ostow (1988) hinweisen, der das apokalyptische Denken klinisch untersucht und seinen expliziten und impliziten Antisemitismus aufgezeigt hat. Ostow weist auf die interessante Übereinstimmung zwischen apokalyptischen Phantasien vor allem bei Patienten mit beginnender Schizophrenie sowie in psychotischen Episoden bei Borderline-Patienten und dem Schema der apokalyptischen Literatur in den Jahrhunderten vor und nach Christi Geburt (so im Buch *Daniel*, vor allem aber in der *Offenbarung des Johannes*) hin, die sich auch in der Ideologie des Nationalsozialismus wieder findet. Ostow spricht von »apokalyptischen Archetypen« bzw. einem »gleichen Grundmuster«, also einer regelhaften Prozessgestalt, die sich sowohl individuell als auch kollektiv in Krisenzeiten finden lässt. Ostow zeigt auf, dass sich die apokalyptischen Phantasien unter regressiven Veränderungsprozessen entwickeln und als Versuche verstanden werden können, mit *intensiver* und *nicht kontrollierbarer Wut* umzugehen[9]. Diese enorme und nicht integrierte Destruktivität spiegelt sich in der Phantasie wider, dass sich die gesamte Welt in einem Zerstörungsprozess befindet – die eigenen Zerstö-

---

[9] Neben intensiver und unkontrollierbarer Wut spielt sicherlich auch destruktiver Neid eine entscheidende Rolle (vgl. Rosenfeld 1988 – s. u.).

rungsabsichten werden auf den Kosmos projiziert. Daneben existiert jedoch die Überzeugung, dass die Welt wiedergeboren wird und dass alle Entbehrungen ein Ende haben werden. Dieser Übergang vom Weltuntergang zur Erlösung und Wiedergeburt wird zumeist durch das Eingreifen einer messianischen Gestalt bewirkt. »Der Messias weist dem Menschen den Weg zurück ins Paradies, der durch bösartige Kreaturen – der Vater, die Geschwister – verstellt worden war« (ebd., S. 10). Ostow beschreibt Träume, in denen sich seine Patienten bemühen, den destruktiven Impulsen durch eine Flucht in paradiesisch-elysische Gefilde zu entrinnen. Meist sind es vom Himmel fallende, anale Objekte (Bomben, Raketen etc.), die die drohende Katastrophe ankündigen und die destruktiven Impulse bzw. Intentionen verkörpern, während aufsteigende Objekte eher messianisch und schutzgebend wirken. Häufiger finden sich auch Erwartungen, Gott zu sehen und mit ihm eins zu werden. Ostow betont, dass solche Phantasien und Träume eher für eine Vereinigung mit der Mutter als mit dem Vater stehen.

Erstaunlich ist nun, dass sich diese Bilderwelt auch in den religiös-apokalyptischen Schriften finden, vor allem eben in der Johannesoffenbarung: Auch hier hören wir von fallenden und vom Himmel geschleuderten Objekten (Offenbarung 8, 6–11); das »neue Jerusalem« steigt hingegen freundlich herab; die an Jesu Christus glaubenden Menschen erfahren eine Vereinigung mit Gott; es gibt Bilder der Wiedergeburt als Geburt der Erde (13, 11) und als Auferstehung der Toten (11, 11 und 20, 4). Diese »erstaunliche Kongruenz zwischen den apokalyptischen Schriften und dem klinischem Material« (Ostow 1988, S. 20) legt die Vermutung nahe, dass die apokalyptischen Schriften typische psychotische Verarbeitungsformen und projektive Mechanismen nach dem Muster von Kampf, Zerstörung, Tod und Wiedergeburt sowie mit dem Inhalt »Erlösung durch Vernichtung« verwendet haben. Das apokalyptische Denken bietet deklassierten, sich gedemütigt und verfolgt fühlenden Menschen und Gruppen einen womöglich rettenden Halt im Schutz einer regressiven Verschmelzung mit dem »mütterlichen Körper«, der durch keine störenden Dritten mehr verstellt ist. Das apokalyptische Denken bietet aber auch ein geheimes »Wissen«, das Ordnung schafft in einer erschreckenden Gegenwart und einer unsicheren Zukunft. Es verspricht eine moralische Orientierung, die es erlaubt, Freund und Feind in einer unübersichtlichen Welt klar zu trennen, und gerechtfertigt aggressiv-sadistische Impulse zu befriedigen.

»Schmerzhaften und erniedrigenden Zwängen ausgesetzt, die Gefühle von Ohnmacht und Wut hervorrufen, klammert sich der Mensch an eine alternative Sicht der Realität, an die Illusion, dass die Feinde vernichtet sind und er selbst in einer mystischen Vereinigung mit der Mutter neu geboren wird. Findet diese Illusion soziale Unterstützung, so wird sie als göttliche Inspiration dargestellt« (ebd., S. 24).

Zur politischen Religion des Nationalsozialismus

In der Einleitung habe ich davon gesprochen, dass das Denken der nationalsozialistischen Führer ein zutiefst apokalyptisches war. Um zu zeigen, wie sehr Hitlers Denken durch apokalyptische und gnostische Elemente (vgl. auch Strohm 1997) geprägt ist, möchte ich nun anhand einiger weniger Zitate einleitend und vertiefend aufzeigen. Hitler verstand Geschichte als die kosmische Auseinandersetzung zwischen »dem Juden« und seinem Gegenprinzip, dem »Arier«: »So geht er [der Jude – W. H.] seinen verhängnisvollen Weg weiter, bis ihm eine andere Macht entgegentritt und in gewaltigem Ringen den Himmelsstürmer wieder zum Luzifer zurückwirft« (zit. n. Ley 2002, S. 127). Hitler war fest davon überzeugt, dass Deutschland in dem weltgeschichtlichen Kampf um Erlösung die entscheidende Rolle spielt: »Werden unser Volk und unser Staat das Opfer dieser blut- und geldgierigen jüdischen Volkstyrannen, versinkt die ganze Erde in die Umstrickung dieses Polypen; befreit sich Deutschland aus dieser Umklammerung, so darf diese größte Völkergefahr als für die gesamte Welt gebrochen gelten« (ebd.). Hitler empfand sich als ein neuer, militanter Messias, der das, was Jesus nicht vollbringen konnte, nämlich die endgültige Überwindung und Abschaffung des Judentums, zu Ende führen wird. »Christus war der größte Pionier im Kampf gegen den jüdischen Weltfeind. Christus war die größte Kämpfernatur, die es je auf Erden gegeben hat (...) Die Aufgabe, mit der Jesus begann, die er aber nicht zu Ende führte, werde ich vollenden« (ebd., S. 128). Der Vernichtungswille den Juden gegenüber wird noch deutlicher, wenn Hitler nicht mehr nur erklärt, sie seien vom Satan besessen, sondern sie zum Teufel selber, zum »Gegen-« und »Antimenschen« erklärt: »Zwei Welten stehen einander gegenüber! Der Gottesmensch und der Satansmensch! Der Jude ist der Gegenmensch, der Antimensch« (zit. n. von Braun 2001, S. 172).

Diese Aussagen, die nicht als bloße Rhetorik oder Propaganda missdeutet werden dürfen, sind überhaupt nur verständlich, wenn man sich vergegenwärtigt, wie sehr Hitlers Anschauungen und das gesamte Denken des Nationalsozialismus durch die christliche Apokalyptik und das romantische Geschichtsbild geprägt war, das die Apokalypse säkularisiert und politisiert hat. Ich werde im Folgenden in aller Kürze eine *bestimmte* historische und geistesgeschichtliche Linie nachzuzeichnen versuchen, die von der *Offenbarung* über Jochim de Fiore und den romantischen Antisemitismus (hier insbesondere Fichte, der sich explizit auf die Johannesapokalypse bezieht) hin zum Nationalsozialismus

(Dietrich Eckart vor allem, der Johannes auch immer wieder erwähnt) verläuft. Zu klären wäre, inwieweit auch andere Einflüsse in das nationalsozialistische Denken eingegangen sind[10].

Der behauptete Zusammenhang zwischen dem christlich-apokalyptischen Denken und dem Nationalsozialismus lässt sich besonders gut anhand des Topos' »Drittes Reich« bzw. auch »Tausendjähriges Reich« aufzeigen. Üblicherweise versteht man die Rede von den drei Reichen so, dass der Nationalsozialismus auf das 1806 formell beendete »Heilige Römische Reich deutscher Nation« und das deutsche Kaiserreich bzw. das Reich Bismarcks (1871–1918) ein drittes Reich habe folgen lassen wollen[11]. Viel entscheidender jedoch ist die religiöse Genese des Begriffs (vgl. dazu vor allem Bärsch 2002, S. 53–60). Wir haben bereits darauf hingewiesen, dass in der *Offenbarung des Johannes* vom »Tausendjährigen Reich« die Rede ist. So lange soll nämlich, wie es dort heißt, die Herrschaft Christi als neuer Erde, neuer Himmel und neues Jerusalem dauern, bevor in einem erneuten Kampf das Böse endgültig besiegt wird und das Reich Gottes erscheint. Die weitere ideengeschichtliche Entwicklung des Topos' ist von zunehmender Säkularisierung und Verdiesseitigung sowie einer Historisierung von Trinität gekennzeichnet. Etwa ab dem Jahr 1000 u. Z. erblühten Bewegungen, die die Ankunft eines göttlichen Reiches erwarteten und unter den Begriffen »Chiliasmus« und »Millenarismus« rubriziert werden. Von weit aus größerem Einfluss auf die neuzeitliche Vorstellung von Gesamtgeschichte und *Weltgeschichte als Heilsgeschehen* (vgl. dazu Löwith 2004, insbesondere S. 196ff.) war das Werk von Joachim de Fiore (1135–1202), das erstmals neben dem Jenseits eine innerweltliche Friedenszeit als Ziel der Geschichte, also eine fortschreitende Heilsverwirklichung *innerhalb* der Geschichte in Aussicht stellte (ganz im Unterschied zu der vorher verbreiteten

---

10 Oft wird in diesem Zusammenhang Wagner erwähnt; doch Wagner steht selbst, wie sich begründet zeigen lässt, in der Linie des christlichen Antisemitismus. Kreis etwa schreibt in seiner ausgezeichneten Studie *Nietzsche, Wagner und die Juden*: »Auf dem unbewußten Grunde dieses Zwiespaltes organisiert sich in Wagner in einem fast 40jährigen Reifeprozeß die Dramaturgie des Grals, in der sich die Hohe Christologie mit dem Haßmotiv des Ewigen Juden (Ahasver) zu einem Komplex aggressiver Abwehr verknüpft« (Kreis1995, S. 21).

11 In diesem Sinne verstand es Arthur Moeller van den Bruck, mit dessen 1923 erschienem Buch *Das dritte Reich* populär wurde und dem eine Synthese aus Nationalismus und Sozialismus vorschwebte (Moeller van den Bruck war jedoch nie Mitglied der NSDAP). Bärsch (2002, S. 60ff.) macht wahrscheinlich, dass es nicht Moeller van den Bruck war, von dem die Nationalsozialisten den Begriff des »Dritten Reiches« übernahmen, sondern von dem Freund Hitlers und Mitbegründer der nationalsozialistischen Bewegung Dietrich Eckart, der ihn schon 1919 mit eindeutig religiös-politischer Konnotation verwendete. Er bezieht sich in seinen Schriften auf die christliche Mystik, die er ihrem Wesen nach für antisemitisch hält, und versteht Politik als Religionskrieg nach dem Muster der *Offenbarung des Johannes* (s. u.).

statischen Geschichtstheologie des Augustinus – vgl. Groh 2003, S. 425ff.). Bei Joachim kommt es zu einer folgenschweren Kombination der Gedanken in der *Offenbarung des Johannes* mit dem auf den Geschichtslauf projizierten Dogma der Trinität. Die Abfolge der drei Reiche lautet nun: Das erste Reich ist das des Vaters (die vorchristliche Zeit von Adam über Abraham und die Patriarchen bis auf Jesus Christus zu), auf das das Reich des Sohnes folgt (von Christus bis ins Jahr 1200), und das dritte Reich schließlich, das durch das zweite vorbereitet wurde und bis zum Jüngsten Gericht dauert, stellt das Reich des Heiligen Geistes dar, welches hier auf Erden errichtet wird und in dem das ewige Reich schon fast vollendet ist.

Dieses trinitarische Konzept wurde, was für die spätere Entwicklung der nationalsozialistischen Ideologie von ausschlaggebender Bedeutung ist, von den romantischen Schriftstellern und Philosophen übernommen. Sie sahen sich als Vorboten einer johanneisch-apokalyptischen Mission (vgl. Ley 2002, S. 57–74). Von Anfang an favorisierten sie einen mythisch-sakralen Volksbegriff und waren der Überzeugung, dass die Deutschen den Kern des Menschengeschlechts bilden. Europa habe am deutschen Wesen, das eine weltweite Mission zu erfüllen habe, zu genesen. Dies paarte sich mit der Auffassung, dass die deutsche Sprache eine heilige, ja eine göttliche Sprache sei. Die vielleicht einflussreichste und nachhaltigste Geschichtsphilosophie der deutschen Romantik war die politische Theologie Johann Gottlieb Fichtes (1762–1814). Aus der *Johannesoffenbarung* übernahm er explizit die Idee des Reiches des Geistes und ging, hierin ganz gnostisch, von der radikalen Erneuerungs- und Erlösungsbedürftigkeit der Welt aus. Und diese Erneuerung könne welthistorisch und heilsgeschichtlich nur von den Deutschen erreicht werden. Das deutsche Volk ist Fichte zufolge das einzige göttliche Volk auf der Erde.

»Fichte und die Romantiker radikalisieren somit die Lehre von Fiore: Die Eschatologie wird vermenschlicht. Die Erlösung der Menschheit ist keine Aufgabe Gottes mehr, Gott verkörpert sich jetzt in den Menschen, und die Welt wird Gott. Die neuen Heilsbringer und Welterlöser sind die Deutschen. Die anderen Völker sind zu ›degeneriert‹, um sich selbst retten zu können« (ebd., S. 66).

Das gnostische Gegenprinzip stellen für Fichte nicht nur die Franzosen und die Französische Revolution dar, sondern vor allem die Juden. Sie sollen, da das Reich Gottes auf Erden bevorsteht (Naherwartung), entweder vernichtet oder vertrieben werden.

Für unsere Überlegungen ist zudem von Bedeutung, dass Fichte die Göttlichkeit der deutschen Christen durch die Wirkung der *Transsubstantiation* definierte. In seiner Schrift *Der geschlossene Handelsstaat* können wir lesen:

»Sein [Christi, W. H.] Fleisch essen und Blut trinken heißt: ganz und durchaus er selber werden, und seine Person, ohne Abbruch nur wiederholen – transsubstantiiert werden mit ihm –, so wie Er das zu Fleisch gewordene ewige Wort ist, ebenso zu Seinem Fleische und Blute und, was nun daraus folgt und dasselbe ist, zu dem zu Fleisch und Blut gewordenen ewigen Worte selber werden: Denken, durchaus und ganz wie er und so, als ob er selber mitdächte und nicht wir und so, ob er selbst lebte in unserer Stelle« (zit. n. Ley 2002, S. 68).

Durch den eucharistischen Akt der Transubstantiation werden die deutschen Christen geradezu selbst zu Gott. Da die Deutschen sich in Jesus Christus verwandeln und zu Gott werden, ist es für sie unmöglich, eine Sünde zu begehen. Die positive Bestimmung des heiligen Volkes der deutschen Christen korrespondiert in dieser gnostisch-johanneischen und zugleich »rassistischen« Eschatologie mit der Negation der Juden als verworfenes, antichristliches Volk. Der Deutsche erfährt bei Fichte gleichsam eine »narzisstische Himmelfahrt« (Grunberger) und entledigt sich darüber jeglicher Schuld und Schuldfähigkeit. Es ist nicht nur keine Sünde, sondern eine sakrale Tat, die Antichristen, verkörpert in den Juden, zu vernichten.

All diese Elemente finden sich nun in banalisierter Form auch bei Dietrich Eckart, dem frühen nationalsozialistischen Denker, der in einer engen Beziehung zu Hitler[12] stand und den Begriff des »Dritten Reiches« schon 1919 in sein Werk einführte. Die apokalyptische Struktur seines Denkens ist ganz offensichtlich: Er ging von einer nahen »Wende« aus und glaubte, dass das Positive der Prophezeiung des Johannes, die Erlösung der Welt im Tausendjährigen Reich von allem Bösen, dem Antichrist, direkt bevorstehe. »Also offenbart sich heute / Des Johannes Prophezeiung; / Und das nennen viele Leute – / Soll man's glauben! – Volksbefreiung!« (Eckart, zit. n. Bärsch 2002, S. 87). Das gegenwärtige Elend war für ihn Bedingung der Erlösung und durch die Juden gestiftet. Sie seien für die Not der Gegenwart verantwortlich, alle ihre Handlungen seien durch die »teuflische Macht« des Antichristen determiniert. Ganz wie bei Fichte auch, wird aus dem apokalyptisch-gnostischen Dualismus von Licht und Finsternis, Gott und Satan, Gut und Böse sowie Christ und Antichrist die Identität sowohl des deutschen als auch des jüdischen Volkes definiert. Das deutsche Volk ist mit Gott substantiell verbunden, Gott inkarniert sich in ihm; die Juden sind entsprechend umgekehrt mit dem Satan identifiziert. Die politische Konsequenz ist mörderisch-destruktiv und mündet in

---

12 Eckart war einer der ganz wenigen Duzfreunde Hitlers. Seine Bedeutung für ihn wird auch durch die letzten Sätze in *Mein Kampf* unterstrichen: »Und unter sie will ich auch jenen Mann rechnen, der als der Besten einer sein Leben dem Erwachen seines, unseres Volkes gewidmet hat im Dichten und Denken am Ende der Tat: Dietrich Eckart« (Hitler, zit. n. Bärsch 2002, S. 61).

einem Vernichtungskampf, der nach dem Muster eines religiösen Endgerichtes gedacht wird:

> »Wenn das Licht mit der Finsternis zusammenprallt, gibt es kein Paktieren! Dann gibt es nur Kampf auf Leben und Tod, bis zur Vernichtung des einen oder anderen Teils. Und deshalb ist der Weltkrieg nur scheinbar zu Ende; ja, wir stehen jetzt ärger darin, als je zuvor, trotzdem die Waffen ruhn« (ebd., S. 92f.).

Der Weg der Entscheidung zwischen Gut und Böse ist der Krieg, der für Eckart eben wesentlich ein Religionskrieg war. Dessen Ziel ist nicht die Wandlung des Bösen, sondern seine endgültige Vernichtung, eben die *Endlösung*, die dadurch das apokalyptische Versprechen eines »Endgerichts« bekommt.

So sehr bei Eckart (und auch bei anderen Ideologen des Nationalsozialismus, wie Goebbels und Rosenberg) der Bezug auf die archaische Apokalyptik des *Neuen Testamentes* offensichtlich ist und offen eingestanden wird, so sehr besteht jedoch gleichzeitig ein Unterschied: Die Entscheidungsschlacht zwischen Christ und Antichrist ist nicht mehr die Sache göttlicher Mächte, die in den Weltlauf eingreifen, sondern die diesseitiger Menschen – und genau mit dieser Vorstellung ist Eckarts Denken gleichsam modern. Das Volk ist das Subjekt der Geschichte und der kollektive Akteur des Heils. Dies wollte Eckart, ganz so wie Fichte vor ihm auch, aber nur für das deutsche Volk gelten lassen.

> »Nur das deutsche Volk ist Subjekt und Objekt des Heils; ein Heil der Deutschen wird für die Deutschen und nur durch die Deutschen herbeigeführt. Das deutsche Volk ist *ecclesia politica* und *ecclesia militans*. Für Dietrich Eckart existiert ein Fundament der Fähigkeit, das ›Dritte Reich‹ und seine Bestimmung der Erlösung zu erfüllen. Er glaubt an eine besondere Verbindung zwischen Gott und dem deutschen Volk« (Bärsch 2002, S. 94).

Die »besondere Verbindung« zwischen Gott und dem deutschen Volk wird durch die reale Präsenz Christi in ihm hergestellt – also auch bei Eckart greift die Idee der Transsubstantiation. Alle Deutschen sind zu einem Wesen vereint, weil Christus in ihnen zu Gast wohnt. Jegliche Form von Differenz und Heterogenität ist so getilgt, alle sind über die Zeiten hinweg in einer göttlich gestifteten Identität und Substanz gegen den äußeren und zur Vernichtung freigegebenen teuflischen Feind, »die Juden«, vereint. Es kann aus dem deutschen Volk deshalb auch ein *politischer* Messias entstehen, der das, was Jesus und das Christentum (das »zweite Reich«, das »Reich des Sohnes«) begonnen haben, aber nicht vollenden konnten, endlich realisiert: die Herstellung des erlösten »Dritten Reiches«, das reine bzw. narzisstische »Reich des Heiligen Geistes«, das aber nur durch und mit der Vernichtung des antichristlichen Juden entstehen kann.

In diesen Vorstellungen, die Hitler und der Nationalsozialismus mit äußerster Brutalität in Wirklichkeit umgesetzt haben, drückt sich ein ungeheurer Narzissmus aus, der mittels rigidester Spaltung und Zerstörung einen homogen Volkskörper und eine durch keinerlei Differenz- und Fremdheitserfahrung getrübte Identität herzustellen versucht. Es stellt sich die drängende Frage, wie eine solche Struktur erklärt werden kann. Der Psychoanalytiker Herbert Rosenfeld (1986, 1988) schlägt vor, den sog. malignen Narzissmus zum Ausgangspunkt zu nehmen, ihn als *Idealisierung von Destruktivität* zu beschreiben und auf die Strukturen totalitärer Herrschaft zu beziehen. Im Narzissmus richten sich die omnipotent-destruktiven Teile des Selbst »sowohl gegen positive libidinöse Objektbeziehung als auch gegen die libidinösen Teile des Selbst, das ein Objekt braucht und von ihm abhängig sein möchte« (Rosenfeld 1988, S. 184). Die ganze psychische Organisation dient dazu, die Idealisierung und überlegene Gewalt des destruktiven Narzissmus aufrecht zu erhalten sowie jedes Gefühl von Getrenntheit und Abhängigkeit zu vermeiden. Rosenfeld geht weiter davon aus, dass bei manchen schwer und maligne narzisstisch gestörten Patienten eine abgespaltene psychotische Struktur besteht, die von einem »allmächtigen oder allwissenden, außerordentlich grausamen Teil des Selbst beherrscht [wird – W.H.], welches die Vorstellung erzeugt, innerhalb des Wahnobjekts herrsche völlige Schmerzlosigkeit, aber auch die Freiheit, sadistischen Impulsen nachzugeben« (ebd., S. 187). Rosenfeld betont die auffällige Ähnlichkeit zwischen dieser psychotisch wahnhaften Struktur und dem von einem Diktator dominierten Staat – Hitler und der Nationalsozialismus sind dafür das krasseste Beispiel. Der Führer versucht mit dem Versprechen, gesunde Teile der Persönlichkeit in die Wahnwelt hinein zu locken, dass es in der psychotischen Welt nichts Schmerzliches und Trennendes mehr gibt und dass es erlaubt ist, sadistischen Neigungen für destruktive Zwecke völlig rücksichtslos nachzugehen. Dieser Führer ist sadistisch, allmächtig sowie völlig mitleidlos und verlangt absoluten Gehorsam von allen Teilen des Selbst. Rosenfeld nimmt als Ursache dieser Realität verzerrenden Denkstörung intensiven und destruktiven Neid an. Die zugrunde liegende Überzeugung von Minderwertigkeit wird zu mörderischem Neid und Hass auf alle Menschen, deren Denkfähigkeit und Erfolg ihm so überlegen und außer Reichweite erscheinen. In der Wahnwelt wird aus der Kleinheit durch omnipotente Verleugnung und Verkehrung ein starkes Selbstgefühl. Man hat dann das Gefühl, allen überlegen zu sein und alle halluzinierten Feinde besiegen und umbringen zu können. »Feinde, die in Wirklichkeit wahrscheinlich Menschen sind, die der Patient heimlich zutiefst bewundert, denen gegenüber er sich aber unheimlich klein fühlt« (ebd., S. 390).

Diese Struktur trifft auf besondere Weise für den Nationalsozialismus und Hitler zu (vgl. dazu auch Vinnai 2004), der von solch narzisstisch determinierter, sakral-religiöser Gewalt besessen war. Für Hitler trifft wohl wie für keine andere Führerfigur zu, dass er zu keinerlei libidinösen Beziehungen zu anderen Menschen fähig war. Er war ein Mensch ohne wirkliche menschliche Bindung, ohne Freunde und Familie sowie ohne Beruf, also ohne all das, was eine menschliche Existenz menschlich macht (vgl. Haffner 1978, S. 7–30). Doch dieses Gefühl der Minderwertigkeit wurde mittels omnipotenter Größenvorstellungen verkehrt und kompensiert. Und gerade weil Hitler so ohne jegliche wirkliche Beziehung und unfähig zu depressiver Schuld war, konnte er sich als ein *Messias militans* gerieren, der von der »Vorsehung«, sein Lieblingswort nach 1933 (vgl. Rissmann 2001), auserkoren ist. Er stellte sein ganzes Leben in den Dienst der »heiligen Sache«, nämlich der restlosen »Vernichtung der jüdischen Rasse in Europa«. Er verstand es, die deutsche Bevölkerung mit dem Versprechen der Erlösung (von dem Bösen, den Juden) unter seinen zutiefst destruktiven Narzissmus zu zwingen. Es bestand so auch die Erlaubnis, jüdische Menschen »rücksichtslos« und ohne schlechtes Gewissen (Hitler hielt das sowieso nur für eine »jüdische Erfindung«) anzugreifen und massenhaft zu ermorden. Hier schließt sich der Kreis: Der »Untergang« des »Dritten Reiches«, der Millionen von vor allem jüdischen Menschen das Leben gekostet hat, verdankt sich nicht zuletzt einer apokalyptischen Struktur, die sich Erlösung nicht anders als durch totale Zerstörung vorstellen kann[13]. Unsere Aufgabe ist es, diese Struktur (in uns) zu erkennen und auf allen Ebenen zu sabotieren.

---

13 Jüdische Denker, wie Gershom Scholem und Hans Jonas, haben gegen die (auch in linken Kreisen) weit verbreitete Idee der *Erlösung* kritisch die der *Schöpfung* wieder ins Spiel gebracht. Scholem schreibt sehr treffend: »Gerade die, die am lautesten von Erlösung und deren Implikationen sprechen, wollen oft am wenigsten von der Welt als Schöpfung hören. Aber dass die Welt Schöpfung sei, einmalige oder kontinuierliche, sich immer erneuernde, ist ein Satz, auf den keine wie immer geartete jüdische Theologie verzichten kann. (…) In der Wahl zwischen den beiden Alternativen, der Welt als Schöpfung und der Welt als sich selbst gebärendes Zufallswesen, wird die jüdische Überzeugung von Gott als Schöpfer auch jenseits aller Bilder und Mythen ihren Platz behaupten« (zit. n. Wiese 2003, S. 158f.). Hans Jonas, der sein Denken früh an der Kritik einer existentialistischen Gnosis und eines gleichsam gnostischen Existentialismus schärfte, die sich beide in der Ablehnung der »uneigentlichen« Schöpfung einig sind, sah in den Erlösungsvorstellungen Formen der Weltflucht und Verantwortungslosigkeit am Werke. Gegen die Annahme einer radikalen und vollständigen Erlösungsbedürftigkeit der gesamten Schöpfung steht die im Schöpfungsbericht der *Hebräischen Bibel* ausgesprochene »Billigung« (Gen 1, 31: »Und Gott sah an alles, was er gemacht hatte, und siehe, es war sehr gut«) und Aufforderung zur verantwortlichen Bewahrung.

Literatur

Bärsch, Claus-Ekkehard (2002): Die politische Religion des Nationalsozialismus. Die religiösen Dimensionen der NS-Ideologie in den Schriften von Dietrich Eckart, Joseph Goebbels, Alfred Rosenberg und Adolf Hitler. München (Fink Verlag).

Braun, Christina von (2001): Versuch über den Schwindel. Religion, Schrift, Bild, Geschlecht. Zürich, München (Pendo).

Britton, Ronald (1998): Die fehlende Verbindung: die Sexualität der Eltern im Ödipuskomplex. In: Britton, Ronald; Feldman, Michael & O'Shaughnessy, Edna: Der Ödipuskomplex in der Schule Melanie Kleins. Klinische Beiträge. Stuttgart (Klett-Cotta), 95–116.

Brumlik, Micha (2000): Die Gnostiker. Der Traum von der Selbsterlösung des Menschen. Berlin – Wien (Philo Verlagsgesellschaft).

Bultmann, Rudolf (1941/1950): Das Evangelium des Johannes. Göttingen (Vandenhoeck & Ruprecht).

Chasseguet-Smirgel, Janine (1988): Zwei Bäume im Garten. Zur psychischen Bedeutung der Vater und Mutterbilder. Stuttgart (Verlag Internationale Psychoanalyse).

Danckwardt, Joachim F. (2004): Ästhetik des medialen Realismus gegen die Verleugnung des Zivilisationsbruchs. Polanskis Stellung in der Genealogie der Holocaust-Verfilmungen: *Der Pianist*. Psychoanalyse im Widerspruch 16 (32), 65–82.

Fest, Joachim (2003): Der Untergang. Hitler und das Ende des Dritten Reiches. Eine historische Skizze. Reinbek bei Hamburg (Rowohlt).

Gellately, Robert (2005): Einleitung. Nürnberg – Stimmen aus der Vergangenheit. In: Goldensohn, Leon: Die Nürnberger Interviews. Gespräche mit Angeklagten und Zeugen. Herausgegeben und eingeleitet von Robert Gellately. Düsseldorf / Zürich (Artemis & Winkler).

Groh, Dieter (2003): Schöpfung im Widerspruch. Deutungen der Natur und des Menschen von der Genesis bis zur Reformation. Frankfurt/M. (Suhrkamp).

Grunberger Béla; Dessuant, Pierre (2000): Narzißmus, Christentum, Antisemitismus. Eine psychoanalytische Untersuchung. Stuttgart (Klett-Cotta).

Haffner, Sebastian (1978/1981): Anmerkungen zu Hitler. Frankfurt/M. (Fischer).

Hegener, Wolfgang (2001): Wege aus der vaterlosen Psychoanalyse. Vier Abhandlungen über Freuds »Mann Moses«. Tübingen (edition diskord).

Hegener, Wolfgang (2004): Erlösung durch Vernichtung. Zur Psychoanalyse des christlichen Antisemitismus. Giessen (Psychosozial-Verlag).

Jonas, Hans (1999): Gnosis. Die Botschaft des fremden Gottes. Frankfurt/M. (Insel).

Klein, Melanie (1935): Beitrag zur Psychogenese der manisch-depressiven Zustände. In: Gesammelte Schriften, Bd. I, 2. Stuttgart – Bad Cannstatt 2000 (frommann-holzboog), 28–75.

Kreis, Rudolf (1995): Nietzsche, Wagner und die Juden. Mit einem Vorwort von Gottfried Helferich Wagner. Würzburg (Königshausen & Neumann).

Ley, Michael (2002): Holokaust als Menschenopfer. Vom Christentum zur politischen Religion des Nationalsozialismus. Münster (Lit Verlag).

Löwith, Karl (2004): Weltgeschichte und Heilsgeschehen. Die theologischen Voraussetzungen der Geschichtsphilosophie. Stuttgart (Metzler).

Ostow, Mortimer (1988): Apokalyptische Archetypen in Träumen, Phantasien und religiösen Schriften. Jahrbuch der Psychoanalyse 13, 9–25.

Pagels, Elaine (1995): Satans Ursprung. Frankfurt/M. (Suhrkamp).

Raguse, Hartmut (1993): Psychoanalyse und biblische Interpretation. Eine Auseinandersetzung mit Eugen Drewermanns Auslegung der Johannes-Apokalypse. Stuttgart (Kohlhammer).

Rißmann, Michael (2001): Hitlers Gott. Vorsehungsglaube und Sendungsbewusstsein des deutschen Diktators. Zürich, München (Pendo).
Rosenfeld, Herbert A. (1986): Identification and its vicissitudes in relation to the Nazi phenomenon. Int. J. Psycho-Anal. 67, 53–64.
Rosenfeld, Herbert A. (1988): Narzissmus und Aggression. In: Kutter, Peter; Páramo-Ortega, Ra'I & P. Zagermann, Peter (Hg.): Die psychoanalytische Haltung. München, Wien (Verlag Internationale Psychoanalyse), 375–394.
Sartre, Jean-Paul (1946/1977): Betrachtungen zur Judenfrage. In: Drei Essays. Frankfurt/M., Berlin, Wien (Ullstein).
Segal, Hanna (1957): Bemerkungen zur Symbolbildung. In: Bott Spillius, Elizabeth (Hg.) (1990): Melanie Klein heute. Entwicklungen in Theorie und Praxis. Band 1: Beiträge zur Theorie. Stuttgart (Verlag Internationale Psychoanalyse).
Strohm, Harald (1997): Die Gnosis und der Nationalsozialismus. Frankfurt/M. (Suhrkamp).
Taubes, Jacob (1991): Abendländische Eschatologie. München (Matthes & Seitz Verlag).
Vinnai, Gerhard (2004): Hitler – Scheitern und Vernichtungswut. Zur Genese des faschistischen Täters. Giessen (Psychosozial-Verlag).
Vondung, Klaus (1988): Die Apokalypse in Deutschland. München (dtv).
Wiese, Christian (2003): Hans Jonas. »Zusammen Philosoph und Jude«. Essay. Frankfurt/M. (Jüdischer Verlag im Suhrkamp Verlag).

Autorinnen und Autoren

Yigal Blumenberg, Dipl. Psych., als Psychoanalytiker und Gruppenanalytiker in eigener Praxis in Berlin tätig. Publikationen zum Verhältnis von Psychoanalyse und Judentum, zur Frage der Bedeutung des Antisemitismus für die psychoanalytische Identität und zur Entwicklung des Freudschen Denkens.

Christina von Braun, Kulturtheoretikerin, Autorin und Filmemacherin. Seit 1994 Professorin für Kulturwissenschaft an der Humboldt-Universität in Berlin. Sie hat über 50 Filme und Fernsehspiele gedreht und zahlreiche Bücher geschrieben: *Nicht-Ich. Logik Lüge Libido* (1985), *Die schamlose Schönheit des Vergangenen. Zum Verhältnis von Geschlecht und Geschichte* (1989), *Der ewige Judenhass* (1990), *Multiple Persönlichkeit. Krankheit, Medium oder Metapher?* (1999), *Einführung in Gender Studies* (2000), *Versuch über den Schwindel. Religion, Schrift, Bild, Geschlecht* (2001), zusammen mit Eva-Maria Ziege (Hg.): *Das bewegliche Vorurteil. Aspekte des Internationalen Antisemitismus* (2004), zusammen mit Inge Stefan (Hg.): *Gender & Wissen. Ein Handbuch der Gender-Theorien* (2005).

Jean Clam, Prof. Dr., Philosoph, Soziologe und Psychologe. Forscher am »Centre National de la Recherche Scientifique« (CNRS), gegenwärtig am »Centre Marc Bloch«, Berlin. Publikationen zur deutschen Phänomenologie, zur Systemtheorie, zur Philosophie der Sozial- und Humanwissenschaften, zur Soziologie und Psychologie der Intimität. Gegenwärtiges Forschungsprojekt: »Intimität, Sexualität, Gesellschaft: Neue Fragen um Gender und Geschlechtlichkeit«.

Stefan Etgeton, Evangelischer Diplomtheologe und promovierter Kulturwissenschaftler; Gesundheitsreferent beim »Verbraucherzentrale Bundesverband e.V.«. Buchveröffentlichung zum Thema: *Der Text der Inkarnation. Zur theologischen Genese des modernen Subjekts*. München 1996 (Fink Verlag).

Wolfgang Hegener, Dr. phil., Dipl.-Psych., Psychologischer Psychotherapeut, niedergelassen als Psychoanalytiker in eigener Praxis in Berlin. Interessensschwerpunkte: Psychoanalytische Kulturtheorie, Psychoanalyse des Antisemitismus, Verhältnis von Philosophie und Psychoanalyse, Geschichte und Theorie der Sexual- und Geschlechterverhältnisse. Zahlreiche Publikationen, Buchveröffentlichungen: *Das Mannequin. Vom sexuellen Subjekt zum geschlechtslosen Selbst* (1992), *Zur Grammatik Psychischer Schrift* (1997), *Wege aus der vaterlosen Psychoanalyse. Vier Abhandlungen über Freuds »Mann Moses«* (2001), zusammen mit Eva Jaeggi, Günter Gödde und Heidi Möller *Tiefenpsychologie lehren – Tiefenpsychologie lernen* (2002), *Erlösung durch Vernichtung. Zur Psychoanalyse des christlichen Antisemitismus* (2004).

Regine Lockot, Dr. phil. Psychoanalytikerin (DPG/IPA) in eigener Praxis. Seit 1985 Veröffentlichungen zur Geschichte der Psychoanalyse, nun zunehmend Untersuchungen zu psychoanalytischen Aspekten der Berliner Stadtgeschichte. Buchpublikationen: *Erinnern und durcharbeiten. Zur Geschichte der Psychoanalyse und Psychotherapie im Nationalsozialismus* (1985/2002); *Die Reinigung der Psychoanalyse. Die Deutsche Psychoanalytische Gesellschaft im Spiegel von Dokumenten und Zeitzeugen (1933–1951)* (1994), zusammen mit Heike Bernhardt (Hg.): *Mit ohne Freud. Zur Geschichte der Psychoanalyse in Ostdeutschland* (2000).

Josef Ludin, Lehranalytiker der »Association Psychanalytique de France« (IPA). Veröffentlichungen zum Verhältnis von Kultur und Psychoanalyse. Letzte Veröffentlichungen: *Le juif de la psychanalyse*, in: »penser/rêver« Paris 2005; *Sehnsucht*, in: »Libres Cahiers pour la psychanalyse« Paris 2005; Buchveröffentlichung: *La nature du transfert*. Paris 2005 (Presses Universitaires de France).

Paola Traverso, Dr. phil., Literaturwissenschaftlerin, ist Dozentin für Allgemeine und Vergleichende Literaturwissenschaft sowie für Romanische Philologie an der Freien Universität Berlin. Zum Vortragsthema ist erschienen: *»Psyche ist ein griechisches Wort ...«. Rezeption und Wirkung der Antike im Werk von Sigmund Freud*. Frankfurt/M. 2003 (Suhrkamp).

Andreas Peglau
Unpolitische Wissenschaft?
Wilhelm Reich und die Psychoanalyse im Nationalsozialismus

2. Auflage 2015 · 635 Seiten · Broschur
ISBN 978-3-8379-2447-3

»Andreas Peglau dürfte für lange Zeit die gründlichste und umfassendste wissenschaftliche Aufarbeitung eines schwierigen Kapitels aus der Geschichte der Psychoanalyse gelungen sein.«

Hans-Martin Lohmann

Von der Krankenbehandlung ausgehend, entwickelte sich Freuds Lehre zu einer Möglichkeit, sich selbst und die Welt zu erkennen – und zu verändern. Dieser gesellschaftskritische Anspruch wurde während des Nationalsozialismus weitestgehend in den Hintergrund gedrängt. Die nachhaltigsten Weichenstellungen zu einer »unpolitischen« Psychoanalyse erfolgten in den 1930er Jahren und waren eng verbunden mit dem Versuch, Konfrontationen mit dem NS-Regime zu vermeiden. Dass die Alternative einer aufklärerischen Psychoanalyse weiter bestand, zeigt das Wirken Wilhelm Reichs, der 1933/34 aus den analytischen Organisationen ausgeschlossen wurde.

Anhand von zum großen Teil erstmalig veröffentlichtem Archivmaterial geht der Autor Reichs Schicksal nach und folgt den Entwicklungen im analytischen Hauptstrom während der NS-Zeit. Dabei beantwortet er auch die Frage, ob die Psychoanalyse jemals eine unpolitische Wissenschaft war.

Psychosozial-Verlag

Katharina Rothe
Das (Nicht-)Sprechen über die Judenvernichtung
Psychische Weiterwirkungen des Holocaust in mehreren Generationen nicht-jüdischer Deutscher

Januar 2009 · 302 Seiten · Broschur
ISBN 978-3-89806-896-3

Die Studie eröffnet einen neuen Zugang zur Erforschung psychischer Weiterwirkungen der Shoah in mehreren Generationen nicht-jüdischer Deutscher.

Die Autorin erhebt mit den Methoden einer psychoanalytisch orientierten Sozialforschung themenzentrierte Gruppendiskussionen und Einzelinterviews in drei Generationen und wertet diese psychoanalytisch orientiert aus.

Hintergrund des Forschungsprojekts ist die Deportation der Jüdinnen und Juden aus einer nordhessischen Stadt in das Ghetto bzw. Vernichtungslager von Minsk im Jahre 1941. In Minsk wurden zwischen 1941 und 1943 etwa 135.000 Jüdinnen und Juden ermordet. Die Bedeutung des Sprechens bzw. Nicht-Sprechens über diese Deportation ist ein Schwerpunkt der Analyse.

Die psychoanalytische Erkenntnismethode und Theorie ermöglichen eine Herausarbeitung sowohl aktueller und kollektiver unbewusster Verstrickungen in Bezug auf die Shoah und deren Folgen als auch unbewusster Phantasmen, die im Nationalsozialismus selbst virulent waren.

Walltorstr. 10 · 35390 Gießen · Tel. 0641-969978-18 · Fax 0641-969978-19
bestellung@psychosozial-verlag.de · www.psychosozial-verlag.de

Markus Brunner, Jan Lohl, Rolf Pohl, Sebastian Winter (Hg.)
Volksgemeinschaft, Täterschaft und Antisemitismus
Beiträge zur psychoanalytischen Sozialpsychologie des Nationalsozialismus und seiner Nachwirkungen

Was machte die Idee der Volksgemeinschaft und den Antisemitismus für die Menschen im Nationalsozialismus so attraktiv? Wie wurden sie zu Tätern und Täterinnen? Wie wirken sich NS-Gefühlserbschaften noch in den nachfolgenden Generationen aus? Der Nationalsozialismus und seine gesellschaftlichen Nachwirkungen sind ohne eine sozialpsychologische Perspektive nicht zu verstehen. Dies erfordert die Berücksichtigung der subjektiven Dimension der Nachkriegsgesellschaft sowie der Brüche und Kontinuitäten nach 1945.

Der Band versammelt Aufsätze, die sich aus einer psychoanalytisch-sozialpsychologischen und geschlechtertheoretischen Perspektive sowohl mit den psychodynamischen Mechanismen der nationalsozialistischen Weltanschauung und Gewalt als auch mit den Versuchen ihrer psychischen Verarbeitung in der Nachkriegszeit auseinandersetzen.

Mit Beiträgen von Markus Brunner, Isabelle Hannemann, Sascha Howind, Jan Lohl, Rolf Pohl, Wolfram Stender und Sebastian Winter.

März 2011 · 252 Seiten · Broschur
ISBN 978-3-8379-2055-0

Ein aktueller und innovativer Zugang der Politischen Psychologie zur Geschichtswissenschaft.

Psychosozial-Verlag

Jan Lohl
Gefühlserbschaft und Rechtsextremismus
Eine sozialpsychologische Studie
zur Generationengeschichte des Nationalsozialismus

2010 · 488 Seiten · Broschur
ISBN 978-3-8379-2059-8

Der Autor untersucht in der vorliegenden Studie die intergenerationellen Folgen des Nationalsozialismus auf der »Täterseite« und ihre politische Handlungsrelevanz: Ausgehend von einer konzeptuellen Erweiterung der »Unfähigkeit zu trauern« (Alexander & Margarete Mitscherlich), werden die Spuren einer affektiven Integration in die NS-Volksgemeinschaft über drei Generationen hinweg systematisch nachgezeichnet. Auf dieser Basis gelingt der Nachweis, dass NS-Gefühlserbschaften in der Enkelgeneration eine Andockstelle für jene paranoiden Ideologien darstellen, die in rechtsextremen Gruppen vermittelt werden. Das intergenerationelle Verhältnis von aktuellem Rechtsextremismus und Nationalsozialismus ist nicht nur zu erklären, sondern ist selbst ein Erklärungsfaktor für die Entwicklung nationalistischer und antisemitischer Handlungsmuster.

Wer wissen will, wie sich die psychosozialen Nachwirkungen des Nationalsozialismus auf der Täterseite über drei Generationen hinweg darstellen, kommt an diesem Buch nicht vorbei!
*Prof. Dr. Wolfram Stender
auf www.socialnet.de*

www.ingramcontent.com/pod-product-compliance
Ingram Content Group UK Ltd.
Pitfield, Milton Keynes, MK11 3LW, UK
UKHW041947230426